LE CID,

ESQUISSE LITTÉRAIRE,

Par M. WALRAS,

INSPECTEUR DE L'ACADÉMIE DU NORD.

Mes liens sont trop forts pour être ainsi rompus ;
Ma *foi* m'engage encor si je *n'espère* plus ;
Et, ne pouvant *quitter* ni *posséder* Chimène,
Le trépas que je cherche est ma plus douce peine.
(LE CID, acte III, scène VI.)

DOUAI.
ADAM D'AUBERS, IMPRIMEUR-ÉDITEUR.
— 1853. —

5665
B

Ouvrage différent du Commentaire sur le
Cid par le même 8° Y 5665
A.

LE CID.

LE CID,

ESQUISSE LITTÉRAIRE,

Par M. WALRAS,

INSPECTEUR DE L'ACADÉMIE DU NORD.

Mes liens sont trop forts pour être ainsi rompus ;
Ma *foi* m'engage encor si je *n'espère* plus ;
Et, ne pouvant *quitter* ni *posséder* Chimène,
Le trépas que je cherche est ma plus douce peine.
(LE CID, acte III, scène VI.)

DOUAI.
ADAM D'AUBERS, IMPRIMEUR-ÉDITEUR.
— 1853. —

AVANT-PROPOS.

J'ai publié à Caen, il y a dix ans, un *Commentaire sur le Cid* qui s'adressait spécialement à la jeunesse studieuse de nos Lycées et de nos Colléges, et qui avait surtout pour but de préparer aux épreuves du *Baccalauréat ès-lettres* ceux de nos élèves qui avaient terminé leurs cours de Rhétorique et de Philosophie. Cependant j'avais compris, dès cette époque, qu'il y avait à faire sur *le Cid* un travail plus étendu et plus complet. Voici ce que je disais dans l'avertissement placé en tête de mon commentaire : « La vie de *Rodri-
» gue de Bivar*, surnommé le *Cid*, surnommé aussi
» le *Batailleur*, a largement défrayé la poésie mo-
» derne. Son duel avec le *Comte de Gormaz*, et son
» mariage avec *Chimène* sont célèbres dans les annales
» espagnoles. Ces événements, vrais ou supposés,
» sont devenus la base d'un triple travail poétique qui
» se rapporte à des époques et à des pays divers. Les
» *romances* espagnoles du XIV⁰ siècle, la pièce de
» *Guillem de Castro*, et le drame de *Pierre Corneille*
» présentent des analogies et des différences qu'il est
» au moins curieux de signaler. Cette comparaison
» peut fournir la matière d'un travail intéressant et
» instructif. »

Chargé, en 1846, par une décision très bienveillante de M. le Ministre de l'instruction publique, de professer le cours de *Littérature française* à la faculté des lettres de Caen, je pris pour texte de mon enseignement le théâtre de *Pierre Corneille*, et, pendant tout le cours de l'année scolaire, j'employai mes efforts les plus soutenus à comprendre et à faire comprendre aux auditeurs qui m'honoraient de leur assiduité les pièces les plus remarquables de notre grand poëte dramatique. *Le Cid*, *Horace*, *Cinna*, *Polyeucte*, et, à l'occasion du *Polyeucte* de *Pierre Corneille*, le *véritable saint Genest* de *Jean Rotrou*, furent successivement l'objet de mes études et de mes leçons.

L'ouvrage que je publie aujourd'hui se rattache à cet enseignement. Appelé à parler du *Cid* dans une chaire de faculté, je compris mieux que jamais qu'il fallait sortir des limites d'un commentaire détaillé, et pour ainsi dire grammatical, et qu'il fallait donner un peu plus d'élévation et d'étendue à mes recherches. C'est alors que je repris naturellement le programme que je m'étais déjà tracé trois ans auparavant. Pour étudier *le Cid* d'une manière convenable et vraiment digne de son illustre auteur, je commençai par étudier *la Jeunesse du Cid* de *Guillem de Castro*, et, pour apprécier *la Jeunesse du Cid*, je remontai jusqu'au *Romancero du Cid*. Ainsi se construisit comme d'elle-même cette espèce de trilogie que je soumets aujourd'hui au public, et sur laquelle j'appelle l'attention de mes amis et l'intérêt de ceux qui cultivent encore les belles-lettres avec quelque plaisir.

Je ne sais si je m'abuse ; mais ce travail est pour moi l'objet d'une certaine prédilection. Outre qu'il m'a coûté quelques efforts, il me rappelle et me rappellera toujours une époque de ma carrière universitaire pendant laquelle ce fut pour moi un devoir impérieux, et un devoir de tous les jours, de m'occuper de poésie dramatique, et de vivre dans un commerce intime et permanent avec le génie de *Pierre Corneille*. Y a-t-il, dans la vie d'un homme, beaucoup de souvenirs qui puissent entrer en comparaison avec des souvenirs de cette nature ?

Mon ouvrage est rédigé depuis six ans. Il peut avoir beaucoup de défauts ; il doit en avoir un certain nombre ; mais je n'ose croire qu'il ait vieilli. Depuis le moment où il fut écrit, les idées littéraires ont été étouffées, chez nous, par d'autres préoccupations. Leur développement n'a point été tellement rapide que je puisse craindre d'être dépassé. D'ailleurs, les idées qui se rattachent à des œuvres immortelles sont les moins exposées à vieillir. Tant qu'on parlera du *Cid* et de *Corneille*, et qu'on ne restera pas trop au-dessous d'une pareille tâche, on aura quelque chance d'être écouté avec faveur.

A. WALRAS.

Douai, ce 15 juin 1853.

LE CID,

ESQUISSE LITTÉRAIRE.

INTRODUCTION. — PLAN DE L'OUVRAGE :

Personne n'ignore que le sujet du *Cid* est emprunté à l'histoire d'Espagne, ou, si l'on aime mieux, aux traditions de la Vieille-Castille. La pièce de *Corneille* elle-même est un heureux emprunt fait au théâtre espagnol. Cette dernière circonstance a été pour notre grand tragique la source d'assez vifs reproches pour être devenue depuis longtemps un fait de notoriété publique. Mais à côté de cette vérité, qui n'en serait pas moins certaine si l'on en eût moins abusé, nous rencontrons aujourd'hui une erreur très-grave et malheureusement très-répandue, que nous devons combattre sur-le-champ, quoique l'auteur de cette erreur soit *Voltaire* lui-même. *Voltaire*, procédant en ceci avec la plus grande légèreté, n'a pas craint de dire que, antérieurement au *Cid* de *Corneille*, il y avait en Espagne deux tragédies sur le même sujet, l'une de *Guillem* de *Castro*, l'autre de *J.-B. Diamante*. *Voltaire* va jusqu'à dire que la pièce de *Diamante* passe pour être antérieure à celle de *Castro*. Quoi qu'il en soit, il la croit ou feint de la croire antérieure à celle de *Corneille*. La conséquence qui découle de là est facile à saisir; c'est que *Corneille* a mis très peu du sien dans son premier chef-d'œuvre, qu'il n'a pas eu besoin de faire de grands frais d'imagination et d'originalité, pour enchanter la France entière et pour l'attendrir, puisqu'il a trouvé un double modèle dans le théâtre espagnol, et qu'au lieu d'imiter et de perfectionner, il a pu se borner à traduire. Cette conclusion, très-peu honorable pour notre grand poëte national, aurait dû éveiller les soupçons de la critique et les scrupules de tant d'éditeurs qui ont publié successivement, depuis une soixantaine d'années, les œuvres de *Corneille*. Il n'en a point été ainsi. L'erreur une fois introduite dans le commentaire de *Voltaire*, a naturellement passé de là dans une foule de travaux relatifs à *Corneille*, et dans un grand nombre de ses éditions. *Laharpe* d'abord, M. *de Sismondi* lui-même, M. *Victorin Fabre*, le panégyriste éloquent de *Corneille*, et une foule d'autres, ont été victimes de leur confiance dans l'autorité de *Voltaire*. Ses assertions ont été reproduites à satiété, si bien qu'il y a peu d'éditions de *Corneille* aujourd'hui qui ne soient infectées de cette erreur, je n'ose dire de cette calomnie, qu'avant *le Cid de Corneille*, il y avait, en Espagne, deux pièces sur le même sujet, l'une de *Castro*, l'autre de *Diamante*, et que *Corneille* avait puisé à cette double source tout ce qu'il y a de grand et de beau dans son premier chef-d'œuvre.

Il est fort heureux pour la vérité qu'une assertion, quelque hardie qu'elle puisse être, ne vaille pas une démonstration ; sans cela, la réputation de *Corneille* se trouverait à jamais compromise. Heureusement, je le répète, mille affirmations ne peuvent pas tenir lieu de preuve ; mille affirmations ne peuvent pas non plus tenir devant une seule et simple preuve. L'affirmation de *Voltaire* est vraie en ce qui touche *Guillem de Castro*; mais pour ce qui concerne *Diamante*, elle est complètement erronée.

Fontenelle, neveu de *Corneille*, nous apprend, dans la vie de son oncle, que celui-ci possédait dans son cabinet *le Cid* traduit en presque toutes les langues de l'Europe. « On l'avait traduit, dit *Fontenelle*, en allemand, en » flamand, et même en espagnol. Les Espagnols avaient » bien voulu copier une pièce dont l'original leur appar- » tenait. » Et, en effet, la guerre qui existait entre la France et l'Espagne n'avait pas empêché la gloire de *Corneille* de franchir les Pyrénées, et avant la paix de 1659, les Espagnols avaient reproduit dans leur langue *le Cid* de notre grand poète dramatique. La pièce de *Diamante* qui a pour titre : *El Honrador de su padre (le Vengeur de l'honneur de son père)* n'est précisément autre chose que la traduction du *Cid* de *Corneille*, avec quelques changements imaginés par le traducteur. On ne sait ni en quelle année naquit ni en quelle année mourut *Diamante*. On ne sait pas non plus en quelle année il composa cette traduction ; ce qu'il y a de certain jusqu'à présent, c'est qu'on ne connaît pas d'édition de sa pièce antérieure à 1658. D'ailleurs, il n'y a qu'à lire la pièce de *Diamante* pour se convaincre que les trois quarts de sa composition sont traduits mot à mot de *Corneille*. Si cela n'était point, il faudrait que *le Cid* de *Corneille* fût lui-même une traduction littérale de *El Honrador de su padre*. Et alors, pourquoi mettre en avant *Guillem de Castro*? Et si la pièce de *Diamante* est antérieure à celle de *Castro*, pourquoi ne pas envelopper *Guillem de Castro* et *Corneille* dans la même accusation de plagiat relativement à *J.-B. Diamante*?

Effaçons donc de notre esprit, et n'hésitons pas à biffer dans tous nos livres, cette déplorable idée que la pièce de *Diamante* est antérieure à celle de *Corneille* et à celle de *Castro*. Persuadons-nous bien que *El Honrador de su padre* de *J.-B. Diamante* n'est autre chose que la traduction du *Cid* en espagnol, traduction postérieure probablement à 1650, et que *Corneille* a eue dans son cabinet, au dire de *Fontenelle*. Rappelons-nous que *le Cid* a été joué en 1636, et concluons sans hésiter que la pièce de *Diamante* ne peut pas figurer au nombre des modèles que *Corneille* a pu consulter pour produire son *Cid* (1).

La pièce de *Diamante* ainsi écartée du débat, reste la pièce de *Guillem de Castro*. Ici je pourrais encore relever une multitude d'erreurs échappées à *Voltaire*. Mais je ne puis pas gaspiller mon temps ni celui de mes lecteurs dans une infinité de détails; je ne veux pas épuiser mes forces dans une série d'escarmouches qui me mèneraient très-loin. Il faut aller aux questions importantes. Je ne me permettrai qu'une remarque. Le hasard ayant voulu que, dans la discussion survenue entre *Corneille* et *Scudéri*, le véritable titre de la pièce de *Castro* ne fût pas prononcé, *Voltaire* a ignoré le titre de la pièce comme il en ignorait le contenu. Partant de là, il n'a pas hésité à lui en forger un, et il a appelé *El Cid* la pièce de *Castro* qu'il considérait comme un des originaux du *Cid* français. Les commentateurs à la suite et les éditeurs routiniers n'ont pas hésité à suivre la route frayée par *Voltaire*, et tous ou presque tous nous ont entretenus du *Cid* de *Guil-*

---

(1) Voyez pour la question du *Cid*, aussi bien que pour celle de l'*Héraclius* et de la *Rodogune*, un excellent travail de M. Viguier, inspecteur général de l'Université, intitulé : *Anecdotes littéraires sur Pierre Corneille*, broch. in-8° de 70 pages; Rouen, 1816.

lem de Castro, absolument comme s'ils le connaissaient parfaitement, et s'ils l'avaient lu dix fois. Or, il n'y a pas plus de *Cid* de *Guillem de Castro*, qu'il n'y a d'*OEdipe-Roi* de *Racine* ou d'*Agamemnon* de *Voltaire*.

Le travail de *Castro* est intitulé : *Las Mocedades del Cid*, ce qui signifie en français : *La Jeunesse du Cid*, ou, plus exactement, *les Traits de jeunesse du Cid*; et, dans l'œuvre dramatique de *Castro*, ce titre s'applique, comme appellation commune, à deux tragi-comédies ou à deux pièces qui se rapportent à des événements différents et à des époques assez éloignées l'une de l'autre de la vie du héros castillan. La première partie, ou la première pièce, nous offre le tableau de l'injure faite à *Don Diègue Laynez* par le *Comte d'Orgaz*, le combat de *Rodrigue* avec celui-ci, les plaintes de *Chimène* contre *Rodrigue*, la victoire remportée sur les Maures, dans la *Sierra d'Oca*, le pèlerinage de *Rodrigue* à *Saint-Jacques de Compostelle*, sa victoire sur *Martin Gonçalez* l'Aragonnais, et finalement le mariage de *Rodrigue* avec *Chimène Gomez*. La seconde partie, ou la seconde pièce, nous transporte au siége de *Zamora* ; elle nous fait assister à la mort de *Don Sanche-le-Fort*, tué en trahison par *Bellide Dolfos*, au défi adressé aux Zamorans par les partisans de *Don Sanche*, au combat de *Diego Ordonez* contre les enfants de *Don Arias Gonzalve*, et au couronnement d'*Alphonse VI*, frère et héritier de *Don Sanche*. Nous ne savons pas au juste à quelle époque furent composées et représentées *las Mocedades del Cid*; mais nous savons que ce fut au moins avant 1620. Ainsi le travail de *Castro* est antérieur de 48 ans environ à celui de *Corneille*. C'est dans la première partie de *la Jeunesse du Cid* que *Corneille* a puisé l'idée de sa propre tragédie. Voilà le véritable précédent du *Cid* ; voilà le modèle que *Corneille* a toujours avoué ; voilà l'ouvrage qu'il a remis lui-même entre les mains du car-

dinal de Richelieu, et c'est de là que sont partis *Scudéri*, *Mairet* et *Claveret* pour lui reprocher un plagiat, et pour lui jeter à la tête :

Qu'il ne se devait pas toute sa renommée.

Il est évident que, pour étudier *le Cid* d'une manière convenable, pour s'en faire une juste idée, et pour en apprécier le mérite, il faut connaître la pièce de *Castro*. L'étude de cette composition est un élément nécessaire d'un travail sérieux et profond sur *le Cid* de *Corneille*. Comment pourrions-nous faire la part du génie de *Corneille*, si nous ignorions ce qu'il a emprunté à son devancier et ce qu'il a mis du sien dans sa composition? La pièce de *Castro* est très-peu connue en France. Quoiqu'elle ait été traduite par *Labeaumelle*, et publiée dans la *Collection des chefs-d'œuvre des théâtres étrangers*, je ne connais pas de critique qui en ait fait une étude sérieuse et attentive, je ne sache pas qu'on l'ait jamais rapprochée de la pièce de *Corneille*. C'est un travail à faire. Je croirais manquer à tous mes devoirs envers *Corneille* si, pour faire voir jusqu'où il s'est élevé, je ne faisais pas connaître d'abord le point d'où il est parti. Il faut étudier la première partie de *la Jeunesse du Cid*. La pièce est extrêmement curieuse et intéressante. Je ne crois pas qu'on ait rendu justice à *Castro*, ni qu'on l'ait apprécié à sa juste valeur. Je suis d'autant plus disposé à le faire, que les éloges que je lui donnerai ne peuvent nuire à la gloire de son rival, et que le mérite de l'auteur espagnol n'ôte rien à la puissante originalité du poëte français.

Mais si *le Cid* de *Corneille* a son précédent dans la pièce de *Castro*, la pièce de *Castro* est-elle elle-même sans précédents? *Castro* a eu la gloire d'inspirer *Corneille*, c'est évident; mais *Castro* lui-même ne s'est-il donc ins-

piré nulle part? A-t-il créé son œuvre de fond en comble?
A-t-il tiré de son propre fonds tous les détails de sa pièce?
Il n'en est rien, certainement. *Castro* a puisé lui-même à
une source précieuse et abondante. Son vrai mérite a
consisté à mettre en œuvre et à cimenter des matériaux
poétiques que les âges précédents lui avaient légués.

 Le véritable précédent de *Guillem de Castro*, c'est le
Romancero du Cid. Personne n'ignore qu'il existe, dans
la littérature espagnole, un nombre considérable de productions poétiques ou de chants populaires intitulés *romances*. Ces *romances* forment les annales poétiques de
la nation espagnole. La collection de tous ces *romances*
forme le *Romancero général*, au sein duquel se distingue
le *Romancero* particulier du *Cid*. Celui-ci ne comprend
pas moins de cent cinquante *romances*. Voilà le trésor que
Guillem de Castro avait sous la main, et dans lequel il a
puisé largement, lorsqu'il a composé *las Mocedades del
Cid*. Il serait impossible de se faire une juste idée du
travail de *Castro*, si l'on ne commençait pas d'abord par
connaître et par étudier les *romances* (1).

 Cette première raison, toute bonne qu'elle soit, n'est
pourtant pas la seule qui puisse nous conduire à étudier
le *Romancero du Cid*. Il y en a une autre plus importante
encore, et qui nous touche plus directement. Cette seconde
raison, la voici :

 On serait tenté quelquefois de croire que l'esprit humain, au lieu d'avoir été créé pour découvrir la vérité, est,
au contraire, la source naturelle de l'erreur et du paradoxe. Le champ de la science peut être assimilé, jusqu'à

---

(1) Dans tout ce paragraphe, le mot *romances* est employé en
espagnol ; il est masculin, et doit se prononcer *romancés*. Dans
la suite de mon travail, le même mot sera souvent employé en
français. On sait que, dans notre langue, il est féminin.

un certain point, à une terre ingrate qui ne produit que des ronces et de mauvaises herbes. Plus on en arrache, et plus il en repousse. Nous venons de voir avec quelle déplorable légèreté on s'est laissé aller à faire honneur à un médiocre traducteur, *J.-B. Diamante*, des puissantes combinaisons de *Guillem de Castro* et de *Pierre Corneille*. On a voulu contester au *Cid* français toute espèce d'originalité. On ne s'est pas contenté de lui donner pour modèle *la Jeunesse du Cid*, on a voulu faire croire que *Corneille* avait également puisé dans la pièce intitulée : *El Honrador de su padre,* qui n'est en réalité que la traduction de son chef-d'œuvre en espagnol. Avec une légèreté de jugement tout-à-fait analogue à celle-là, on a voulu ravir à *Guillem de Castro* la part de gloire qui lui revient. Voici une idée qui s'est déjà produite plusieurs fois, et qui s'est formulée très-nettement. On a dit que *Corneille* avait emprunté peu de chose à *Guillem de Castro*, et que, jugeant sa pièce très-médiocre, il avait senti le besoin de s'adresser à une source poétique plus pure et plus abondante. Il résulterait de l'opinion que je viens de signaler que *Corneille* a passé par-dessus la pièce de *Castro*, et qu'il est allé chercher ses inspirations dans le *Romancero*. C'est du *Romancero* même qu'il aurait tiré son *Cid* directement. *La Jeunesse du Cid* n'aurait servi qu'à lui montrer la route qu'il devait prendre et à lui indiquer la source où il devait puiser.

Cette opinion, je n'hésite pas à le dire, me paraît complètement erronée. Il me semble que pour la mettre en avant, il faut ignorer et *le Cid*, et *las Mocedades del Cid*, et le *Romancero du Cid*, ou, du moins, il faut supposer qu'on s'adresse à des lecteurs qui sont demeurés étrangers à tous ces monuments de la poésie européenne. Et, en effet, pour peu qu'on ait jeté les yeux sur les *romances*, sur la *Jeunesse du Cid* et sur *le Cid*, on reste convaincu que le

Cid est tiré de *la Jeunesse du Cid*, comme *la Jeunesse du Cid* elle-même est tirée des *romances*. Il serait fort extraordinaire que *Corneille* fût allé chercher dans le *Romancero* des combinaisons dramatiques qui n'y sont pas, et qu'il eût négligé de les prendre là où elles sont, dans la pièce de *Castro*. Quoi qu'il en soit, il est évident que nous ne pouvons pas juger cette question sans connaître le *Romancero du Cid*.

Ainsi, soit que nous nous proposions d'étudier la pièce de *Castro*, et de savoir ce qu'il doit aux *romances*, soit que nous ayons le désir d'apprécier cette opinion qui fait du *Romancero du Cid* le véritable précédent du *Cid* français, il est évident que nous sommes contraints d'aller jusqu'au *Romancero*. Les *romances du Cid* entrent nécessairement dans le plan de nos recherches et de nos études sur *le Cid*.

Tel est donc l'ensemble des études auxquelles je prétends me livrer au sujet du *Cid*, et à propos de la pièce de *Corneille* ; voici en même temps l'ordre que j'établirai dans mes recherches :

1°. Je commencerai par étudier le *Romancero du Cid*, et je m'attacherai d'une manière toute particulière à la première partie de ce *Romancero*, c'est-à-dire aux *romances* qui se rapportent à l'outrage fait à *don Dièguc Laynez*, au duel de *Rodrigue* avec le *comte Loçano*, aux plaintes de *Chimène Gomez*, aux premiers exploits de *Rodrigue de Bivar* contre les Maures, et enfin au mariage du *Cid* avec la fille de sa victime. J'essaierai de faire connaître et de mettre en relief le mérite littéraire de ces petites compositions, et je signalerai les différences qui existent entre le sentiment poétique des XIIIe et XIVe siècles et celui des âges postérieurs.

2°. J'arriverai par là à l'étude et à l'appréciation de l'œuvre de *Guillem de Castro*. Je ferai connaître par une analyse fidèle la première partie de *la Jeunesse du Cid*. Nous saurons enfin ce que c'est que cette pièce qui a valu à *Corneille* tant de reproches injustes, tant d'accusations mal fondées, et dont, par un excès contraire, on semble aujourd'hui vouloir contester le mérite. Nous verrons ce que *Castro* a emprunté aux *romances*, ce que son imagination a ajouté aux conceptions poétiques de ses devanciers, comment il a modifié les ballades populaires, et attribué aux personnages du xie siècle des idées et des mœurs plus en rapport avec les idées et les mœurs du xviie siècle. Nous lui ferons sa part de gloire, et si nous ne craignons pas de la faire assez grande, c'est que nous sommes convaincus que la gloire de *Castro* ne peut pas amoindrir celle de *Corneille*. Dans tous les cas, nous sommes persuadés qu'il est juste de rendre à chacun ce qui lui appartient.

3°. Je terminerai mes observations par un examen approfondi du *Cid de Corneille*, que j'étudierai à son tour avec un soin tout particulier, et, comme on peut s'y attendre, avec une affection toute patriotique. Nous verrons ce que *Corneille* a pris à *Guillem de Castro*, ce qu'il a trouvé dans l'œuvre du poète espagnol. Nous examinerons ce qu'il a mis du sien dans son chef-d'œuvre; comment, d'une œuvre remarquable, il a tiré une œuvre plus remarquable encore; comment, grâce à son génie, il a exploité le thème imaginé par *Castro*, et fait sortir d'une situation très-belle des développements que *Castro* lui-même n'avait pas soupçonnés. Nous saurons en quoi consiste l'originalité de *Corneille*, dans la production du *Cid*, et nous nous mettrons en mesure de répondre de la manière la plus satisfaisante, et à ses détracteurs aveuglés par la jalousie, et à ses apologistes maladroits.

Telle est l'esquisse rapide du travail que je me propose de faire au sujet du *Cid*. Je ne sais si je me trompe, mais il me semble qu'il suffit de présenter ce programme pour faire pressentir combien il s'y rattache de questions intéressantes, et pour inspirer le désir de le parcourir avec moi.

Le travail que j'entreprends peut être considéré avec raison comme une étude de littérature comparée. Il s'agit de rapprocher les unes des autres des compositions qui appartiennent à des pays et à des siècles différents. *Le Cid* de *Corneille* rapproché de *las Mocedades del Cid* de *Guillem de Castro* mettra en présence le génie français et le génie castillan, pendant la première moitié du xviie siècle. D'un autre côté, la pièce de *Castro*, rapprochée des *romances* du xive siècle, nous fera connaître le génie espagnol aux différentes époques de son développement. Et, sous ce dernier point de vue, comme sous le premier, nous aurons même quelque chose de plus qu'une froide comparaison : nous aurons une ébauche d'histoire littéraire. Et, en effet, l'histoire littéraire ne doit pas se borner à enregistrer des faits et des dates, à mentionner des éditions. La véritable histoire littéraire, c'est l'histoire des idées littéraires, c'est le tableau progressif des conceptions poétiques. Ajoutons à cela que les questions particulières que je viens de signaler ne peuvent manquer de nous conduire à des questions plus générales. Le cercle des investigations que je me trace est assez étendu, ce me semble, pour toucher quelquefois aux principes mêmes de la critique. Je ne chercherai point à faire naître mal à propos les questions générales; mais je ne ferai rien non plus pour les éviter. Toutes les fois qu'elles se présenteront naturellement et d'elles-mêmes, je me ferai un devoir de les aborder et de les résoudre.

Et puisque nous aurons à nous occuper de deux compositions dramatiques très-importantes, il est impossible, on le conçoit bien, que nous ne nous rencontrions pas face à face avec la nature humaine, avec les passions, les instincts, les tendances de l'humanité. Des questions morales viendront ainsi se mêler naturellement aux questions littéraires. Je ne repousserai pas plus les unes que les autres. C'est par l'alliance des questions morales aux questions d'art, que la littérature parvient à plaire aux hommes graves et sérieux. Je ne perdrai pas l'occasion de recommander mon œuvre à l'intelligence élevée et à la profonde moralité de mes juges. Je ne me fermerai aucune voie qui puisse me conduire à mon but, qui est de toucher l'esprit et le cœur de ceux qui me liront.

Ainsi considéré, mon travail peut paraître d'abord offrir un inconvénient : c'est celui d'une trop grande variété ; mais je ne négligerai rien pour y maintenir une unité profonde et palpable. Je multiplierai mes efforts pour qu'une exposition claire et rationnelle prévienne tout embarras et toute obscurité. La méthode, une méthode sévère deviendra pour moi, j'ose l'espérer, comme un nouveau fil d'Ariane, au milieu du gracieux labyrinthe que je me propose de parcourir.

I.

LES ROMANCES DU CID.

(XIIe, XIIIe ET XIVe SIÈCLES.)

§ 1er.

Le Romancero du Cid. — Première partie.

Le *Romancero du Cid* peut se diviser en trois parties. La première partie nous représente le *Cid* pendant sa jeunesse, sous le règne de *Ferdinand Ier*. Elle s'étend de l'an 1040 à l'an 1065. La seconde partie nous présente le *Cid* parvenu à son âge mûr, sous le règne de *Don Sanche-le-Fort*. Elle s'étend de 1065 à 1072. La troisième partie nous le montre parvenu à la vieillesse, sous le règne d'*Alphonse VI*. Elle s'étend de l'an 1072 à l'an 1099. Cette troisième partie est la plus étendue et la plus féconde en événements, ou, du moins, c'est sur les événements de cette troisième période que les poètes du moyen-âge se sont le plus exercés. Les deux premières parties du *Romancero* contiennent ensemble quarante et quelques romances importantes; la troisième partie en contient, à elle seule, plus de soixante-dix.

Mon intention n'est pas d'étudier ici en détail tout le *Romancero du Cid*. Un pareil travail me mènerait trop loin, et dépasserait de beaucoup le but que je me suis proposé. Les deux premières parties du *Romancero* sont les seules qui aient été exploitées par *Guillem de Castro*. C'est là-dessus qu'il a fondé ses deux pièces intitulées : *Las Mocedades del Cid*. La première pièce résume la première partie du *Romancero*, la seconde pièce en résume la seconde partie. D'un autre côté, *Corneille* n'ayant imité que la première pièce de *Guillem de Castro*, je ne m'occuperai non plus que de cette première partie du travail du poète espagnol. Il suffit donc au but que je me propose de faire connaître les principales romances qui composent la première partie du *Romancero du Cid*, c'est-à-dire celles dont *Guillem de Castro* s'est servi, dans la première partie de *la Jeunesse du Cid*. Elles sont au nombre de dix-neuf.

I.

COMMENT DIÈGUE LAYNEZ ÉPROUVA LE COURAGE DE SON FILS RODRIGUE. *

Diègue Laynez pensant tristement à l'outrage qu'a reçu sa maison, noble, riche et ancienne, avant Inigo et Abarca ; et voyant que les forces lui manquent pour la vengeance, et que

---

* Je me sers de la traduction publiée par M. *Damas Hinard*, dans son ouvrage intitulé : *Romancero général ou Recueil des chants populaires de l'Espagne*, 2 vol. in-12, Paris, 1844. Cette traduction est la plus exacte et la plus complète que je connaisse. Dans l'ouvrage de M. *Damas Hinard*, elle est accompagnée de notes fort instructives. Je recommande ce précieux recueil à tous les amis de la littérature espagnole.

son grand âge l'empêche de la prendre par lui-même, il ne peut dormir la nuit, ni goûter à aucun mets, ni lever les yeux de dessus terre, et il n'ose plus sortir de sa maison.

Il ne parle pas non plus à ses amis : au contraire, il évite de leur parler, craignant que le souffle de son infamie ne les offense.

Etant donc aux prises avec ces inquiétudes de l'honneur, il voulut faire une expérience, laquelle ne lui fut pas contraire.

Il fit appeler ses enfants, et sans leur dire un seul mot, leur serra à l'un après l'autre leurs nobles et tendres mains : non pas pour y considérer les lignes de la chiromancie, car cette mauvaise coutume des devins ne s'était pas encore introduite en Espagne; mais, empruntant des forces à l'honneur, malgré l'affaiblissement de l'âge, malgré son sang refroidi, ses veines, ses nerfs et ses artères glacés, il les serra de telle sorte qu'ils dirent : « Assez, seigneur. Que voulez-vous, ou que prétendez-vous ? Lâchez-nous au plus tôt, car vous nous tuez. »

Mais quand il vint à Rodrigue, l'espérance du succès qu'il attendait étant presque morte dans son sein,— on trouve souvent là où l'on ne songeait pas,—les yeux enflammés, tel qu'un tigre furieux d'Hircanie, plein de rage et d'audace, Rodrigue dit ces paroles :

« Lâchez-moi, mon père, dans cette mauvaise heure, lâchez-moi dans cette heure mauvaise; car si vous n'étiez pas mon père, il n'y aurait pas entre nous une satisfaction en paroles. Loin de là, avec cette même main je vous déchirerais les entrailles, en faisant pénétrer le doigt en guise de poignard ou de dague. »

Le vieillard, pleurant de joie, dit : « Fils de mon âme, ta colère calme la mienne, et ton indignation me plait. Cette résolution, mon Rodrigue, montre-la à la vengeance de mon honneur, lequel est perdu s'il ne se recouvre par toi et ne triomphe. »

Il lui conta son injure et lui donna sa bénédiction et l'épée avec laquelle il tua le comte, et commença ses exploits.

II.

LE CID PREND UNE ÉPÉE POUR ALLER VENGER SON PÈRE.

Le Cid était pensif, se voyant si jeune pour venger son père en tuant le comte Loçano. Il considérait le parti redoutable de son puissant adversaire qui tenait dans les montagnes mille amis asturiens ; il considérait comment, dans les cortès du roi de Léon Ferdinand, son vote était le premier, et dans la guerre son bras le meilleur.

Tout cela lui paraît peu, eu égard à l'injure, la première que l'on ait faite au sang de Layn Calvo.

Il demande justice au Ciel, il demande un champ clos à la terre, à son père licence, et à l'honneur force et bon bras.

Il ne s'inquiète pas de son extrême jeunesse ; car le vaillant gentilhomme est, dès sa naissance, destiné à mourir pour cas d'honneur.

Il dépendit une vieille épée de Mudarra-le-Castillan, une épée qui était bien vieille et bien rouillée depuis la mort de son maître ; et pensant que seule elle suffisait pour la vengeance, avant que de se la ceindre, il lui parla ainsi troublé :

« Fais état, valeureuse épée, que mon bras est celui de Mudarra, et que tu combats avec mon bras, parce que l'injure est mienne.

» Je sais bien que tu seras honteuse de te voir ainsi dans ma main, mais tu ne pourras être honteuse d'avoir reculé d'un seul pas ; tu me verras armé dans le champ aussi fort que ton acier, aussi brave que le premier qui t'a portée : tu as recouvré un second maître.

» Et si quelqu'un vient à te vaincre, irrité de ma maladresse, plein de fureur, je te cacherai dans mon sein jusqu'à la garde.

» Allons au champ ; il est l'heure de donner au comte Loçano le châtiment que méritent une main et une langue aussi infâmes. »

Le Cid va déterminé, et va si bien déterminé que, dans l'espace d'une heure, il resta vengé du comte.

III.

LE CID ADRESSE DE VIFS REPROCHES A CELUI QUI A OUTRAGÉ SON PÈRE.

« Il n'est pas d'un homme sage ni d'un véritable infançon d'insulter un gentilhomme qui est plus estimé que vous. Ce n'est pas sur des hommes anciens que les élans impétueux de votre audace si farouche doivent exercer leur fureur juvénile. Ce n'est pas un beau fait aux hommes de Léon que de frapper au visage un vieillard et non à la poitrine un infançon. Vous saurez que c'était mon père, descendant de Layn Calvo ; et qu'ils ne souffrent pas les injures, ceux qui ont de bons blasons.

» Mais comment vous êtes-vous attaqué à un homme envers lequel, moi étant son fils, Dieu seul pouvait agir ainsi ; tout autre, non ?

» Vous avez couvert sa noble face d'un nuage de déshonneur ; mais moi je dissiperai le nuage, car ma force est celle du soleil.

» Il faut que le sang lave la souillure faite à l'honneur ; et ce sang, si je ne me trompe, doit être celui du malfaiteur. Ce sera le vôtre, comte tyran, puisque sa vivacité, en vous ôtant votre raison, vous a porté à l'injustice.

» Vous avez porté la main sur mon père, avec fureur, devant le roi. Songez que vous l'avez outragé, et que moi je suis son fils.

» Vous avez fait une méchante action, comte ; je vous défie comme traître ; et voyez si, lorsque je vous attends, vous me causez quelque peur. Diègue Laynez m'a fait bien purifié dans son creuset ; je prouverai sur vous, sur votre cœur lâche et faux la pureté de ma noblesse. La hardiesse que vous donne votre habileté dans les combats ne vous servira de rien, car j'ai pour me battre mon épée et mon cheval. »

Voilà ce que dit au comte Lorano le brave Cid Campéador qui depuis mérita ce nom par ses hauts faits. Il lui donna la mort, lui coupa la tête, et avec elle s'agenouilla content devant son père.

IV.

LE CID SE PRÉSENTE DEVANT SON PÈRE APRÈS L'AVOIR VENGÉ.

Diègue Laynez, pleurant, se tient assis devant sa table, versant des larmes amères et pensant à son affront. Et le vieillard agité, l'esprit toujours inquiet, faisait déjà lever de ses craintes honorables toute sorte de chimères, lorsque vint Rodrigue avec la tête du comte coupée, ruisselante de sang, qu'il tenait par la chevelure.

Il tire son père par le bras, le fait revenir de sa rêverie, et, avec la joie qu'il apporte, lui dit de cette façon :

« Vous voyez ici la mauvaise herbe afin que vous en mangiez de la bonne. Ouvrez les yeux, mon père, et levez le visage ; car voilà que votre honneur est assuré, et qu'il vous ressuscite de la mort avec la vie : sa tache est lavée, malgré l'orgueil de l'ennemi. Maintenant, il y a des mains qui ne sont plus des mains, et cette langue maintenant n'est plus une langue. Je vous ai vengé, seigneur ; car la vengeance est sûre quand le bon droit vient en aide à celui qui en est armé. »

Le vieillard s'imagine qu'il rêve cela. Mais il n'en est pas ainsi, il ne rêve pas ; seulement l'abondance de ses larmes lui fait voir mille images. A la fin, pourtant, il leva ses yeux, qu'offusquaient de nobles ténèbres, et reconnut son ennemi quoique sous la livrée de la mort.

« Rodrigue, fils de mon âme, recouvre cette tête de peur que ce ne soit une autre Méduse qui me change en rocher, et que mon malheur ne soit tel qu'avant de t'avoir remercié mon cœur se fende avec un si grand sujet de joie !

» O infâme comte Loçano ! le Ciel me venge de toi, et mon bon droit a donné contre toi des forces à Rodrigue.

» Sieds-toi à table, mon fils, où je suis, au haut bout ; car celui qui apporte une telle tête doit être à la tête de ma maison. »

V.

CHIMÈNE GOMEZ DEMANDE JUSTICE AU ROI CONTRE LE CID.

Il s'élève un grand bruit d'armes, de voix et de cris, dans le palais de Burgos, où sont les bons-hommes. Le roi descend de son appartement, et avec lui toute la cour.

Et voilà qu'aux portes du palais, ils trouvent Chimène Gomez, les cheveux épars, pleurant son père le comte, et Rodrigue de Bivar dont l'estoc est encore taché de sang. Ils voient l'air furieux que prend le superbe jeune homme quand il entend ce que disent les cris de dona Chimène :

« Justice, bon roi, et vengeance des traîtres ! voilà ce que je te demande. Puissent tes fils l'obtenir ainsi, et puisses-tu te réjouir de leurs exploits ! Celui qui ne la maintient pas ne mérite pas d'être appelé roi, ni de manger pain sur nappe, ni d'être servi par les nobles.

» Considère, bon roi, que je descends de ces fameux barons qui combattirent avec Pélage sous les bannières castillanes.

» Et quand bien même il n'en serait pas ainsi, ton bras doit être égal pour tous, vengeant les petits par sa rigueur envers les grands.....

» Et toi, meurtrier féroce, dirige ton épée sanglante contre ce sein sans défense qui se présente à tes coups cruels. Tue-moi, traître, moi aussi : ne m'épargne point comme femme ; considère seulement que Chimène Gomez demande justice contre toi.

» Et cela, parce que tu as tué un chevalier, le brave des braves, la défense de la foi, la terreur des Almanzors.

» N'est-ce pas assez, petit vilain, que je te brave et te déshonore ? Traître, je te demande la mort : ne me la refuse pas, ne la détourne pas ! »

Là-dessus Chimène voyant que Rodrigue ne répond point, et que, prenant les rênes, il se met sur son cheval, elle se tourne vers les chevaliers pour les exciter par ses cris ; et voyant qu'ils ne le suivent pas, elle dit : « Vengeance, seigneurs ! »

VI.

COMMENT DIÈGUE LAYNEZ SE RENDIT A BURGOS ACCOMPAGNÉ DE SES GENTILSHOMMES, ET COMMENT LE CID REFUSA DE BAISER LA MAIN AU ROI.

Diègue Laynez va à cheval baiser la main au bon roi. Il emmène avec lui ses trois cents gentilshommes. Parmi eux allait Rodrigue, le superbe Castillan.

Tous chevauchent sur des mules; Rodrigue seul à cheval : tous sont vêtus d'or et de soie; Rodrigue va bien armé : tous ont l'épée au côté; Rodrigue, un poignard doré : tous, une houssine chacun; Rodrigue, une lance à la main : tous, des gants parfumés; Rodrigue, de bons gantelets : tous, des chapeaux d'un grand prix; Rodrigue, un casque d'acier, et ce casque est surmonté d'un bonnet écarlate.

Allant par leur chemin, ils se sont rencontrés avec le roi. Ceux qui viennent avec le roi vont devisant entr'eux. Les uns disent tout bas, les autres tout haut : « Voici venir dans cette troupe celui qui a tué le comte Loçano. »

Rodrigue les ayant entendus, les regarde fixement, et d'une voix haute et fière, il leur parle de cette façon : « S'il y a quelqu'un parmi vous, son parent ou son allié, qui soit mécontent de sa mort, qu'il se montre incontinent pour m'en demander raison. Je me battrai contre lui soit à pied, soit à cheval. »

Tous répondent à la fois : « Que le diable te demande raison ! »

Tous ensemble mirent pied à terre pour baiser la main au roi; Rodrigue resta seul sur son cheval. Alors parla son père. Écoutez bien comme il parla : « Pied à terre, vous, mon fils, vous baiserez la main au roi, parce qu'il est votre seigneur, et que vous, mon fils, êtes son vassal. »

Dès que Rodrigue eût entendu cela, il s'estima très-offensé; les paroles qu'il répondit sont d'un homme très-hardi : « Si quelqu'un autre m'eût dit cela, il me l'aurait déjà payé; mais puisque c'est vous qui l'ordonnez, mon père, je le ferai de bonne grâce. »

Voilà que Rodrigue a mis pied à terre pour baiser la main au roi. Au moment où il s'agenouille l'estoc s'est détaché.

Le roi eut peur et dit comme troublé : « Ôte-toi de là, Rodrigue, ôte-toi de là, diable, dont la figure est d'un homme et la conduite d'un lion sauvage. »

Rodrigue, entendant cela, demanda aussitôt son cheval d'une voix très-altérée, et parla ainsi contre le roi : « Je ne me tiens pas pour honoré de baiser la main au roi ; je me tiens pour offensé de ce que mon père l'a baisée. »

En disant ces paroles il sort du palais, et remmène avec lui les trois cents gentilshommes.

S'ils allèrent bien vêtus, ils reviennent mieux armés ; et s'ils allèrent sur des mules, tous reviennent à cheval.

VII.

LE CID FAIT CINQ ROIS MORES PRISONNIERS,
ET LEUR REND LA LIBERTÉ.

Des rois mores entrent en Castille avec de grands cris. Ils sont cinq rois mores, et de plus beaucoup de monde.

Ils ont passé près de Burgos et couru sur Montes-d'Oca. Faisant une course sur Belforado, et aussi sur Santo-Domingo, Naxara et Logrono, ils ont tout ravagé. Ils emmènent le bétail qu'ils ont pris, beaucoup de chrétiens captifs, des hommes et des femmes, ainsi que des petits garçons et des petites filles.

Voilà qu'ils retournent dans leurs terres bien tranquilles et bien riches, car le roi ni personne autre n'est sorti pour leur enlever leur prise.

Quand Rodrigue apprit cela, il était à Bivar, son château. Il n'est qu'un garçon tout jeune encore, il n'a pas vingt ans accomplis. Il monte sur Babiéca ; ses amis le suivent : il fait un appel à sa terre ; beaucoup de gens sont venus à lui.

Il donna un grand assaut aux Mores dans le château de Montes-d'Oca : il défit tous les Mores, prit les cinq rois, leur fit lâcher la grande prise et les gens qui allaient captifs. Il répartit le butin entre ceux qui l'avaient suivi, et emmena les rois prisonniers à Bivar, son château. Il les donna à sa mère qui les reçut. Il les fit sortir de prison, et ils reconnurent le vasselage.

Et tous bénissaient Rodrigue de Bivar, tous louaient sa vaillance. Ils promirent leur rançon, et s'en retournèrent dans leurs terres, accomplissant ce qu'ils avaient dit.

VIII.

CHIMÈNE VIENT DE NOUVEAU PORTER SA PLAINTE AU ROI.

C'était un jour des Rois, c'était un jour signalé, alors que dames et damoiselles demandent au roi leur étrenne ; si ce n'est Chimène Gomez, fille du comte Loçano, qui, posée devant le roi, lui a parlé de cette manière :

« O roi ! je vis dans le chagrin, dans le chagrin vit ma mère. Chaque jour qui luit, je vois celui qui tua mon père, chevalier à cheval, et tenant dans sa main un épervier, ou parfois un faucon qu'il emporte pour chasser ; et pour me faire plus de peine, il le lance dans mon colombier. Avec le sang de mes colombes il a ensanglanté mes jupes. Je le lui ai envoyé dire ; il m'a envoyé menacer qu'il me couperait les pans de mes jupes à un endroit honteux, qu'il me forcerait mes damoiselles mariées et à marier. Il m'a tué un petit page sous les pans de mes jupes. — Un roi qui ne fait point justice ne devrait point régner, ni chevaucher à cheval, ni chausser des éperons d'or, ni manger pain sur nappe, ni se divertir avec la reine, ni entendre la messe en un lieu consacré, parce qu'il ne le mérite pas ! »

Le roi, quand il eut entendu cela, commença à parler ainsi : « Oh ! que le Dieu du ciel me soit en aide ! que Dieu me veuille conseiller ! Si je prends ou fais tuer le Cid, mes cortès se révolteront ; et si je ne fais point justice, mon âme le payera. »

« Tiens, toi, tes cortès, ô roi ; que personne ne les soulève ; et celui qui tua mon père, donne-le-moi pour égal ; car celui qui m'a fait tant de mal me fera, je sais, quelque bien. »

Alors parla le roi. Ecoutez bien comme il parla : « Je l'ai toujours entendu dire, — et je vois à présent que cela est la vérité, — que le sexe féminin était bien extraordinaire. Jusqu'ici elle a demandé justice, et maintenant elle veut se marier avec lui ! Je le ferai de fort bon gré, de très-bonne volonté. Je veux lui écrire une lettre. Je veux l'envoyer appeler. »

Ces mots sont à peine achevés, que la lettre est en chemin.

Le messager qui la porte l'avait donnée à Don Diègue.

Quand le Cid sut cela, il se prit à parler ainsi : « Vous avez de mauvaises habitudes, comte, je ne puis vous les ôter ; car la lettre que le roi vous envoie, vous ne voulez point me la montrer. »

— « Ce n'est rien, mon fils, sinon que vous alliez là-bas. Mais restez ici, mon fils, moi j'irai en votre place. »

— « Que Dieu jamais ne veuille telle chose, et que sainte Marie jamais ne le permette ! mais que partout où vous irez, moi j'aille devant ! »

IX.

MÊME SUJET.

A Burgos est le bon roi ; il est assis à dîner, lorsque la Chimène Gomez vient lui porter sa plainte. Toute couverte de deuil, coiffée de cendal noir, les genoux en terre, elle commença à parler ainsi.

« O roi ! je vis dans la tristesse, dans la tristesse est morte ma mère. Chaque jour qui se lève, je vois celui qui tua mon père, chevalier à cheval, tenant en sa main un épervier. Pour me faire plus d'insulte, il le lance dans mon colombier, me tue mes colombes élevées ou à élever, et le sang qui en jaillit a teint mes jupes. Je le lui ai envoyé dire, il m'a envoyé menacer. — Un roi qui ne fait point justice ne devrait point régner, non plus que chevaucher à cheval, ni causer avec la reine, ni manger pain sur nappe, non plus que s'armer d'armes. »

Le roi, quand il eut entendu cela, commença à réfléchir ainsi : « Si j'arrête ou fais périr le Cid, mes cortès se révolteront ; mais si je le laisse faire, Dieu m'en demandera raison. Je vais lui envoyer une lettre, je vais l'envoyer appeler. »

Ces mots sont à peine achevés, que la lettre est en chemin.

Le messager qui la porte l'avait donnée à Don Diègue.

Quand le Cid sut cela, il se prit à parler ainsi : « Vous avez de mauvaises habitudes, comte, je ne puis vous les ôter ; car la lettre que le roi vous envoie, vous ne voulez point me la montrer. »

— « Ce n'est rien, mon fils, sinon que vous alliez là-bas. Mais restez ici, mon fils ; moi j'irai en votre place. »

— « A Dieu ne plaise, ni à sainte Marie, sa mère ! car partout où vous irez, c'est moi qui dois marcher devant. »

X.

AUTRES PLAINTES DE CHIMÈNE, ET CE QUE LE ROI LUI RÉPOND.

Il est assis, le seigneur roi, assis sur son fauteuil à dossier, jugeant les différends de son peuple mal discipliné. Libéral et justicier, il récompense les bons et punit les méchants ; car les châtiments et les récompenses font des sujets dévoués.

Traînant un long deuil, entrèrent trente gentilshommes, écuyers de Chimène, fille du comte Loçano. Les massiers ayant été renvoyés, le palais resta libre, et Chimène commença ainsi ses plaintes, prosternée sur les degrés :

« Seigneur, il y a aujourd'hui six mois que mon père mourut par les mains d'un jeune homme que les tiennes élevèrent pour être un meurtrier. Quatre fois je suis venue à tes pieds, et quatre fois j'ai obtenu des promesses ; jamais je n'ai obtenu justice.

» Rempli d'un vain orgueil, le farouche Don Rodrigue de Bivar profane tes justes lois, et tu soutiens un profane. Tu le protéges, tu le mets à couvert ; et quand il est en lieu de sûreté, tu punis tes mérins parce qu'ils ne peuvent pas le prendre.

» Si les bons rois représentent Dieu sur la terre, et le remplacent à l'égard des faibles humains, celui-là ne devrait point être roi bien craint et bien aimé qui manque à la justice et encourage les méchants. Tu n'y as point regardé ni songé assez.

» Pardonne si je te parle ainsi : l'offense faite à une femme change le respect en outrage. »

— « Cela suffit, gentille damoiselle, répondit le premier Ferdinand ; car vos plaintes attendriraient un cœur d'acier ou de marbre. Si je conserve Don Rodrigue, — c'est bien à votre intention que je le conserve : un temps viendra qu'à son égard vous changerez votre tristesse en joie. »

Sur ce, entra dans la salle un messager de Dona Urraca. Le roi prit Chimène par le bras, et ils entrèrent où était l'infante.

XI.

LE ROI PROPOSE A CHIMÈNE DE LUI DONNER LE CID POUR MARI.

Devant le roi de Léon, Dona Chimène vient un soir demander justice, touchant la mort de son père. Elle demande justice contre le Cid Don Rodrigue de Bivar qui la rendit orpheline lorsqu'elle était encore tout enfant.

« Si j'ai raison ou non, vous le savez de reste, ô roi Ferdinand ; car les affaires d'honneur ne se peuvent cacher.

» Chaque jour qui luit, je vois le cruel qui a versé mon sang, chevauchant à cheval sous mes yeux pour ajouter à mon chagrin.

» Ordonnez-lui, bon roi,—car vous le pouvez,—qu'il ne rôde pas sans cesse dans ma rue ; car un homme de grande valeur ne doit pas se venger sur des femmes.

» Que si mon père outragea le sien, il a bien vengé son père, et il lui doit suffire qu'une mort ait payé son honneur.

» Je suis placée sous votre protection ; ne souffrez pas que l'on m'insulte : car tout outrage que l'on me fait, on le fait à votre couronne. »

— « Taisez-vous, Dona Chimène, car vous m'affligez grandement, et je trouverai un bon remède à tous vos maux. — Je ne puis faire aucun tort au Cid, car il est un homme qui vaut beaucoup ; il me défend mes royaumes, et je veux qu'il me les garde. Mais je ferai avec lui un arrangement qui ne vous sera pas mauvais ; je lui demanderai sa parole pour qu'il se marie avec vous. »

Chimène demeura contente de la grâce qui lui était accordée, et que celui qui l'avait rendue orpheline devînt son soutien.

XII.

CHIMÈNE DEMANDE RODRIGUE POUR MARI AU ROI FERDINAND.

De Rodrigue de Bivar courait une très-grande renommée. « Il a vaincu cinq rois mores de la Morérie; il les a fait sortir de la prison où il les tenait enfermés; ils se sont reconnus ses vassaux, et lui ont promis leurs rançons! »

Le roi appelé Ferdinand était à Burgos, lorsque la Chimène Gomez parut devant le bon roi. Elle s'agenouilla devant lui et parla de cette façon :

« Je suis fille de Don Gomez qui avait un comté à Gormaz. Don Rodrigue de Bivar l'a tué avec vaillance. Je viens vous demander une grâce que vous me ferez en ce jour. Et cela est que ce Don Rodrigue, je vous le demande pour mari. Je me tiendrai pour bien établie, et m'estimerai très-honorée. Car je suis sûre que son bien doit aller s'améliorant, et devenir le plus considérable qu'il y aura dans votre royaume.

» Vous me ferez une bien grande grâce en le faisant venir, parce que c'est pour le service de Dieu; et je lui pardonnerai la mort qu'il a donnée à mon père, s'il veut bien se rendre à cela. »

Le roi trouva bien ce que Chimène demandait. Il écrivit à Rodrigue une lettre par laquelle il lui disait de venir à Plasencia, où il était; que c'était chose qui lui importait.

Rodrigue ayant vu la lettre que le roi Ferdinand lui envoyait, monta sur Babiéca, accompagné d'une suite nombreuse. Tous ceux que Rodrigue emmenait avec lui étaient gentilshommes; tous avaient des armes neuves, et étaient vêtus de la même couleur; tous ceux qui le suivaient étaient ses parents et ses amis : ils étaient trois cents qui allaient avec Rodrigue.

Le roi sortit pour le recevoir, car il l'aimait très-fort, et lui dit : « Je vous remercie de la venue. Voilà Chimène Gomez qui vous demande pour mari, en vous pardonnant la mort de son père. Epousez-la, je vous prie, j'en aurai une grande joie; je vous accorderai mainte grâce et vous donnerai beaucoup de terres. »

— « Avec plaisir j'obéis, roi et seigneur, répondit Don Rodrigue, et en ceci, et en tout ce qui sera votre volonté. »

Le roi lui en fut reconnaissant, et on les maria.

XIII.

COMMENT LE CID ET CHIMÈNE S'HABILLÈRENT POUR LE MARIAGE.

De Rodrigue et de Chimène le roi prit la parole et la main, afin de les unir tous deux en présence de l'évêque Layn Calvo. Les anciennes inimitiés s'apaisèrent dans l'amour; car où préside l'amour, bien des injures s'oublient.

Le roi donna au Cid à perpétuité, Valduerna, Saldana, Belforado et Saint-Pierre-de-Cardena.

Rodrigue alla avec ses frères revêtir ses habits de noces. Il quitta son gorgerin, ainsi que son harnais resplendissant et ciselé. Il mit une culotte courte ayant une bordure violette, des chausses vallonnes d'Allemagne, de ce bon siècle d'or.

Ses souliers étaient de cuir de bœuf et grenés en écarlate, avec deux boucles, au lieu de rubans, qui serraient le pied sur le côté.

Il se passa une longue chemise ronde et juste sans lisérés ni broderies (car en ce temps-là l'amidon était du pain pour les enfants); un justaucorps de satin noir amplement étoffé des manches, que son père avait sué dans trois ou quatre batailles.

Pardessus le satin, il mit une veste de peau tailladée, en souvenance et mémoire des nombreuses taillades qu'il avait faites.

Outre un bonnet de drap de Courtrai, il portait un chapeau d'Allemagne tout garni de feutre et surmonté d'une plume de coq.

Il avait au côté l'enragée Tizona, terreur et épouvante du monde, avec des courroies neuves qui avaient coûté quatre quartos.

Plus élégant que Gerineldos, le fameux Cid descendit dans la cour où le roi, l'évêque et les grands étaient debout à l'attendre.

Derrière lui descendit Chimène coiffée d'une coiffure de Papos, et non avec ces colifichets qu'on nomme aujourd'hui urraques. Son vêtement, de drap fin de Londres, était brodé; sa robe prenait bien sa taille, et elle avait des mules écarlates. Elle portait un collier orné de huit médailles au milieu desquelles pendait un Saint-Michel, dont le travail seul avait été estimé autant qu'une ville.

Les fiancés arrivèrent ensemble; et au moment de donner à la mariée sa main et le baiser, le Cid, la regardant, lui dit tout ému :

« J'ai tué ton père, Chimène, mais non en trahison; je l'ai tué d'homme à homme, pour venger une injure trop réelle. J'ai tué un homme et je te donne un homme : me voici à tes ordres; et, en place d'un père mort, tu as acquis un époux honoré. »

Cela parut bien à tous : on loua son esprit, et ainsi se firent les noces de Rodrigue le Castillan.

XIV.

LE CID VA EN PÈLERINAGE VERS L'APOTRE SAINT JACQUES, ET SAINT LAZARE LUI APPARAIT.

Les noces de Rodrigue et de Chimène que le roi aimait tant, ayant été célébrées là où se tenait la cour, le Cid demanda au roi la permission d'aller en pèlerinage vers l'apôtre saint Jacques, parce qu'il l'avait ainsi promis. Le roi eut cela pour bien, lui fit beaucoup de présents, et le pria de revenir au plus tôt; que c'était chose qui lui importait.

Il prit congé de Chimène, et la confia à sa mère en lui disant de la bien traiter; qu'elle ferait en cela plaisir à lui.

Il emmenait vingt gentilshommes qui allaient dans sa compagnie. — Il va donnant beaucoup d'aumônes en l'honneur de Dieu et de sainte Marie.

Et, environ à mi-chemin, un lépreux se montra à lui enfoncé dans un bourbier, d'où il ne pouvait sortir. Il jetait de grands cris; il demandait pour l'amour de Dieu qu'on le tirât de là; qu'après, il en userait bien.

Quand Rodrigue l'eut entendu, il descendit de cheval, lui aida à se relever, et le prit en croupe. Il l'emmena à son hôtellerie, partagea son souper avec lui, et fit préparer un lit dans lequel ils se couchèrent tous deux.

Mais vers le minuit, alors que Rodrigue dormait, le lépreux lui souffla sur le dos, et si fort que le souffle ressortit par la poitrine à Don Rodrigue. — Il se réveilla très-effrayé, chercha le lépreux, ne le trouva point dans le lit, demanda en criant de la lumière. On lui avait apporté la lumière, et le lépreux ne paraissait point.

Il s'en était retourné au lit, ayant en soi une grande inquiétude de ce qui lui était arrivé; mais vint à lui un homme tout vêtu de blanc qui lui parla de cette manière : « Dors-tu ou veilles-tu, Rodrigue? »

— « Je ne dors point, répondit-il; mais dis-moi qui tu es, toi que je vois si resplendissant? »

— « Je suis saint Lazare, Rodrigue; je viens te parler. Je suis le lépreux à qui tu as rendu un si grand service pour l'amour de Dieu. Rodrigue, Dieu t'aime bien, et il t'a octroyé que ce que tu entreprendras, dans la guerre ou dans une autre carrière, tu l'accompliras à ton honneur, et que tu croîtras chaque jour. Tu seras craint de tous, des chrétiens comme des Mores, et tes ennemis ne pourront te nuire. Tu mourras d'une mort honorée, ta personne non vaincue; c'est toi qui seras le vainqueur : Dieu t'envoie sa bénédiction. »

En disant ces paroles, soudain il disparut.

Rodrigue se leva, se mit à genoux, rendit grâces au Dieu du ciel ainsi qu'à sainte Marie, et resta de la sorte en oraison jusqu'à ce qu'il fût jour.

Il continua son chemin vers Saint-Jacques, et accomplit son pélerinage. De là il alla à Calahorra où se tenait le bon roi.— Le roi le reçut très-bien, et se réjouit de sa venue.— Rodrigue combattit avec Martin Gonçalez et le vainquit en champ clos.

XV.

COMMENT RODRIGUE VAINQUIT MARTIN GONÇALEZ EN CHAMP CLOS.

Touchant la ville de Calahorra il s'est élevé une contestation entre le bon roi de Léon appelé Ferdinand premier et Don Ramire d'Aragon, de qui le royaume vient d'être nommé : car chacun de ces rois prétend que cette ville fait partie de son royaume.

Pour prévenir les guerres et les carnages, ces rois ont décidé de faire combattre deux chevaliers, un de chaque parti, et que le roi de celui qui sera vainqueur aura la ville sous ses ordres. Ferdinand choisit Rodrigue de Bivar le très-renommé ; et Ramire, Martin Gonçalez, lequel est très-vaillant et très-courageux.

Armés qu'ils sont tous deux, ils entrent dans le champ, font le signal convenu, se rencontrent avec beaucoup de vigueur, et rompent l'un et l'autre leur lance.

Ils sont très-irrités et blessés des coups qu'ils se sont donnés à la rencontre précédente. Martin parla à Rodrigue, lui disant de cette façon :

« Vous vous repentez bien, Rodrigue, de l'insigne audace que vous avez eue d'entrer en lice avec moi en un combat d'où vous sortirez mal arrangé : car cette tête à vous restera ici dans le champ ; vous ne retournerez pas en Castille, ni à Bivar, votre domaine, et votre épouse Chimène ne vous verra jamais plus à son côté, quoiqu'on dise que vous l'aimez et que vous êtes aimé d'elle. »

Rodrigue fut très-fâché des paroles qu'il avait dites, et avec une grande colère il lui parla ainsi :

« Vraiment, Martin, vous êtes un brave chevalier ; votre langage le montre. Ce votre langage n'est point d'un homme courageux : car cette lutte commencée se terminera avec les mains et non par de vilains discours, dont vous êtes si bien pourvu. Ce sur quoi vous discourez est en la main de Dieu, et il donnera la gloire à celui chez qui il la trouvera bien placée. »

Et bouillant de colère, il alla à lui avec intrépidité. Il lui porte un grand nombre de coups et le renverse par terre.

Don Rodrigue descendit de cheval, lui coupa la tête, et essuya aussitôt le sang qu'il y avait à son épée. Les genoux en terre, les mains levées au ciel, il rendit maintes grâces à Dieu, qui lui avait donné une telle victoire.

Ensuite, parlant aux juges, il leur adressa cette question :

« Y a-t-il encore à faire quelque chose afin que Calahorra, pour laquelle j'ai combattu, soit du royaume de mon seigneur ? »

Ils répondirent tous ensemble : « Non, brave chevalier, car dans le combat passé vous avez enlevé le droit au roi Ramire, qui prétendait qu'elle était de ses États. »

Ferdinand embrassa Rodrigue et le tint pour estimé. — Il était fort aimé du roi et loué de tout le monde.

XVI.

COMMENT, AU SIÉGE DE COYMBRE, SAINT JACQUES APPARUT A UN ÉVÊQUE GREC; ET COMMENT, CETTE VILLE AYANT ÉTÉ PRISE, LE CID Y FUT ARMÉ CHEVALIER.

Il tient Coymbre assiégée, ce bon roi Ferdinand. Le siége dura sept années sans qu'on l'eût jamais abandonné : car la place est très-forte et bien flanquée de murs et de tours. Il n'y avait plus de vivres dans le camp du roi : on les avait tous épuisés.

Déjà ils veulent lever le siége, lorsque viennent vers le roi des moines de ce grand monastère qu'on appelait Lormano. A force de travail, ils avaient amassé beaucoup de blé, d'orge, de millet, voire même de légumes, et ils donnèrent tout cela au roi, le priant de ne point lever le siége; qu'ils lui fourniraient assez de vivres.

Le roi les remercia de cela et prit ce qui lui fut donné. Il le répartit entre ses compagnies, et elles eurent des vivres en abondance. Elles abattirent beaucoup de murs, et les Mores furent découragés. Ils donnèrent au roi la ville et tout leur avoir, et ils s'en allèrent avec la vie, seule chose que le roi leur eût octroyée.

Pendant que le siége durait, un pèlerin était arrivé qui venait du lointain pays de Grèce vers l'apôtre saint Jacques. Il avait nom Astiano, et son titre était celui d'évêque. Il faisait une oraison devant l'apôtre très-saint, quand il entendit des étrangers dire que l'apôtre saint Jacques entrait dans les grandes mêlées tout armé et à cheval pour combattre les Mores en faveur des chrétiens.

L'évêque, qui entendit cela, en fut très-offensé : « Ne le dites point chevalier, on l'appelait le Pêcheur. » Et après cette querelle irrévérencieuse, il s'était endormi.

Saint Jacques lui apparut ayant des clefs à la main, et avec un visage très-serein il lui dit : « Tu te moques pour ce qu'on m'appelle chevalier, et tu as beaucoup de chagrin de cela. Je viens me montrer à toi à cette heure afin que tu ne doutes pas en vain. Je suis chevalier du Christ, auxiliaire des Chrétiens contre les Mores, et de plus leur patron. »

Pendant qu'il tenait ce discours, un cheval lui fut amené, lequel était blanc et très-beau. Saint Jacques le monta, armé de toutes pièces, et aussi brillant que des blancas toutes neuves. Il va en guise de chevalier porter secours au roi Ferdinand qui assiége Coymbre depuis maintenant sept années.

« Et avec ces mêmes clefs que je porte en mes mains, dit-il, j'ouvrirai la place demain au jour naissant : je la donnerai au roi qui l'a assiégée. »

Et à l'heure marquée il avait livré la ville au roi.

La mosquée qu'ils y trouvèrent fut nommée Sainte-Marie, en la consacrant au nom de la Vierge. C'est dans cette église que fut armé chevalier Don Rodrigue de Bivar le renommé.

Le roi lui ceignit l'épée et lui donna le baiser de paix sur la bouche. Il ne lui donna point l'accolade comme il l'avait donnée à d'autres; et, pour lui faire plus d'honneur, la reine lui fit présent d'un cheval, et Dona Urraca, l'infante, lui chaussa les éperons.

Don Rodrigue avait armé neuf cents chevaliers. Le roi le traita avec grande estime, — et il fut fort loué parce qu'il avait été très-vaillant au siége qu'on a raconté et en beaucoup d'autres places qu'il conquit à son roi.

XVII.

A QUELLE OCCASION NOTRE RODRIGUE FUT APPELÉ CID.

Rodrigue est à Zamora, à la cour du roi Ferdinand, père de ce roi infortuné qu'on appela Don Sanche, lorsque arrivent des ambassadeurs des rois tributaires vers Rodrigue de Bivar, auquel ils disent, s'étant humiliés devant lui :

« Bon Cid, vers toi nous envoient cinq rois tes vassaux, pour te payer le tribut auquel ils se sont obligés. Et, en signe d'amitié, ils t'envoient cent chevaux : vingt blancs comme l'hermine, et vingt à la crinière rousse; trente bai-brun, et trente autres alezans : tous enharnachés de brocarts différents. Et de plus, pour Dona Chimène, beaucoup de joyaux et de toques; et pour tes deux charmantes filles, deux hyacinthes très-précieuses ; et, pour l'habillement de tes gentilshommes, deux coffres pleins d'étoffes de soie. »

Le Cid leur répondit : « Mes amis, vous vous êtes trompés dans le message ; car je ne suis point *Cid* là où est le roi Ferdinand : tout est à lui, rien n'est à moi : je ne suis que le moindre de ses vassaux. »

Le roi fut très-reconnaissant de la modestie du Cid honoré, et dit aux messagers : « Dites à vos maîtres qu'encore que leur seigneur ne soit point roi, il est assis auprès d'un roi ; que tout ce que je possède, c'est le Cid qui me l'a conquis, et que je suis très content d'avoir un si bon vassal. »

Le Cid renvoya les Mores avec des présents qu'il leur fit.

Dès lors en avant Ruy Diaz fut toujours appelé Cid, ce qui signifie chez les Mores homme considérable et qualifié.

XVIII.

COMMENT L'INFANTE URRAQUE SE PLAIGNIT A SON PÈRE MOURANT DE CE QU'IL N'AVAIT RIEN LAISSÉ A ELLE DANS SON TESTAMENT.

Le roi Ferdinand achevait de distribuer ses terres, voisin de la mort qui le menace de près, lorsque, vêtue de deuil et versant des larmes, entre dans la triste salle l'oubliée infante Urraque.

Et voyant le roi son père, elle s'agenouille devant le lit avec le respect qu'elle lui doit, lui prend la main et la baise.

Et après avoir montré son chagrin par de tendres pleurs, l'infante se plaint ainsi d'une voix humble :

« Parmi les lois divines et humaines, laquelle vous enseigne, mon père, à déshériter les femmes pour avantager les hommes ?

» A Alphonse, Sanche et Garcia, qui sont ici présents, vous laissez tous vos biens, et de moi vous ne vous souvenez nullement.

» Je ne dois point être votre fille. Que si je l'étais, la nature vous forcerait à avoir souvenance de moi.

3.

» Si je ne suis pas légitime et quand même je ne serais qu'une bâtarde, la nature vous engage encore à prendre soin des bâtards.

« Et s'il n'en est pas ainsi, dites-moi quelle faute me déshérite ? Quelle irrévérence vous ai-je montrée qui mérite un tel châtiment ?

» Si vous me faites un pareil tort, que diront les peuples étrangers et vos bons-hommes lorsqu'ils le sauront ?

» Qu'il n'est point juste, non, qu'il n'est pas raisonnable non plus de donner à des hommes les biens qu'ils peuvent gagner dans les combats.

» Laissez-moi déshéritée ; mais réfléchissez que je suis femme et à ce que je pourrai faire sans protecteur et sans biens.

» Si vous ne me laissez point de terres, j'irai sur les terres étrangères, et, pour couvrir votre tort, je me cacherai d'être votre fille.

» J'irai pauvre, en costume de pèlerine ; mais songez que les pèlerines parfois deviennent des prostituées.

» J'ai en moi un sang noble ; mais j'ai bien peur d'oublier ma noblesse comme n'étant pas à moi, puisqu'on me dédaigne pour cela. »

Telles sont les paroles qu'elle dit ; et, attendant la réponse, elle cessa ses plaintes et donna cours à ses tendres pleurs.

XIX.

COMMENT LE ROI FERDINAND RÉPONDIT A L'INFANTE URRAQUE.

Il écoute avec attention les plaintes de sa fille Dona Urraque, le noble roi Don Ferdinand, étendu mourant dans son lit.

Il s'afflige de sa hardiesse, va pour répondre et ne parle point ; car une femme hardie fait perdre la parole même à des rois.

Mais, afin de pouvoir en même temps la réprimander et lui venir en aide, il arracha quelques paroles de son sein avant que l'âme lui fût arrachée :

« Si tu pleurais pour ma mort comme tu fais pour les richesses, je ne doute point, ma chère fille, que la joie que j'en aurais ne prolongeât mes jours.

» Comment pleures-tu, femme insensée, pour les biens de ce monde, lorsque tu vois que de tous je n'emporte aujourd'hui qu'un linceul?

» Je me félicite du moment de vie qui me reste, puisque par lui je puis t'empêcher de tourner à mal....

» Quand je partirai j'irai droit à la céleste demeure, car le feu de tes paroles m'aura servi de purgatoire.

» Tu portes envie à tes frères; mais tu ne songes pas, malheureuse, qu'avec des biens je leur laisse l'obligation de les conserver. Eux, ils sont pauvres avec beaucoup; et toi tu es riche sans rien, parce que les femmes nobles passent et entrent partout.

» Tu es ma fille, je l'avoue; mais tu es venue au monde déshonnête; j'eus des pensées déshonnêtes au moment où je t'engendrai. Une mère honorable te mit au jour; mais on te confia à une nourrice dont le lait était grossier, s'il faut en juger par ton langage.

» Tu dis que tu iras dans les pays étrangers; cela ne m'étonne point que celle qui laisse ainsi aller sa langue s'en aille être une infâme.

» Toutefois, si je puis par là empêcher ton déshonneur et l'effet de tes menaces, outre les dispositions que j'ai faites, je veux encore en faire une. Je ne veux point te laisser pauvre, afin que tu ne fasses pas ce que tu dis; car bien que tu sois une femme noble, tu es très-déterminée. Je laisse pour toi Zamora bien munie et cernée de tours; car il faut à tes écarts de fortes murailles. Il y a dedans de vaillants hommes pour te servir et la garder; confie-toi à leurs conseils et use sagement de mes trésors. Quand je réservai une telle possession; c'est que j'eus bien souvenance de toi; conserve-la de manière à ne pas démentir ton sang et ta race.

» Que celui qui t'enlèvera Zamora soit chargé de ma malédiction! »

Tous répondent : Amen! hormis Don Sanche qui se tait.

§ 2.

Observations sur la première partie du Romancero.

La 1ère romance nous montre le désespoir de *Diègue Laynez*, qui a reçu un outrage, et qui se trouve dans l'impossibilité de se venger, à cause de son grand âge et de sa faiblesse. La romance ne fait aucune mention ni de la nature de l'outrage, ni de l'occasion à propos de laquelle il a été fait. Elle ne nomme pas non plus l'auteur de l'outrage. Ces faits étaient censés connus de ceux auxquels s'adressait l'auteur de la romance. Nous y voyons de plus quelle fut l'expérience dont s'avisa *Diègue Laynez* pour sonder le courage de ses enfants, et la manière dont il découvrit la susceptibilité de *Rodrigue*. La fin de la romance est très remarquable. Le vieillard, pleurant de joie, dit : « Fils de mon âme, ta colère calme la mienne, » et ton indignation me plaît. Cette résolution, mon Ro- » drigue, montre-la à la vengeance de mon honneur, » lequel est perdu, s'il ne se recouvre par toi et ne » triomphe. »

La 2ème romance nous peint la situation du *Cid*, dès qu'il a reçu la confidence de son père, et les réflexions qu'il fait avant d'aller provoquer le *Comte*. Rien ne l'émeut, rien ne l'arrête ; il n'y a aucune indécision dans sa conduite. Il s'empare bravement d'une épée ; il se résout à ne pas reculer d'un pas, et se promet de se tuer plutôt que de faiblir.

La 3ème romance est très remarquable. Elle mérite d'être connue, même après les travaux de *Guillem de Castro* et de *Corneille*. Ce qui me frappe dans cette romance, c'est qu'elle a conservé toute son originalité. Il y a quelque chose de très touchant dans les reproches que le *Cid* adresse au *Comte de Gormaz*. Comment ne pas admirer ce renversement de rôles que le poète a si bien senti et si bien rendu ? Un jeune homme, un enfant donne des leçons de moralité à un homme d'un âge mûr. C'est *Rodrigue* qui est obligé de rappeler au *Comte Glorieux* le respect que l'on doit à la vieillesse. Il y a là certainement quelque chose de très dramatique; il y a des situations que *Guillem de Castro* et *Corneille* auraient pu mettre à profit.

Aucune romance ne donne la description du combat; mais la 4eme nous en fait connaître le résultat. Elle peint ce résultat sous une forme sauvage, bien convenable au xie siècle, mais qui n'est plus en relation avec les mœurs beaucoup plus douces de nos derniers siècles. *Rodrigue* se présente devant son père avec la tête du *Comte* qu'il tient par les cheveux et qui dégoutte encore de sang. On conçoit que *Guillem de Castro* n'ait pas conservé de pareils détails. Ils n'auraient pu inspirer que le dégoût et l'horreur. Mais ce qui est bien rendu, dans cette romance, c'est la joie de *Don Diègue*, en recouvrant son honneur, c'est l'exaltation que lui inspirent la bravoure et le succès de son fils, c'est enfin la générosité de ce noble vieillard qui abdique, en quelque façon, le commandement de sa maison, en faveur de son vaillant héritier, et qui le fait asseoir au haut bout de la table, pour le récompenser de sa victoire.

La 5eme romance contient et exprime les premières plaintes de *Chimène*. La fille du *Comte Glorieux* vient demander justice au roi. Elle ne craint pas de provoquer la colère de *Rodrigue*. Elle l'irrite au contraire par les expressions les plus dédaigneuses; et, voyant son impassibilité, elle excite contre lui le ressentiment de ses serviteurs et des autres seigneurs de la cour.

La 6eme romance nous peint la fière contenance de

Rodrigue, en présence du roi et des amis du *Comte Glorieux*. Son costume et son armure sont d'un homme qui se tient sur ses gardes et qui se sent entouré d'ennemis ; mais il fait bonne contenance, et la terreur qu'il inspire est parfaitement exprimée par cette réponse que lui adressent tous ses adversaires : *Que le diable te demande raison*.

La romance n° 7 nous fait connaître les premiers exploits de *Rodrigue*, et nous donne une idée de sa précocité belliqueuse. Il est à *Bivar* ; il n'a pas vingt ans accomplis. Il apprend que les Mores ravagent la *Castille*. Aussitôt il monte à cheval ; il se met à la tête de ses amis, et il s'élance à la poursuite des ennemis de son prince et de son pays. Il défait cinq rois Mores ; il leur enlève tout leur butin, les fait eux-mêmes prisonniers, et ne leur rend la liberté qu'après qu'ils se sont reconnus ses vassaux.

La romance n° 8 est l'une des plus anciennes du recueil. Elle nous fait connaître les nouvelles plaintes de *Chimène*. Elle nous peint l'embarras du roi *Don Ferdinand* en présence d'une réclamation si juste, dirigée contre un homme qui lui est si utile. Nous y voyons la première idée d'un rapprochement et d'une conciliation entre les deux familles divisées par la haine et la discorde. Le roi entame le chapitre des négociations. Il adresse une lettre à *Rodrigue de Bivar*. Cette lettre est remise à *Don Diègue*, qui veut se charger de porter la réponse ; mais *Rodrigue* trouve fort mal qu'on veuille faire ses affaires sans lui. Il n'entend pas se séparer de son père. Il a acquis le droit d'être considéré comme un homme, et il réclame hautement toutes les prérogatives de son courage et de sa bravoure.

La 9ème romance n'est autre chose qu'une nouvelle édition de la précédente. C'est la romance n° 8, dans laquelle on s'est borné à supprimer quelques détails trop crus et trop naïfs. *Chimène* ne demande plus *Rodrigue* pour mari. Le mouvement qui pousse à la conciliation part uniquement du roi. La comparaison de ces deux romances qui n'en font qu'une, nous offre un exemple curieux du travail qui a dû s'accomplir sur ces vieilles compositions, au fur et à mesure que les mœurs s'adoucissaient, et que la barbarie et la grossièreté des premiers âges allaient en s'affaiblissant.

Les romances 10, 11 et 12 contiennent de nouvelles expressions des plaintes de *Chimène*, et nous font connaître les points de vue divers auxquels se sont placés les artistes populaires qui se sont exercés tour à tour à peindre la situation donnée par la tradition castillane. Ici c'est le roi qui invite *Chimène* à vider ses différends avec *Rodrigue de Bivar*, et qui lui propose de le lui donner pour époux. Là c'est *Chimène* elle-même qui demande la main de *Rodrigue*. Elle est frappée de sa réputation ; elle voit qu'il va toujours en grandissant, et que sa vengeance ne peut plus l'atteindre. Elle préfère l'avoir pour auxiliaire que pour ennemi. Elle se tiendra honorée de cette alliance, et elle lui pardonnera la mort de son père. Les deux versions sont aussi plausibles l'une que l'autre. Elles sont conformes toutes les deux aux mœurs et à la législation du moyen-âge. Le roi accède très volontiers à la demande de *Chimène*. Il mande *Rodrigue* auprès de lui ; il lui communique la proposition de sa belle ennemie ; il l'engage à épouser *Chimène*, en lui promettant ses bonnes grâces et beaucoup de terres. *Rodrigue* obéit avec plaisir aux ordres du roi, et le mariage est décidé.

La romance 13ème contient une description du mariage. Elle se termine par un passage capital et qui mérite bien de fixer l'attention : « Les fiancés arrivèrent ensemble ; et,
» au moment de donner à la mariée sa main et le baiser,
» le Cid, la regardant, lui dit tout ému : J'ai tué ton

» père, Chimène, mais non en trahison ; je l'ai tué d'hom-
» me à homme pour venger une injure trop réelle. J'ai
» tué un homme et je te donne un homme ; me voici à
» tes ordres ; et, en place d'un père mort, tu as acquis un
» époux honoré. Cela parut bien à tous : on loua son
» esprit, et ainsi se firent les noces de Rodrigue le Cas-
» tillan. »

Ce passage est éminemment précieux à recueillir et à noter. Il exprime, avec autant de netteté que de précision, la manière de voir et de sentir de tout le moyen-âge sur le mariage de *Chimène Gomez* et de *Rodrigue de Bivar*. On voit que ce mariage est une véritable composition. *J'ai tué un homme et je te donne un homme ; et, en place d'un père mort, tu as acquis un époux honoré.* Telle est la pensée qui a animé le roi et *Chimène* dans la poursuite commune de ce mariage ; tel est le sentiment qui a porté *Rodrigue* à consentir à cette union. Voilà aussi ce qui a été généralement approuvé. *Chimène* étant devenue orpheline par le fait de *Rodrigue*, *Chimène* n'ayant plus de protecteur, il est juste que *Rodrigue* l'épouse, et qu'il contracte l'obligation de la protéger. *Cela paraît bien à tous.* Telle est l'idée de convenance et de justice qui domine toute cette affaire, qui plane sur ce compromis. Voilà ce qui satisfait aux exigences morales des acteurs et des spectateurs de ce mariage.

La romance 14ème nous fait connaître une aventure du *Cid*, pendant son pèlerinage à *Saint-Jacques-de-Compostelle*. *Rodrigue* rencontre un lépreux envers lequel il se conduit de la manière la plus généreuse et la plus chrétienne. Mais ce lépreux n'est autre chose que *Saint-Lazare* qui se découvre à *Rodrigue*, et qui lui promet les plus belles destinées. Le portrait du *Cid* n'aurait pas été complet, aux yeux de la religieuse Espagne, si les romances n'avaient point célébré sa piété, son humanité et son dévouement pour les malheureux.

La 15me romance est relative au combat singulier du *Cid* et de *Martin Gonzalès*, chevalier aragonais. *Martin Gonzalès* y est représenté comme un géant et comme un fanfaron. Le portrait de ce chevalier paraît être copié sur celui de *Goliath*. Le *Cid* s'y montre, au contraire, comme un guerrier modeste et résolu. Ce n'est pas précisément un *David*. Il a d'autres armes qu'une fronde et des cailloux. Mais, comme *David*, il renverse son adversaire, et lui coupe la tête. Sa victoire assure à *Don Ferdinand* la possession de *Calahorra*, et lui garantit à lui-même l'estime et l'affection du roi.

La romance 16eme nous apprend que ce fut à *Coïmbre* que *Rodrigue* fut armé chevalier, après la prise de cette ville et dans l'église de Sainte-Marie.

La romance 17eme nous apprend à quelle occasion *Rodrigue de Bivar* fut appelé *le Cid*. Nous voyons éclater ici la modestie de *Rodrigue*, en même temps que la satisfaction du roi. Toutes les vertus et tous les mérites s'accumulent successivement sur le héros de l'Espagne chrétienne.

Les deux dernières romances que j'ai citées ne se rapportent point à l'histoire particulière du *Cid*. Il n'y est question que de *Dona Urraca*, de ses frères, de son père *Don Ferdinand*, et des dispositions testamentaires de ce dernier. Les faits qu'elles retracent sont bien postérieurs au mariage du *Cid* et à ses premiers exploits. Mais j'ai cru devoir les reproduire ici, parce que *Guillem de Castro* s'en est servi, et que je tenais à mettre sous les yeux du lecteur tous les éléments qui ont contribué à former l'œuvre du poète valencien.

On pourrait multiplier les observations de détail ; mais une lecture attentive suffit pour faire saisir le charme de ces petites compositions. Je terminerai par une observation générale et qui me paraît importante.

Les romances ne font aucune mention de l'amour de *Chimène* et de *Rodrigue*, antérieurement à la querelle survenue entre *Don Diègue* et le *Comte Glorieux*. Il n'y a pas, dans les romances, la moindre allusion à une inclination mutuelle des deux jeunes gens, avant que *Don Diègue* ne soit outragé, et avant que son fils ne le venge par la mort de son ennemi. Après le mariage, l'amour est réel et profond de part et d'autre. *Chimène* et *Rodrigue* nous sont offerts comme des modèles de tendresse et de fidélité conjugales. La passion de *Chimène*, le désespoir où la plongent les absences continuelles de son mari, sont représentés à plusieurs reprises et dans des termes qui ne peuvent laisser aucun doute sur la vivacité de ces sentiments. On conçoit que les poètes populaires ne pouvaient pas négliger un aussi bon moyen de rendre leurs personnages intéressants. On n'a qu'à lire les plaintes de *Chimène*, au sujet de l'absence du *Cid*, et la lettre charmante qu'elle est censée écrire au roi *Ferdinand*, pour comprendre tout le parti qu'ils ont su tirer de leur hypothèse aussi naturelle que légitime. Il y a plus. Il est possible qu'après la mort du *Comte*, et avant le mariage, un sentiment d'admiration d'abord, et puis de tendresse pour *Rodrigue*, ait remplacé, dans l'âme de *Chimène*, les premiers sentiments de haine et d'aversion qu'elle avait dû éprouver pour le meurtrier de son père. *Rodrigue* s'était montré si brave en attaquant le *Comte Glorieux*, et si habile en demeurant vainqueur de lui; il s'était ensuite tellement illustré, en faisant cinq rois Mores prisonniers, que *Chimène*, malgré ses justes griefs contre lui, avait dû ouvrir les yeux, et réfléchir sur l'avenir de cette gloire naissante et si rapidement croissante. Elle avait dû partager l'admiration universelle. Ce sentiment involontaire, joint à l'impuissance où elle se voyait d'obtenir justice contre un homme si important, avait pu la disposer, quelque temps après la mort de son père, à écouter favorablement la proposition conciliatrice de *Ferdinand;* et enfin, pressée par la nécessité de sortir de son isolement, et soutenue par la légalité de sa demande, elle pouvait en venir à dire, elle aussi : *Où donc est ce brave mari que vous m'aviez promis ?* Sans rien contenir de bien explicite, à cet égard, et sans offrir autre chose que matière à conjectures, les romances ne s'opposent point à cette interprétation. Il est donc possible jusqu'à un certain point que l'amour de *Chimène* pour *Rodrigue* ait précédé son mariage avec lui. Encore une fois, on peut tourmenter les romances pour leur faire rendre cette conclusion. Mais les romances ne disent pas un mot de l'amour de *Chimène* pour *Rodrigue*, ou de l'amour de *Rodrigue* pour *Chimène*, antérieurement à la mort du *Comte de Gormaz*, antérieurement à l'outrage fait par celui-ci à *Don Diègue Laynez*. Sur cette question, les romances sont complètement muettes. Il y a plus. Elles s'opposent tout-à-fait et de la manière la plus explicite à une pareille interprétation. Qu'on relise la seconde romance, celle où *Rodrigue*, après avoir reçu les confidences de son père, se dispose à aller attaquer le *Comte*. Le *Cid* pense à la force et à la puissance de son adversaire ; il pense à sa propre jeunesse et à son inexpérience ; mais, dans tout cela, il n'est pas question de *Chimène*. *Rodrigue* ne se présente point à nous comme balançant entre l'honneur et l'amour. Il craint de ne pas réussir ; mais il n'hésite point à affronter le péril, et il se propose de se tuer plutôt que de reculer. Rien n'indique donc que l'idée que *Chimène* aimât *Rodrigue*, ou que *Rodrigue* aimât *Chimène*, avant la querelle de leurs parents, et avant le châtiment infligé au *Comte Glorieux*, se soit présentée à l'esprit des poëtes populaires qui ont composé le *Romancero du Cid*.

Ici, je me trouve en opposition avec un écrivain célèbre,

et je ne puis pas rester exposé à l'objection qu'on pourrait me faire, en se plaçant sous l'autorité de l'illustre critique. Voici ce que dit *M. de Sismondi*, dans son *Histoire de la littérature du midi de l'Europe* :

« Les romances ne racontent pas explicitement l'amour
» du *Cid* et de *Chimène* avant la mort de son père ; mais
» elles semblent y faire allusion, surtout pendant la pour-
» suite de *Chimène*, qui s'offre, pour récompense, à
» celui qui la vengera du meurtrier de *Gormaz*. (1) ».

Il y a, si je ne me trompe, deux erreurs capitales dans cette phrase. Et d'abord, il n'est pas vrai que, dans les romances, *Chimène* se propose pour récompense à celui qui la vengera du meurtrier de *Gormaz*. Qu'on relise les romances que j'ai reproduites plus haut : il sera facile de s'assurer que *Chimène* demande justice au roi, à plusieurs reprises, et que, finalement, elle lui demande *Rodrigue* pour époux. Mais, nulle part, la fille du *Comte Glorieux* ne se propose pour récompense à celui qui vengera la mort de son père par la mort de *Rodrigue*. Il eut même été ridicule jusqu'à un certain point, dans le système des romances, que *Chimène* fit cette proposition ; ç'aurait été abandonner aux chances d'un combat un droit réel et incontestable. Elle avait le droit de punir *Rodrigue*, et rien ne l'obligeait à fournir à son adversaire un moyen presque certain d'échapper à sa vengeance. L'idée d'offrir sa main à celui qui lui rapportera la tête de *Rodrigue*, en supposant que le vainqueur soit d'une noblesse égale à la sienne, ou de lui abandonner la moitié de sa fortune, s'il se trouve n'être que d'une condition inférieure ; cette idée, dont la première partie se trouverait dans les romances, suivant *M. de Sismondi*, est une invention de *Guillem de Castro*. C'est un ressort dramatique imaginé par le poète

---

(1) Histoire de la littérature du midi de l'Europe, tome 3e.

valencien, et cette idée est excellente, dans le système de *Castro*. Car le poète ayant admis que *Chimène* aime *Rodrigue*, la proposition de *Chimène*, malgré son apparente sévérité, est une concession faite à sa passion. Sous le prétexte éminemment plausible de poursuivre *Rodrigue* à outrance, et de ne lui laisser ni paix ni trève, *Chimène* offre réellement à son adversaire l'occasion de se soustraire à sa poursuite, et de se libérer de son obligation envers elle. C'est comme si l'on offrait à un joueur qui a perdu la partie de recommencer le dernier coup.

Quant à l'amour de *Chimène* pour *Rodrigue* ou de *Rodrigue* pour *Chimène*, antérieurement à la mort du *Comte*, les romances ne font aucune allusion directe ou indirecte à un fait de cette nature. Elles sont complètement muettes à cet égard, ou, pour mieux dire, si elles s'expliquent clairement, c'est dans un sens tout opposé. Les premières plaintes de *Chimène*, et les premières poursuites qu'elle dirige contre *Rodrigue*, ne contiennent aucune expression qui nous autorise à penser que le sentiment de la vengeance est affaibli ou combattu, chez *Chimène*, par le sentiment de l'amour, ou que la tendresse filiale ait été balancée, chez *Rodrigue*, par sa passion pour *Chimène*. Les expressions méprisantes dont *Chimène* se sert, en parlant de *Rodrigue*, la conduite incivile et grossière qu'elle lui reproche, ne laissent pas soupçonner qu'il y ait eu jusqu'alors la moindre sympathie entre la fille de *Don Gomez* et le fils de *Don Diègue*. Les romances contiennent, au contraire, le tableau naïf et fidèle des petites vexations et des récriminations puériles qui s'élèvent entre des familles divisées et hostiles l'une à l'autre. Le caractère du mariage est parfaitement présenté dans les romances. Ce mariage est une affaire; c'est une composition, c'est un compromis; mais ce n'est pas le résultat d'une passion profonde et mutuelle entre *Chimène* et *Rodrigue*. Le mariage ne se fait point malgré la mort du *Comte;* c'est la mort du *Comte*, au contraire, qui en est le motif et l'occasion ; en sorte que l'on peut conclure des romances que *Rodrigue* se trouva conduit à épouser *Chimène*, précisément parce qu'il lui avait tué son père, et que, s'il n'avait pas tué le *Comte de Gormaz*, il n'aurait probablement pas épousé sa fille. Si l'on peut inférer de quelques expressions équivoques que *Chimène* éprouve déjà pour *Rodrigue* une certaine inclination, au moment où elle demande sa main, toujours est-il que les romances ne contiennent pas un mot, pas une syllabe d'où l'on puisse inférer que *Rodrigue* lui-même est amoureux de *Chimène*. Il l'épouse pour obéir au roi, et pour se soustraire aux conséquences désagréables d'une mauvaise affaire, d'un véritable délit ; mais il est complètement passif dans ce mariage ; il n'y apporte lui-même aucune initiative. L'idée que *Chimène* et *Rodrigue* s'aimaient avant la mort du *Comte*, et avant la querelle de leurs parents, est encore une idée de *Castro*. C'est une invention du poète de Valence ; et c'est sans contredit une de ses idées les plus heureuses, la plus heureuse, tranchons le mot. Cette idée est devenue le pivot de son drame, et le germe des développements les plus dramatiques et les plus touchants. Il faut rendre à chacun ce qui lui appartient, et je me propose de démontrer un peu plus loin que rien ne peut enlever à *Guillem de Castro* la gloire et le mérite de cette hypothèse.

Mais c'est ici une question de fait, et qui doit être vidée au moyen des textes. J'ai mis sous les yeux des lecteurs le texte des romances, ou, du moins, une traduction aussi fidèle que possible de ces vieux monuments. M. *de Sismondi* ne pourrait-il pas aussi, de son côté, réclamer l'autorité des textes ? Examinons. M. *de Sismondi* cite une romance qui semblerait venir à l'appui de son assertion. Cette romance, la voici :

RODRIGUE.

A l'heure silencieuse de minuit où la douleur seule et l'amour veillent encore, je m'approche de toi, ô triste Chimène ! sèche tes larmes.

CHIMÈNE.

Quel est celui qui s'approche de moi dans l'obscurité de minuit, où ma douleur profonde est seule éveillée ?

RODRIGUE.

Peut-être une oreille ennemie nous écoute ici : ouvre-moi.

CHIMÈNE.

Ce n'est point à l'inconnu, à celui qui ne se nomme pas qu'on ouvre une porte à minuit : découvre-toi, parle, qui es-tu ?

RODRIGUE.

Chimène, orpheline, ah ! tu me connais.

CHIMÈNE.

Rodrigue ; oui, je te connais : toi, la source de mes larmes ; toi qui privas ma maison de son noble chef, qui m'enlevas mon père.

RODRIGUE.

L'honneur le fit, et non point moi ; l'amour doit faire notre paix.

CHIMÈNE.

Eloigne-toi : ma douleur est incurable.

RODRIGUE.

Ah ! donne-moi, confie-moi ton cœur : c'est moi qui saurai le guérir.

CHIMÈNE.

Comment, entre toi et mon père, comment partager mon cœur ?

RODRIGUE.

La puissance de l'amour n'est-elle pas infinie ?

CHIMÈNE.

Rodrigue, bonne nuit.

« Et ce mot si simple, ajoute M. *de Sismondi*, est apparemment le gage d'une réconciliation complète (1). »

Cette romance est en contradiction manifeste avec toutes celles que j'ai déjà citées. Dans les romances que j'ai reproduites ci-dessus, c'est *Chimène*, comme on l'a vu, qui poursuit *Rodrigue;* c'est elle qui demande sa punition ; c'est elle enfin qui demande sa main. Le *Roi* se joint à elle, il est vrai, dans cette dernière demande. Quant à *Rodrigue*, il est complètement passif ; il cède aux sollicitations du *Roi;* il accepte l'arrangement, mais il ne le propose pas lui-même ; il ne va pas au devant de cette composition. Il s'y prête de bonne grâce, par déférence pour le *Roi;* mais il ne fait rien pour parvenir à un pareil résultat. Ici, au contraire, les rôles sont complètement intervertis. C'est *Chimène* qui est passive ; c'est *Rodrigue* qui est actif. C'est lui qui vient offrir des consolations à la fille de sa victime, qui lui parle de son amour, qui s'engage à la guérir. Ceci du reste ne forme point une grande difficulté. Tant de poètes divers ont travaillé au *Romancero du Cid*, et à des époques si différentes, que chacun d'eux a pu exploiter les traditions populaires d'un point de vue différent, et broder le thême commun suivant les libres caprices de sa fantaisie. On peut admettre qu'un poète du xve ou du xvie siècle ait présenté sous ce point de vue la situation respective de *Chimène* et de *Rodrigue*, après la mort du comte de *Gormaz*. Mais je n'en ferai pas moins observer que cette romance, telle qu'elle est, et quelle qu'en soit d'ailleurs la valeur, ne saurait infirmer en aucune manière ce que j'ai dit, au sujet de l'amour de *Chimène* et de *Rodrigue*, antérieurement à la querelle de leurs parents et à la mort du *Comte*. *Chimène* y est traitée d'orpheline, *Rodrigue* y est présenté comme l'auteur de

---

(1) Histoire de la littérature du midi de l'Europe, tome 3e.

ses malheurs. Le poète semble vouloir indiquer que *Rodrigue* ne demande pas mieux que de consoler *Chimène*, et de remplacer auprès d'elle le protecteur qu'il lui a ravi. La piété filiale de *Chimène* a pu toucher *Rodrigue*. Il a pu en devenir amoureux, après avoir tué son père; il a pu l'aimer d'autant plus qu'il la voyait plus malheureuse et plus désolée, se trouver d'autant plus disposé à la soutenir, que c'est lui qui l'a rendue orpheline. Ce sont là des sentiments que nous comprenons fort bien, et qui sont dignes d'une âme généreuse. Nous n'avons rien à objecter contre la valeur poétique de cette composition, envisagée de ce point de vue. Mais que *Rodrigue* ait aimé *Chimène*, et qu'il en ait été aimé, avant de se battre avec le *Comte* et de venger son père, c'est ce que la romance ne dit point, c'est ce qu'elle ne donne point à entendre. Rien n'indique, dans cette romance, que *Rodrigue* ait dû faire violence à son amour pour rendre l'honneur à son vieux père, rien n'y indique non plus que *Chimène* ait dû comprimer sa passion pour réclamer contre *Rodrigue* l'exécution des lois.

Ma thèse reste donc tout entière, en présence de la romance, et je serais fondé dans tout ce que j'ai dit, même en admettant que la romance fût un monument authentique de la poésie espagnole, au moyen âge. Que sera-ce s'il est prouvé, ou, du moins, s'il est très-probable que la romance citée par M. *de Sismondi* est une pièce apocryphe? Ceci va nous conduire à quelques réflexions qui ne sont pas sans intérêt, et qui se rattachent trop directement au sujet qui nous occupe, pour que je puisse les passer sous silence. C'est à M. *Damas Hinard* que je dois en grande partie l'argument que je vais faire valoir. Je le laisserai donc parler lui-même, sauf à compléter ses indications par quelques éclaircissements.

« C'est le Romancero particulier du Cid qui a le pre-

» mier attiré l'attention des traducteurs ; et, naturelle-
» ment, c'est en France,—dans la patrie de Corneille,—
» qu'il a été d'abord traduit. Cette traduction, ou, pour
» me servir d'une expression plus exacte, cette imitation
» parut, vers la fin du siècle dernier, dans quelques volu-
» mes de la *Bibliothèque des romans*. Elle est spirituelle,
» vive, élégante, et révèle une plume habile. Malheu-
» reusement, l'écrivain anonyme de la *Bibliothèque des*
» *romans* ne possédait pas à un degré suffisant la con-
» naissance et le sentiment du moyen âge espagnol, et,
» d'un bout à l'autre de son œuvre, il a singulièrement
» travesti les romances. Puis, de ce non content, il en a
» ajouté plusieurs de son invention personnelle, dont la
» fausseté doit révolter—ou divertir—tous ceux qui con-
» naissent un peu les idées et les mœurs de l'Espagne à son
» moyen âge.

» En insérant son travail dans la collection de la *Bi-*
» *bliothèque des romans*, le spirituel écrivain annonçait
» bien qu'il ne regardait pas les chants populaires de l'Es-
» pagne comme autant de petits monuments historiques ;
» mais il n'est plus permis aujourd'hui de prendre de
» pareilles libertés à l'égard même des œuvres de pure
» imagination.

» A la suite de l'imitation française, d'autres imitations
» du Romancero du Cid ont été publiées en Allemagne,
» en Italie, en Angleterre. La première en date et la plus
» célèbre est celle du fameux Herder. M. de Sismondi l'a
» beaucoup vantée. Parlant des romances du Cid, dans
» son bel ouvrage *De la littérature du midi de l'Europe*,
» l'illustre critique s'exprime en ces termes : *Un poète*
» *philosophe allemand, Herder, les a recueillies, il y*
» *a peu d'années, et il les a traduites en vers de la*
» *même mesure, avec cette exactitude scrupuleuse que*
» *les Allemands apportent dans leurs traductions*, etc.

» Nous n'avons pas le droit, et nous ne saurions avoir la
» prétention de discuter le mérite littéraire de l'œuvre de
» Herder; mais *l'exactitude scrupuleuse* que M. de Sis-
» mondi lui attribue est au moins fort contestable. Herder
» a donné plusieurs romances, telles que les romances 3,
» 11, 12, 13 et 14 de son recueil, dont les originaux espa-
» gnols n'existent pas. Ces romances,—le dirons-nous?—
» sont tout simplement imitées de l'imitation de la *Bi-*
» *bliothèque des romans,* d'après laquelle Herder, nous
» en avons la certitude, a fait son travail. » (1)

Ainsi la *Bibliothèque des romans* a donné des traductions plus ou moins fidèles, des imitations plus ou moins heureuses du *Romancero du Cid*. Ce sont ces traductions et ces imitations que *Herder* a imitées à son tour et qu'il a fait passer en allemand. M. *de Sismondi,* peu versé, comme il le dit lui-même, dans la littérature espagnole, et convaincu, comme il le dit encore, que *Herder* avait consulté les originaux, a pris pour base de ses études le travail de *Herder*, et a reproduit en français des romances qui s'éloignent très-souvent des originaux espagnols, et qui même, dans certains cas, ne correspondent à aucune pièce originale.

Eh bien! la romance citée par M. *de Sismondi* et que je me suis fait un devoir de reproduire ci-dessus, est précisément dans ce dernier cas, le moins favorable des deux. M. *de Sismondi* l'indique lui-même comme formant la 14e du recueil de *Herder*. Elle se trouve donc au nombre de ces romances dont M. *Damas Hinard* nous apprend que *les originaux espagnols n'existent pas*.

Les personnes qui sont au courant de ces sortes de matières, savent que c'était le comte *de Tressan* qui rédigeait

---

(1) Romancero général ou Recueil des chants populaires de l'Espagne, par M. Damas Hinard, tome 1er, p. LXVII et suiv.

habituellement les articles de littérature espagnole insérés dans la *Bibliothèque des romans*. C'est donc probablement à ce spirituel écrivain qu'il faut attribuer le travail relatif au *Romancero du Cid* publié dans cette collection, au mois de juillet 1783 et au mois d'octobre 1784. L'auteur de ce travail, quel qu'il soit d'ailleurs, a pris pour bases de ses traductions et de ses imitations, il le dit lui-même, le recueil de *Jean d'Escobar*, et le *Tesoro escondido* de *Metge*. Mais il paraît évident, comme l'en accuse M. *Damas Hinard*, que, dédaignant la modeste mais utile fonction de traducteur fidèle, il a souvent donné carrière à son imagination; que, favorisé par son érudition et ses connaissances très-variées, il a souvent brodé le texte des romances qu'il voulait nous faire connaître, et qu'il en a même inséré plusieurs qui sont entièrement de sa composition. En voici une, par exemple, dont il paraît très-difficile qu'il ait trouvé le premier mot, soit dans le livre d'*Escobar*, soit dans celui de *Metge* :

RODRIGUE.

Voici les lieux charmants où mon âme repose ;
Où je cherche l'objet qui peut me secourir.
A minuit seulement, c'est l'heure que je l'ose,
C'est l'heure où je ne vois aucun risque à courir.

CHIMÈNE.

Si ce sont là les lieux où son âme repose,
S'il cherche la beauté qui peut le secourir,
Que mon cruel amant me parle, puisqu'il l'ose,
Je ne vois que pour moi des risques à courir.

RODRIGUE.

Sous mon déguisement on ne peut me connaître.

CHIMÈNE.

Dans mon funeste état de douleur, de souci,
A peine mes parents me connaissent ici.

RODRIGUE.

Je suis seul.

CHIMÈNE.

Moi bien seule, au bord de ma fenêtre,
Au retour de la lune et de l'aurore aussi.

RODRIGUE.

Mon cher espoir, je voudrais vous parle ;
Mais, pour sauver l'honneur de ma Chimène,
D'un peu plus près.

CHIMÈNE.

Oh ! qu'il voudrait voler,
Comme l'oiseau que son amour amène !

RODRIGUE.

O des Beautés la Beauté souveraine !
Ouvrez la porte, hélas ! que je puisse monter.

CHIMÈNE.

La porte pour monter ne s'ouvre pas sans peine ;
Si vous parlez d'en bas, je vais vous écouter.

RODRIGUE.

Un curieux peut nous entendre.

CHIMÈNE.

Un curieux pourrait nous voir.

RODRIGUE.

Ma Chimène, mon doux espoir !
Hélas ! quand mon cœur est si tendre !

CHIMÈNE.

Ah ! Rodrigue, c'est ton devoir !
Le mien est de haïr !

RODRIGUE.

Et tu me hais ?

CHIMÈNE.

Bonsoir.

RODRIGUE.

Non, vous me répondrez : non, cruelle, inflexible,

L'honneur fit ce qu'il dut ; et ce que doit l'amour,
C'est de nécessité qu'il le fasse à son tour.

CHIMÈNE.

Tu sais ce que tu dois, si ton cœur est sensible,
  Sensible aux pleurs que tu me fais verser
    Pour un amant et pour un père ;
    Au triste amour que ne peut effacer
    Ni mon devoir ni ma colère ;
  Aux nuits, aux jours que tu me fais passer
    Comme orpheline sur la terre.
Quel est celui que doit intéresser
    Ma peine, hélas ! ma peine amère ?
    Et qui doit m'en récompenser
    Sinon l'auteur de ma misère ?
Va-t'en, Rodrigue.

RODRIGUE.

  Non.

CHIMÈNE.

    Tu me fais trop souffrir.

RODRIGUE.

Et toi, Chimène, un mot, ou tu me fais mourir.
Tendre Chimène, ouvrez-moi votre porte.

CHIMÈNE.

Tendre galant, galant qu'amour transporte,
Je n'ouvre point ma porte après minuit.

RODRIGUE.

  Ma Chimène, la lune luit :
  Craignez-vous pas que quelqu'un sorte ?
Ah ! malgré ta rigueur, je t'aime, chère ingrate,
Et ta rigueur, je crois, à mes yeux t'embellit.
Un mot qui me console, un seul mot qui me flatte.

CHIMÈNE.

Je ferme ma fenêtre et retourne à mon lit (1).

---

(1) Bibliothèque universelle des romans, juillet 1785, 2e volume, page 62.

Cette petite composition, comme on le voit, a un caractère plus français qu'espagnol, sa couleur est beaucoup plus moderne qu'ancienne. Il y a là des réminiscences manifestes de *Corneille* et de *Guillem de Castro*, et il est extraordinaire qu'on veuille donner comme des origines du *Cid* et de *la Jeunesse du Cid* des pièces qui sont évidemment des émanations et des reflets de ces deux chefs-d'œuvre. Quoi qu'il en soit, nous serions obligés de nous taire, ou, tout au moins, de faire valoir d'autres argumens en notre faveur, si l'on nous montrait un texte espagnol dont les vers de *Tressan* pussent être considérés comme la traduction ou l'imitation plus ou moins fidèle. Mais ce texte n'existe pas. Donc, jusqu'à ce qu'on le produise, nous sommes autorisés à regarder les vers de *Tressan* comme le véritable original du dialogue que M. *de Sismondi* a traduit de *Herder*, et contre lequel j'ai essayé d'établir : 1° qu'il ne prouvait rien ; 2° qu'en supposant qu'il prouvât quelque chose, il était complètement apocryphe.

En voilà assez sur l'amour de *Chimène* et de *Rodrigue*, antérieurement à la querelle de leurs parents et à la mort du *Comte de Gormaz*. Mais puisque j'ai à m'occuper d'un sujet aussi intéressant que le *Romancero du Cid*, je me permettrai de faire une dernière tentative pour ébranler la confiance qu'on pourrait avoir dans le travail de *Herder*, et par conséquent dans celui de M. *de Sismondi*, qui en est la suite.

Voici, d'après M. *de Sismondi*, la première romance du *Romancero du Cid* :

« D. Diégo s'assied plein de douleur ; jamais homme
» ne souffrit davantage ; nuit et jour, il songe dans le
» deuil au déshonneur de sa maison, le déshonneur de
» l'antique, brave et noble maison de Laynez, dont la
» gloire n'était point égalée par les Inigos et les Abarcos.

» Affaibli par la maladie et par l'âge, il sent qu'il appro-
» che du tombeau, tandis que son ennemi, D. Gormaz,
» triomphe sans rencontrer d'adversaire. Aucun sommeil
» ne ferme sa paupière, aucune nourriture ne touche à
» son palais, il ne passe plus le seuil de sa porte, il n'a-
» dresse plus la parole à ses amis, il n'écoute plus leurs
» discours lorsqu'ils viennent à lui pour le consoler; il
» craint que le souffle de l'homme sans honneur ne ter-
» nisse ceux qui l'aiment; enfin, il veut secouer le far-
» deau de cette douleur cruelle et silencieuse; il fait venir
» à lui ses fils, mais il ne peut leur parler; ceux-ci joi-
» gnent leurs mains en silence, des larmes remplissent
» leurs yeux, et ils implorent la miséricorde divine. Déjà
» presque il ne reste plus pour Diégo d'espérance, lorsque
» D. Rodrigue, le plus jeune de ses fils, lui rend le cou-
» rage et la joie. Avec les yeux brillants d'un tigre, il
» s'avance vers son père : « Père, dit-il, vous oubliez et
» qui vous êtes et qui je suis. N'ai-je pas reçu de vos
» mains des armes pour ma défense? L'épée ne peut-elle
» pas repousser l'affront qui m'a été offert? » Alors des
» larmes de joie coulent par torrents sur les joues du
» vieux père : « C'est toi, dit-il, en l'embrassant, c'est
» toi, Rodrigue, qui es mon fils, ta colère me rend le
» repos, ton impatience guérit ma douleur; ce n'est pas
» contre moi, ton père, c'est contre l'ennemi de notre
» maison que doit se lever ton bras. — Où est-il, s'écrie
» Rodrigue, où est celui qui déshonore notre maison? »
» Et à peine il laisse à son père le temps de le racon-
» ter. » (1)

Qui reconnaîtrait, dans cette romance, la première de
celles que nous avons citées ci-dessus? Qui peut retrouver,
dans cette version, la moindre trace de l'expérience singu-

(1) Histoire de la littérature du midi de l'Europe, tome 3°.

lière par laquelle *Diègue Laynez* cherche à s'assurer de la force et du courage de ses enfants? Comment comprendre, d'après cette imitation, les motifs qu'a *Rodrigue* pour se fâcher contre son père? Qu'est devenue la belle réponse du vieillard?

« La seconde romance nous apprend, dit M. *de Sismondi*, de quelles armes *Rodrigue* se revêtit pour ce dangereux combat. » Il n'en faut pas davantage que cette simple et unique indication pour nous faire craindre que la seconde romance n'ait été défigurée comme la première.

La troisième romance commence ainsi, toujours suivant M. *de Sismondi :*

« Sur la place du palais, D. Rodrigue trouve Gormaz;
» ils étaient seuls; personne n'était auprès, et c'est ainsi
» qu'il parle au Comte : « Me connaissais-tu, noble Gor-
» maz, moi, le fils de D. Diégo, lorsque tu étendis la
» main sur son noble visage? Savais-tu que D. Diégo
» descendait de Layn Calvo, que rien n'est plus pur, rien
» n'est plus noble que son sang et son bouclier? Savais-
» tu que pendant que je vis, moi, son fils, aucun homme
» sur la terre, à peine le Maître tout-puissant du ciel,
» pouvait faire impunément ce que tu as fait? — Et toi,
» reprit l'orgueilleux Gormaz, sais-tu déjà ce que c'est que
» la moitié de la vie, jeune homme? — Oui, dit D. Ro-
» drigue; oui, je le sais pleinement; une moitié consiste
» à respecter les nobles; une autre à punir les orgueilleux,
» à laver de la dernière goutte de son sang l'affront qu'on
» a reçu. » Comme il disait cela, il fixa ses yeux sur
» le comte orgueilleux, qui lui répondit ainsi : « Que
» veux-tu donc de moi, téméraire jeune homme? — Je
» veux ta tête, comte Gormaz; j'en ai fait le vœu. — Tu
» veux batailler, jeune enfant : ce sont les batailles de

» pages qui te conviennent. » Puissances du ciel, dites-le,
» ce que sentit Rodrigue à ces mots. » (1)

Cette romance ne ressemble que par un trait ou deux à celle que nous connaissons. Aussi M. *Damas Hinard* nous apprend-il qu'il faut l'attribuer à l'écrivain de la *Bibliothèque des romans*. Elle est entièrement de son invention. (2)

« Aucune romance ne raconte le combat, poursuit M. *de Sismondi*; mais la quatrième nous fait voir le retour du guerrier : « Des larmes roulaient, des larmes muettes
» roulaient sur les joues du vieillard, qui, assis à sa ta-
» ble, oubliait tout ce qui était autour de lui. Il pensait
» à l'opprobre de sa maison; il pensait à la jeunesse de
» son fils ; il pensait à son danger et à la puissance de son
» ennemi. La joie fuit loin de celui qui est déshonoré,
» et avec elle la confiance et l'espérance ; mais ces attri-
» buts de la jeunesse reviennent tous avec l'honneur.
» Toujours absorbé dans ces méditations, il ne voit point
» le retour de Rodrigue, qui, son épée sous le bras et la
» main appuyée sur la poitrine, contemple longtemps
» son bon père; la pitié pénétrant jusqu'au fond de son
» cœur. Il s'avance enfin, il lui saisit la main : « Mangez,
» lui dit-il, ô bon vieillard ! en lui montrant la table. »
» Les larmes de D. Diégo coulent en plus grande abon-
» dance. « Est-ce bien toi, Rodrigue? est-ce toi qui m'as
» dit ces paroles ? — Oui, mon père, et relevez aussi vo-
» tre noble, votre vénérable visage.—L'honneur de notre
» maison est-il sauvé? — Noble père, Gormaz est mort.
» — Assieds-toi, mon fils Rodrigo; sans doute, je man-
» gerai volontiers avec toi; celui qui peut abattre cet

(1) Histoire de la littérature du midi de l'Europe, tome 3e.
(2) Voyez la Bibliothèque universelle des romans, juillet 1783, 2e volume, page 41.

» homme est le premier de sa maison. » Rodrigo pleure à
» genoux en baisant les mains de son père, et D. Diégo
» est baigné de larmes, en baisant le visage de son
» fils. » (1)

Ici encore, qui reconnaîtrait la scène sauvage que nous présente le véritable *romancero?* Où est donc cette tête coupée, cette tête toute sanglante que *Rodrigue* tient par les cheveux? Où est ce vieillard qui reconnaît son ennemi sous la livrée de la mort? Où est cette exclamation si vraie : *Infâme Comte Loçano, le ciel a donné des forces à mon Rodrigue?* Où est enfin cette sublime abdication du père de famille, devenu vieux et impuissant, en faveur de son fils jeune et vaillant : *Assieds-toi, ici, là où je suis, au haut bout de ma table?*

La quinzième romance traite du mariage. Voici la fin de cette romance, telle que la donne M. de Sismondi :

« Chimène, j'ai tué ton père, mais je l'ai fait sans per-
» fidie ; je l'ai fait en combattant d'homme à homme, et
» pour venger une injure mortelle. J'ai tué un homme,
» et je te rends un homme. Je suis ici pour obéir à tes
» ordres, et au lieu du père que tu as perdu, tu acquer-
» ras un époux, homme d'honneur. » En même temps,
» il tira devant l'autel son épée redoutable, il tourna sa
» pointe vers le ciel : « Elle est là, dit-il, pour me punir
» si dans tout le cours de ma vie je fausse jamais le ser-
» ment de t'aimer, de te sacrifier toute chose, comme j'en
» fais vœu devant Dieu. A présent, mon bon oncle Layn
» Calvo, donnez-nous votre bénédiction. »

D'où vient donc ce *finale*, si ce n'est de la *Bibliothèque des romans*, ou, en d'autres termes, de l'imagination de M. *de Tressan?* (2).

(1) Histoire de la littérature du midi de l'Europe, tome 3.
(2) Voyez la Bibliothèque universelle des romans, juillet 1783, 2ᵉ vol., page 69.

Ce qu'il y a de remarquable, c'est que M. *de Sismondi* cite quelquefois en note le texte espagnol du romancero, et il n'a pas l'air de s'apercevoir de la différence qui existe entre l'original et la copie.

« La même romance, dit M. *de Sismondi*, dans diffé-
» rents recueils n'est point rapportée de même : elles n'é-
» taient la propriété de personne, et chaque éditeur se
» croyait le droit de les corriger à sa guise. *Aussi la tra-*
» *duction de Herder, qui a connu tous les originaux,*
» *qui a choisi avec critique et avec goût les meilleurs,*
» *ceux qui se rapportaient le mieux à l'ensemble, est-*
» *elle supérieure à tous les recueils espagnols.* » (1)
Cette dernière assertion offre quelque chose de bien extraordinaire. Elle accuse chez M. *de Sismondi* une bien grande confiance dans le travail de *Herder*. Peut-on laisser debout une pareille erreur, lorsqu'elle se trouve consignée dans un ouvrage d'ailleurs très estimable, et qui est entre les mains de beaucoup de personnes? Je ne crois pas que la chose soit possible ; il y a là de quoi fausser toutes les idées, au sujet du *Romancero du Cid* qui mérite bien d'être connu tel qu'il est, et qui n'avait pas besoin, pour exciter notre intérêt, d'être remanié par l'esprit superficiel et léger du dix-huitième siècle.

(1) Histoire de la littérature du midi de l'Europe, tome 3, page 168, en note.

II.

LA JEUNESSE DU CID.

(1618.)

---

§ 1ᵉʳ.

Notice sur Guillem de Castro.

Don Guillem de Castro y Belvis doit une partie de sa gloire à l'honneur qu'il a eu d'inspirer *Corneille*, et de lui montrer la source de la véritable tragédie. La littérature espagnole ne fournit que des renseignemens incomplets sur sa personne et sur ses ouvrages. Voici ce que j'ai pu recueillir de plus authentique chez les auteurs français qui se sont occupés de lui. (1)

Guillem de Castro était de Valence. Le biographe *Nicolas Antonio* et *Lope de Véga* l'affirment, et deux de ses

---

(1) *Chefs-d'œuvre des théâtres étrangers*, 24ᵉ livraison, page 153, *notice sur Guillem de Castro. Histoire comparée des littératures espagnole et française*, par M. *Adolphe de Puibusque*, tome 2ᵉ, page 422.

pièces sont insérées dans le premier volume de la collection des auteurs valenciens, imprimés à Valence en 1608. On ignore l'époque précise de sa naissance et celle de sa mort. Le dictionnaire historique de *Feller* le fait naître en 1574; j'ignore d'après quelle autorité. Un des derniers éditeurs du *Cid de Corneille* fixe la date de sa naissance à l'année 1564, et celle de sa mort à l'année 1631. On peut admettre qu'il était né entre 1570 et 1580.

Nous savons qu'il était noble; car il mettait le *Don* avant son nom; et à *Valence*, comme en *Catalogne* et à *Murcie*, la noblesse était moins populaire que dans la *Castille*.

Guillem de Castro se distingua de bonne heure, dans sa ville natale, par la vivacité de son esprit et par l'élégance de son langage; sa conversation, dit-on, était charmante; il fut un des principaux membres de l'*Académie des Nocturnes* (*Academia de los Nocturnos*), et composa nombre de poésies légères pour cet Institut. On l'appelait le *capitaine Guillem de Castro*, parce qu'en effet il commandait une compagnie de cavaliers gardes-côtes : ce qui pourrait faire soupçonner que, dans sa jeunesse, il avait été militaire ou marin.

Il paraît qu'une humeur aventureuse et un caractère indépendant livrèrent sa vie à de fâcheuses vicissitudes. A *Naples*, il fut le favori du comte de *Benavente* et de ses fils; à *Seyano*, il remplit les fonctions de gouverneur; à *Madrid*, on le reçut avec distinction à la cour. Le duc d'*Ossonne* lui fit une pension de mille écus; le comte-duc d'*Olivarès* ne le traita pas avec moins de largesse; mais il perdit successivement les bonnes grâces de ses protecteurs, et il tomba dans une telle misère qu'il mourut à l'hôpital.

Il s'était marié en secondes noces, et il paraît que la plupart de ses comédies furent composées pour subvenir aux besoins de son ménage. On peut supposer que sa carrière dramatique commença vers les premières années du xviie siècle. Ce qui paraît certain, c'est qu'il avait déjà une assez grande réputation en 1615. A cette époque, en effet, *Michel Cervantès* parlait de lui comme d'un des meilleurs auteurs de son temps. En 1620, *Lope de Vega* lui adressa la dédicace de sa pièce intitulée : *Las Almenas de Toro (les Créneaux de Toro)*. Cette dédicace nous apprend qu'il avait déjà composé ses deux pièces sur le *Cid*. Elle s'accorde avec d'autres documents qui fixent à 1618 la composition de *las Mocedades del Cid*. En 1622, *Guillem de Castro* concourut avec les autres poètes espagnols à la joute littéraire ouverte par la ville de *Madrid*, à l'occasion de la canonisation de *Saint Isidore*. En 1623 et 1625, il publia deux volumes de comédies qu'il est à peu près impossible de trouver, et sur l'existence desquels nous n'avons d'autre assurance que celle de *Nicolas Antonio*. Il paraît encore qu'il vivait en 1630 ; à cette époque, *Lope de Vega* faisait son éloge dans le *Laurier d'Apollon*. Il est probable qu'il mourut peu de temps après ; car son nom ne se trouve pas parmi ceux des auteurs qui rendirent un dernier hommage au grand poète que nous venons de nommer, et qui mourut lui-même en 1635.

Guillem de Castro avait composé deux volumes de comédies, c'est-à-dire environ vingt-quatre, suivant l'usage des imprimeurs de ce temps-là qui donnaient douze pièces par volume. D'autres documents portent le nombre de ses pièces à une quarantaine environ ; mais il paraît que plusieurs de ses ouvrages sont perdus. Les deux pièces de *Guillem de Castro* qui sont contenues dans le volume publié à *Valence*, en 1608, sont le *Caballero Bobo* et l'*Amor constante*. On trouve dans d'autres recueils : *Alla van leyes dondo quieren reyes* (*Où veulent les rois, là vont les lois*), *el Nieto de su padre* (*le Petit-fils de son père*), *la Piedàd en la justicia* (*la Pitié dans la justice*). *Lord Holland* cite deux autres pièces de *Guillem de Castro* : *El Perfecto caballero* (*le Parfait chevalier*) et *las Maravillas de Babylonia* (*les Merveilles de Babylone*). Nous savons qu'il avait écrit deux comédies sur l'histoire de *Don Quichotte;* mais il paraît qu'elles sont perdues. *Corneille* cite une pièce de *Castro* intitulée : *Enganarse, enganando.*

On reproche à ses pièces d'être trop remplies d'attaques contre le mariage, d'incidents extraordinaires et de duels ; du reste, elles sont vivement conduites et animées d'un dialogue spirituel.

Las Mocedades del Cid (*les Traits de jeunesse du Cid*) sont probablement le chef-d'œuvre de *Guillem de Castro*). De toutes ses compositions, c'est celle qui a été réimprimée le plus souvent, et c'est à elle que *Guillem de Castro* doit avant tout sa célébrité. *Las Mocedades del Cid* forment deux pièces distinctes, en trois journées chacune. La première nous montre le *Cid* à la cour de *Ferdinand Ier*, roi de *Castille*, au moment où il débute dans sa brillante carrière par le meurtre du *Comte de Gormaz*, par sa victoire sur les Maures, dans les montagnes d'*Oca*, et par son mariage avec *Chimène*. Dans la seconde partie, nous voyons le *Cid* sous le roi *Don Sanche*, fils de *Ferdinand*. Nous assistons au siége de *Zamora*, à la mort de *Don Sanche*, au combat de *Diègue Ordognez* avec les enfants d'*Arias Gonzalve*, et finalement, au couronnement d'*Alphonse VI*. Ces deux pièces correspondent aux deux premières parties du *Romancero du Cid*. *Guillem de Castro* a puisé ses inspirations dans les quarante et quelques romances qui composent ces deux premières parties du *Romancero*. Je regrette vivement de ne pouvoir pas faire connaître ici l'œuvre entière de *Guillem de Castro;* car la seconde partie offre des scènes de toute beauté.

Mais c'est l'étude du *Cid* de *Corneille* qui m'a conduit sur le terrain de la littérature espagnole. Je ne dois pas perdre de vue le but final de mon travail ; je ne veux pas chercher à l'agrandir démesurément et sans raison. *Corneille* n'a point imité la seconde partie de *las Mocedades del Cid*. Sa pièce est empruntée à la première partie de l'œuvre de *Castro*. Comme la première partie de l'œuvre de *Castro*, elle se termine au mariage du *Cid*. Je me bornerai donc à étudier ici la première partie de *las Mocedades del Cid*, et, pour fournir une base solide à mes observations, je commencerai par donner une analyse fidèle et un certain nombre d'extraits de cette première partie de l'œuvre de *Castro*.

§ 2.

La Jeunesse du Cid : Première partie.

Les personnages qui figurent dans la première partie de *las Mocedades del Cid*, sont :

Ferdinand Ier, roi de *Castille*, de *Léon* et de *Navarre*, *la Reine*, sa femme, *Don Sanche*, prince des Asturies, son fils, qui fut plus tard *Sanche II*, surnommé *le Fort*, assassiné au siége de *Zamora*, en 1072, et *Dona Urraca*, l'une des deux filles de *Ferdinand* ;

Diègue Laynez, *Rodrigue Diaz*, fils aîné de *Diègue Laynez*, *Fernand Diaz* et *Bermude Layn Diaz*, frères de *Rodrigue* ;

Le *Comte d'Orgaz*, dit le *Comte Glorieux*, *Chimène Gomez*, fille du comte, *Elvire*, suivante de *Chimène* ;

Arias Gonzalve, parent de *Diègue Laynez*, et *Péranzules*, cousin du *Comte Glorieux*, deux seigneurs de la cour ;

— 66 —

Don *Martin Gonzalès*, ambassadeur d'*Aragon*, le *maître d'armes* du prince, *Almanzor*, roi more, un *berger*, un *mendiant*, des *pages*, des *écuyers*, des *musiciens*, des *gardes*, etc.

ANALYSE DE LA PIÈCE.

PREMIÈRE JOURNÉE.

SCÈNE 1re. *

Le théâtre représente le palais du roi.

Diègue Laynez est à genoux devant le *Roi*; il le remercie de la récompense qu'il veut bien accorder à sa constante fidélité en faisant à son fils *Rodrigue* l'honneur de l'armer chevalier. Le *Roi* répond à *Don Diègue* qu'en faisant honneur à *Rodrigue* il honore son propre sang. Il lui annonce qu'il a donné à *Rodrigue* sa propre armure pour le faire chevalier. *Rodrigue* entre dans la salle avec la *Reine* et l'*Infant* qui lui servent de parrains. L'*Infante* et *Chimène*, le *Comte d'Orgaz*, *Arias Gonzalve* et *Péranzules* entrent à leur suite. L'*Infante* et *Chimène* admirent la bonne mine de *Rodrigue*, et *Chimène* laisse éclater dans un *a-parte* la tendre impression que sa vue fait sur son cœur. Le *Roi*, la *Reine*, l'*Infant* et *Arias Gonzalve* adressent leurs compliments à *Rodrigue*, qui exprime de son côté sa reconnaissance et son dévouement pour le *Roi*, tandis que le *Comte d'Orgaz* confie à *Péranzules* l'expression de sa jalousie. Un rideau est tiré : on voit l'autel de *saint Jacques* sur lequel est un plat d'argent avec une épée et des éperons. Le *Roi* prend l'épée sur l'autel. Il demande trois fois à *Rodrigue : Rodrigue, voulez-vous être chevalier ? Rodrigue* répond trois fois : *Je le veux. Que Dieu vous fasse bon chevalier*, réplique le *Roi* à chaque

---

* Pour l'analyse qui va suivre, et pour les citations qui en font partie, je me suis servi de la traduction publiée par *A. La Beaumelle*, dans la collection des *Chefs-d'œuvre des théâtres étrangers*, 24e livraison, pages 189 et suiv.

réponse de *Rodrigue*; ensuite il lui ceint l'épée, en lui disant qu'avec cette même épée il a, dans cinq batailles rangées, terrassé ses ennemis. Il espère qu'elle restera honorée entre les mains de *Rodrigue*. Celui-ci s'engage à ne toucher à cette épée qu'après avoir terrassé, lui aussi, les ennemis du roi en cinq batailles rangées. Le *Roi* ordonne à l'*Infante* de lui chausser les éperons. L'*Infante* exécute avec plaisir l'ordre du *Roi*. *Te voilà donc chevalier*, dit la *Reine* à *Rodrigue*; *viens monter un coursier dont je veux te faire présent : les dames de mon palais et moi nous sortirons pour te voir*. *Péranzules* et le *Comte* se récrient entre eux sur les honneurs excessifs dont on comble *Rodrigue*. *Don Sanche* demande à son père quand on lui ceindra l'épée à lui-même; il exprime le plus vif désir d'être armé chevalier à son tour, et se promet, si Dieu le laisse vivre assez longtemps, de conquérir le monde et de le gouverner. *Rodrigue* promet à *Don Sanche* qu'il trouvera en lui un fidèle vassal. Le *Prince* sort avec *Rodrigue*; la *Reine* les suit. *Chimène* et l'*Infante* sortent à leur tour, en disant, la première : *Rodrigue emporte avec lui mon cœur*; et la seconde : *Rodrigue me paraît très-bien*.

Le *Roi* retient auprès de lui le *Comte d'Orgaz*; *Péranzules*, *Diègue Laynez* et *Arias Gonzalve*. « Ne sortez pas, leur dit-il ;
» asseyez-vous, j'ai à vous parler. Gonzalve Bermudez, gouver-
» neur du prince Don Sanche, est mort dans le moment où il
» était le plus nécessaire à son élève. Laissant trop tôt les let-
» tres et l'étude, entraîné par son naturel au goût des armes,
» des chevaux, de tout l'appareil de la guerre, le prince a
» besoin qu'un sujet aussi loyal que sage contienne ses pas-
» sions avec adresse et prudence. Sachez donc, mes cousins,
» mes amis plutôt que mes vassaux, que, voyant Arias Gonzalve
» employé comme premier majordome de la Reine, Péranzules
» chargé du soin des infants Alphonse et Garcie, et le Comte si
» bien nommé Glorieux, occupé chaque jour à acquérir sur les
» champs de bataille de nouveaux titres à l'être, je veux que
» Diègue Laynez soit le gouverneur du prince; mais je désire
» cependant que ce choix ait l'approbation des quatre plus fer-
» mes appuis de ma couronne, des quatre colonnes de l'Etat. »
Arias et *Péranzules* approuvent hautement le choix du *Roi* ; mais le *Comte* se récrie sur la préférence dont il se croit victime. Il fait observer au Roi que puisqu'il avait demandé lui-même à servir dans cette charge près du Prince, il est doublement cruel pour lui de se voir préférer *Don Diègue*. « Si le vieux

» Diègue Laynez, ajoute-t-il, succombe déjà ; accablé sous le
» poids des ans, pourra-t-il montrer dans sa caducité la force
» et la sagesse nécessaires ? Et quand il faudra enseigner au
» Prince les exercices d'un habile chevalier dans les combats
» et dans les fêtes, pourra-t-il lui donner l'exemple, comme je
» le fais chaque jour, de rompre une lance en éclats, de mettre
» un cheval hors d'haleine ? Si je..... »

LE ROI.

Il suffit.

DIÈGUE.

Jamais, Comte, tu ne fus si glorieux. Je suis vieux, je le confesse ; tel est le pouvoir du temps. Mais dans la caducité, dans le sommeil, dans le délire, je puis encore enseigner ce que d'autres ignorent. Et s'il est vrai que l'on meurt comme on a vécu, à mon agonie je donnerai encore des exemples pour bien vivre, et du courage pour les imiter. Si dans les jambes, dans les bras, il ne me reste plus de force pour rompre une lance en éclats, pour mettre un cheval hors d'haleine, je ferai lire au Prince une copie de l'histoire de mes exploits ; il apprendra dans ce que je fus, s'il ne peut apprendre dans ce que je suis ; et le monde et le Roi pourront voir que nul homme sur la terre n'a mérité.....

LE ROI.

Diègue Laynez !

LE COMTE.

Moi, je l'ai mérité, aussi bien que toi, et mieux.

LE ROI.

Comte !

DIÈGUE.

Tu te trompes, Comte.

LE COMTE.

Je te dis.....

LE ROI.

Je suis votre roi.

DIÈGUE.

Tu ne dis rien.

LE COMTE.

La main dira ce que la bouche avait tu.

(Il lui donne un soufflet.)

Péranzules veut arrêter la main du *Comte*; il est trop tard. Tous les assistants se récrient. Le *Roi* veut faire arrêter le *Comte*. Celui-ci l'invite fièrement à se modérer. Il s'excuse d'avoir manqué au respect qu'il devait à son souverain ; mais il ne croit pas qu'il soit prudent de la part du *Roi* de songer à faire arrêter un homme comme lui. C'est en vain que le *Roi* lui ordonne de rester. Il sort malgré cet ordre. *Rappelez-le, rappelez-le*, s'écrie *Don Diègue*; *qu'il vienne remplir l'emploi de gouverneur de votre fils. Puisque me voilà sans honneur, je vais me retirer dans un lieu où je pleurerai mes peines jusqu'à ce que je venge mon outrage.* Le *Roi* veut en vain retenir *Don Diègue*. *Un homme déshonoré ne peut supporter la présence de son roi*, répond le malheureux vieillard, et il sort, lui aussi, malgré le *Roi*. Celui-ci demande conseil à *Péranzules* et à *Arias*. Fera-t-il arrêter le *Comte* ? *Arias* l'en dissuade. Le *Comte* est puissant, arrogant et téméraire. Il ne faut pas que le *Roi* expose son autorité. D'ailleurs si l'on punit le coupable, l'offense deviendra publique. Le *Roi* approuve cette réflexion. Il ordonne à *Péranzules* d'aller trouver le *Comte*, à *Arias* de se rendre auprès de *Don Diègue*. *Dites-leur à tous les deux, dites-leur de ma part, que puisque ce malheur est arrivé dans mon cabinet, que le secret est sûr, aucun des deux n'ait l'audace d'en parler; que, sous peine de ma disgrâce, je leur ordonne un silence éternel.* *Péranzules* et *Arias* sortent pour aller exécuter les ordres du *Roi*, qui s'indigne de se voir mal obéi, et qui se promet de punir les rebelles.

SCÈNE 2ème.

Le théâtre représente une salle de la maison de Diègue Laynez ; des armes sont suspendues aux murs.

Rodrigue est rentré chez lui ; ses frères sont occupés à le désarmer. *Rodrigue* leur exprime son attachement, et leur promet que leur tour viendra d'être armés chevaliers. Le Roi qui a bien voulu l'honorer a de l'honneur pour en donner à tous. *Rodrigue* commande à ses frères de suspendre aux murs les armes du Roi qui sont devenues les siennes. Il renouvelle sa promesse de ne ceindre l'épée que le Roi lui a donnée qu'après avoir terrassé, comme lui, ses ennemis en cinq batailles rangées.

Don Diègue entre dans la salle ; son bâton est brisé en deux. *Tu suspends à présent ton épée, Rodrigue ?* dit-il à son fils. Ses trois enfants s'aperçoivent de sa tristesse, et veulent en connaître le motif. *Laissez-moi seul*, leur dit le vieillard. *Rodrigue* cherche un prétexte pour rester auprès de son père. *Don Diègue* s'obstine à le congédier. Les trois jeunes gens se retirent. Resté seul, *Don Diègue* laisse éclater tout son désespoir. Il rejette son bâton et s'empare d'une épée. Il croit d'abord qu'il pourra se venger; mais il s'aperçoit bientôt que ses forces trahissent son courage. *Est-ce là trembler ou brandir une épée? Mon bras est encore puissant; glacé par l'âge, mon sang bouillonne encore réchauffé par le désespoir. Oui, je puis tenter..... Que dis-je? O ciel! je me trompe. A chaque coup de fendant ou de revers, l'épée m'entraîne après elle; bien assurée dans ma main, elle est peu sûre sur mes pieds..... O misérable vieillesse! je suis prêt à enfoncer cet acier dans mon sein. Temps barbare! qu'as tu fait?*

Le malheureux vieillard, convaincu de son impuissance, se décide à appeler ses enfants. *Il est malheureux*, dit-il, *de se venger par d'autres mains; mais il serait plus condamnable encore de vivre sans être vengé. Mais comment s'assurer de leur courage?...* Il appelle *Fernand*. Il prend la main de son fils et la serre entre les siennes. Le jeune homme s'écrie aussitôt : *Mon père! mon père! tu me tues! Lâche-moi, je t'en supplie! Au nom de Dieu, lâche-moi!—Qu'est-ce donc?* lui dit Don Diègue, *tu te troubles, tu pleures! Va, tu n'es qu'une femme. Va-t'en, va-t'en. Et c'est moi qui t'ai donné l'être! Non, cela n'est pas possible. Sors d'ici.* Il appelle *Bermude* et recommence son expérience sur celui-ci. *Ah! mon père,* s'écrie Bermude, *que fais-tu? laisse-moi! arrête! c'est assez! tu me serres des deux mains!— Infâme!* reprend Don Diègue, *mes mains affaiblies sont donc les griffes du lion? Et le fussent-elles, devais-tu donc te plaindre ainsi? Et tu es un homme! Non. Va-t'en, déshonneur de mon sang. —Je suis altéré,* dit Bermude, et il sort. Le vieillard appelle *Rodrigue*. *Mon père*, lui dit *Rodrigue, peux-tu m'offenser ainsi? Si tu m'engendras le premier, pourquoi suis-je le dernier appelé?*

DIÈGUE.

Ah! mon fils, je me meurs!

RODRIGUE.

Qu'éprouves-tu?

DIÈGUE.

C'est une peine, une douleur; c'est une rage.

(Il lui prend la main.)

RODRIGUE.

Mon père, lâchez donc ma main; lâchez ma main, à la male heure. Lâchez; si vous n'étiez pas mon père, je vous donnerais un soufflet.

DIÈGUE.

Ce ne serait plus le premier.

RODRIGUE.

Que dis-tu?

DIÈGUE.

Fils de mon âme, j'adore ce beau courroux. Cette colère me plaît; je bénis cette fureur. Le sang prompt à s'enflammer qui bouillonne dans tes veines, et qui brille dans tes regards, est celui que m'a transmis la maison de Castille; c'est le sang que tu tiens par moi de Laïn Calvo et de Nugne, le sang que vient d'insulter, en me frappant la figure, le Comte d'Orgaz, ce comte qu'on nomme le Glorieux. Viens dans mes bras, mon Rodrigue, anime mon espérance, et va laver dans le sang la tache de mon honneur; lui seul peut l'effacer. Si j'appelai tes deux frères avant de te commander de courir à la vengeance, c'est que je t'aime le mieux; et j'aurais voulu que les autres pussent venger mon affront, pour qu'en toi reposât l'espérance de ma race. Mais je les ai vus, à l'épreuve, si dépourvus d'énergie, que leur indigne conduite augmente encore mes affronts et redouble ma douleur.

Toi seul dois rendre, Rodrigue, l'honneur à ces cheveux blancs. Ton adversaire est puissant; au palais, dans les batailles, son conseil est le premier et sa lance la meilleure. Mais j'ai connu ton courage, et ton cœur voit à la fois, là l'épée, et là l'offense. Je ne puis t'en dire plus, déjà la force me manque; je vais pleurer mon outrage, et toi tu vas le venger.

(Il sort.)

RODRIGUE, seul.

Interdit par la peine, ô fortune! ce que je vois peut-il être vrai? Ce changement, qui te convient si bien, puisqu'il détruit mon bonheur, j'ai peine encore à le croire. Ta barbarie a-t-elle pu permettre (ô douleur!) que mon père fût l'offensé, et l'offenseur le père de Chimène?

Que deviendrai-je? Sort cruel! c'est lui qui m'a donné la vie! Que ferai-je? Doute affreux! c'est elle pour qui je vis! Moi qui voulais, heureux de ton affection, unir mon sang avec le tien, je dois verser ce sang qui t'a donné l'être; je dois, peine déchirante! je dois tuer le père de Chimène.

Mais ce doute seul offense l'honneur sacré qui fait ma renommée. Je dois secouer le joug de l'amour, et, la tête haute, libre de chaînes, remplir tous mes devoirs. Puisque mon père a été l'offensé, peu m'importe (amère souffrance!) que l'offenseur soit père de Chimène.

Qui me retient? N'ai-je pas plus de valeur que d'années? C'est assez pour venger mon père et frapper le Comte. Que m'importe le parti puissant de mon redoutable adversaire? Que m'importe que, dans les montagnes, il ait mille amis asturiens? Que m'importe qu'au conseil du roi de Léon, Ferdinand, son vote soit le premier; que sur le champ de bataille sa lance soit la meilleure? Tout est peu, tout est moins que rien lorsqu'il s'agit d'un affront, du premier qu'ait reçu le lignage de Laïn Calvo. Qu'importe que ce soit pour la première fois que j'éprouve la valeur de mon bras? Que la terre me donne champ, le ciel me donnera fortune. Je prendrai cette vieille épée de Mudarra le Castillan. Elle est émoussée et rouillée depuis la mort de son bon maître; mais si je lui manque de respect, je veux qu'elle pardonne ma hardiesse au trouble d'un homme offensé.

Imagine, vaillante épée, qu'un autre Mudarra t'a ceinte, et qu'il combat avec mon bras en faveur de son honneur maltraité. Tu t'indigneras peut-être d'être tombée en mes mains; mais tu ne me reprocheras jamais d'avoir fait un pas en arrière. Tu me verras au champ d'honneur aussi ferme que ton acier. Oui, je le sens, ton nouveau maître est aussi bon que le premier; et si pourtant j'étais vaincu, alors, pour mieux cacher ta honte, je t'enfoncerais dans mon sein.

SCÈNE 3eme.

Une place devant la façade du palais.

L'*Infante* et *Chimène* sont à un balcon. Les deux jeunes filles s'entretiennent de *Rodrigue*, dont la fête répand la joie dans toute la cité. Elles vantent la beauté, la hardiesse et la fierté du jeune chevalier. Le *Comte d'Orgaz* entre avec *Péranzules* et une suite. Les deux seigneurs causent ensemble de la malheureuse affaire qui a eu lieu dans le cabinet du Roi. Le *Comte* avoue qu'il a fait une folie; mais il ne veut pas la réparer. C'est en vain que *Péranzules* s'efforce de lui inspirer d'autres sentiments. Le *Comte* ne veut pas consentir à donner une satisfaction. *Celui qui la reçoit et celui qui la donne, dit-il, s'en trouvent mal tous les deux; celui-ci perd son honneur, et l'autre ne gagne rien. Remettre les offenses au jugement de l'épée, c'est ce qui vaut le mieux. Un homme brave et vertueux doit toujours tâcher de bien faire; mais s'il tombe dans une erreur, il faut qu'il la soutienne et non qu'il la répare.* *Chimène* fait remarquer à l'*Infante* que son père est très-ému. *Ne t'afflige pas,* lui dit l'*Infante, il s'occupe sans doute des affaires de l'Etat.* *Rodrigue* arrive sur la scène. *Que vois-je?* dit-il; *c'est elle, c'est mon bien.* L'*Infante* adresse ses compliments à *Rodrigue*. *Chimène* s'aperçoit qu'il est en proie à quelque inquiétude secrète. *Et je dois verser le sang de celle que j'adore!* s'écrie Rodrigue, à part lui. *Ou c'est une illusion fâcheuse*, lui dit *Chimène*, *ou ton cœur est troublé*. *Rodrigue* s'excuse de son mieux, en alléguant l'embarras où l'ont jeté la vue de l'*Infante* et celle de *Chimène*. *Je vois le Comte Glorieux*, se dit *Rodrigue*; *comment, ayant toute mon âme occupée à la regarder, pourrai-je mettre l'épée à la main?* Le *Comte* et *Péranzules* reparaissent sur la scène, en continuant leur conversation. *Chimène* et l'*Infante* ne perdent pas de vue *Rodrigue*, qui est en proie à la plus vive agitation. *Que peut-il avoir?* dit *Chimène. Tantôt il rougit comme le feu; tantôt il pâlit et frissonne. Il regarde le Comte*, dit l'*Infante; il est tremblant et sans couleur. Qu'est-il donc arrivé?*

RODRIGUE, *à part.*

Si je suis encore ce que je fus, pourquoi hésité-je?

CHIMÈNE.

Que regarde-t-il? Je suis au supplice.

RODRIGUE, *à part.*

J'ai peine à me résoudre.

CHIMÈNE.

Que je suis malheureuse!

RODRIGUE, *à part.*

Et il faut que je verse le sang de celle que j'adore! Ah! Chimène! Pourquoi différer? Terrible amour!... Eh quoi! je doute encore? Honneur, qu'est ceci? Ai-je donc mis dans des balances mon honneur et mon amour? *(Don Diègue et Don Arias parais-*

sent au fond du théâtre.) Mais je vois mon père; rien n'arrêtera la fureur de ma vengeance; le poids de l'affront qu'il a reçu a fait pencher la balance. Quel lâche courage est le mien! J'ai dû, pour me résoudre, voir encore sur sa figure les marques du soufflet qu'il a reçu!

DIÈGUE, *à part.*

Quels ennuis! Il doit douter, il doit craindre. Qu'attend-il? Ne voit-il pas dans mes yeux mon impatience?

ARIAS, *à Diègue.*

Qu'est donc ceci, Diègue Laïnez?

DIÈGUE.

Je ne puis te le dire.

PÉRANZULES, *au comte.*

Nous pouvons passer par ici; là la place est occupée.

LE COMTE.

Jamais je n'ai su dévier de mes opinions ni de mon chemin.

RODRIGUE, *à part.*

Pardonne, beauté céleste! je vais tuer ou mourir. *(Haut.)* Comte!

LE COMTE.

Qui est-ce?

RODRIGUE.

A deux pas d'ici je te dirai qui je suis.

CHIMÈNE.

Qu'entends-je? Je me meurs.

LE COMTE.

Que me veux-tu?

RODRIGUE.

Te parler. Ce vieillard qui nous regarde, le connais-tu?

LE COMTE.

Je le connais. Pourquoi le demandes-tu?

RODRIGUE.

Pourquoi? Parlons bas, écoute.

LE COMTE.

Dis.

RODRIGUE.

Sais-tu qu'il fut l'honneur et le courage même ?

LE COMTE.

Il le fut.

RODRIGUE.

Et que le sang qui brille dans mes yeux, que mon sang est le sien ? Le sais-tu ?

LE COMTE.

Eh ! tranchons de vains discours ; que m'importe de le savoir ?

RODRIGUE.

Si nous nous éloignons d'ici, tu sauras combien il t'importe.

LE COMTE.

Tais-toi donc, enfant ! Est-il possible ?... Va, va, chevalier de recrue, va, et apprends d'abord à combattre, à vaincre ; et tu pourras ensuite obtenir l'honneur d'être vaincu par moi, sans que j'aie à rougir d'avoir tué un être aussi faible. Oublie pour le moment ton outrage ; car celui qui a encore le lait sur les lèvres n'est pas heureux à se venger avec du sang.

RODRIGUE.

Oui, je dois apprendre à combattre ; mais je veux commencer par toi. Tu verras si je sais vaincre, tu verras si je sais tuer ; mon épée encore novice, conduite par un bras puissant, t'enseignera qu'un cœur généreux est le meilleur maître de cet art ; et je serai satisfait en mêlant, pour venger mon injure, au lait que j'ai sur les lèvres, le sang qui coulera de tes veines.

PÉRANZULES.

Comte !

ARIAS.

Rodrigue !

CHIMÈNE.

Je meurs de douleur.

DIÉGUE.

Mon cœur brûle de colère.

RODRIGUE.

Le voisinage de ce palais est un asile sacré pour toi....

CHIMÈNE.
Quoi! seigneur, contre mon père?
RODRIGUE.
....Aussi je ne te punis pas tout-à-l'heure.
CHIMÈNE.
Ecoute, Rodrigue.
RODRIGUE.
Pardonnez, madame ; je suis le fils de mon honneur. Suis-moi, Comte.
LE COMTE.
Faible enfant, avec ta présomption de géant, je t'avertis que je t'écraserai si je te trouve sur mes pas. Crois-moi, va-t'en en paix; va-t'en, si tu ne veux que, comme en certaine occasion je donnai un soufflet à ton père, je te donne à toi cent coups de pied.
RODRIGUE.
C'est aussi trop d'insolence.

(Il met l'épée à la main.)
CHIMÈNE.
Quelle douleur !
DIÈGUE.
Mon fils ! les longs discours émoussent le tranchant de l'épée.

(Rodrigue et le comte se battent.)
CHIMÈNE.
Arrête, arrête, Rodrigue !
L'INFANTE.
Cruel événement !
DIÈGUE.
Mon fils, mon fils ! que ma voix te porte mon affront !

(Ils sortent en se battant.)
LE COMTE, *derrière la scène.*
Je suis mort.
CHIMÈNE.
Mon père ! Malheureuse !
PÉRANZULES, *derrière la scène.*
Tuez-le ! tuez-le ! Qu'il meure !

L'INFANTE.

Que fais-tu, Chimène?

CHIMÈNE.

Je vole au secours de mon père.... Mon père!

(Elle sort.)

DIÈGUE.

Mon fils!

L'INFANTE.

O ciel!

(Rodrigue entre poursuivi par la suite du comte.)

RODRIGUE.

Si je meurs, ce sera en vendant cher ma vie.

L'INFANTE.

Que vois-je?

UN HOMME DE LA SUITE DU COMTE.

Qu'il meure! Il a tué le comte.

UN AUTRE.

Arrêtez-le.

L'INFANTE.

Arrêtez! Que faites-vous? Ne tentez ni de le frapper ni de le prendre; songez que je vous le défends. J'estime beaucoup Rodrigue, et il a dû obéir à l'honneur.

(Les serviteurs du comte s'arrêtent.)

RODRIGUE.

Je te rends grâce du fond de l'âme, Infante, de cette faveur; mais c'est employer trop de pouvoir pour une chose aussi peu importante, que d'user de ton autorité où suffisait bien mon épée. C'est à moi que tu devais ordonner de ne pas les punir, et pour t'obéir je leur laisse la vie. Quand tu voudras m'honorer de ta protection, arrête avec tes prières le vent rapide ou la mer furieuse; pour combattre le soleil, oppose-lui ta beauté; mais, quant à ceux-ci, j'ai dans mon bras espagnol assez de force pour les arrêter, et il en viendra moins pour m'attaquer que je n'en ferai tomber à mes pieds.

L'INFANTE.

Le trouble s'étend partout. Je te recommande à Dieu, Rodrigue; et si mes forces et mes prières sont suffisantes pour arrêter le vent, la mer, le soleil, sois sûr que je les emploierai pour toi.

RODRIGUE.

Je baise tes belles mains. Suivez-moi, si vous l'osez.

(Il sort en faisant front.)

UN DES SERVITEURS DU COMTE.

Va-t'en tout seul aux enfers.

UN AUTRE.

Que le diable te suive !

L'INFANTE.

O le vaillant castillan !

DEUXIÈME JOURNÉE.

SCÈNE 1re.

Une salle du palais.

LE ROI, *suite.*

LE ROI.

Quel bruit, quels cris, quels gémissements, qui, s'élevant jusqu'aux nues, troublent le repos de mon palais et le respect qu'on me doit. *(Arias entre.)* Arias Gonzalve, qu'est-ce ceci?

ARIAS.

Un grand malheur est arrivé, et la ville se perd si ta sagesse n'y porte remède.

(Péranzules entre.)

LE ROI.

Qu'est-il arrivé ?

PÉRANZULES.

Un malheureux, un enfant a tué le comte d'Orgaz.

LE ROI.

Dieu me soit en aide ! c'est Rodrigue !

PÉRANZULES.

C'est lui! et la confiance qu'il a dans ta faveur put seule animer son audace.

LE ROI.

Je savais l'affront, et j'ai sur-le-champ prévu la vengeance. Mais je dois faire un exemple. Est-il arrêté?

PÉRANZULES.

Non, seigneur.

ARIAS.

Rodrigue a de la valeur. Il ne s'est point laissé prendre; il s'est retiré l'épée à la main, et, dans sa marche mesurée, il ressemblait à Roland le français ou au troyen Hector.

(Chimène entre par une porte avec un mouchoir ensanglanté, Diègue entre par une autre porte avec la joue teinte de sang.)

CHIMÈNE.

Justice, justice! Je demande justice.

DIÈGUE.

Ma vengeance a été juste.

CHIMÈNE.

Roi, je suis venue me prosterner devant toi.

DIÈGUE.

Roi, j'ai accouru pour me jeter à tes pieds.

LE ROI.

Que j'ai de raisons de m'affliger! Quel malheureux événement!

CHIMÈNE.

Sire, on a tué mon père.

DIÈGUE.

Sire, mon fils l'a tué pour suivre son devoir, et sans haine ni méchanceté.

CHIMÈNE.

Ce fut un crime.

DIÈGUE.

Il y a vengeance chez les hommes.

CHIMÈNE.

Il y a justice chez les rois. Vois, seigneur, ce sang illustre....

DIÈGUE.

Si ce sang n'avait pas été versé, le mien eût été déshonoré.

CHIMÈNE.

Seigneur, j'ai perdu mon père.

DIÈGUE.

Seigneur, j'ai recouvré mon honneur.

CHIMÈNE.

Ce fut le plus loyal de vos vassaux.

DIÈGUE.

Le Ciel sait quel fut le meilleur; mais je ne veux point vous affliger davantage. Vous êtes femme, parlez.

CHIMÈNE.

Ce sang seul saura vous dire ce que je ne puis exprimer; c'est par lui que je vous demanderai justice. Je ne puis qu'y mêler mes larmes. Je vis de mes propres yeux l'acier étincelant rougi de ce sang noble. J'arrivai presque sans vie près de mon père expiré; il me parla par sa blessure. La mort cruelle avait arrêté ses paroles; mais son sang a écrit ici mon devoir. *(Elle se met à genoux.)* Je veux offrir à tes yeux ces ordres qui vivent dans mon âme, et qui font couler des miens des larmes qui doivent frapper comme l'acier; et, dût l'État perdre ses plus précieux appuis, il me faut une tête pour chacune des gouttes de ce sang.

LE ROI.

Levez-vous.

DIÈGUE.

Je vis, seigneur, que l'épée de mon Rodrigue allait chercher mon honneur dans le sein de mon adversaire.... J'approchai: il était sans vie; et, le cœur plein de mon affront, je portai la main à sa blessure. Je lavai avec le sang le lieu où était la tache de mon honneur, parce que le sang seul lave de telles taches. Toi, seigneur, témoin de mon outrage, vois comment on punit un soufflet. Je n'eusse pas été content, si tu ne voyais la vengeance au lieu même où tu vis l'affront. Si cette action est criminelle, à toi appartient la justice comme la vengeance m'appartint. Sois juste. Punis-moi, grand roi, car il est de ton devoir de châtier sur la tête les délits que commet le bras. Rodrigue ne fut que mon bras ; c'est moi qui suis le meurtrier, qui me suis servi de sa main, n'en ayant plus pour me venger. Que ma tête abattue satisfasse Chimène ; mon sang, lavé de son injure, coulera du moins dans toute sa pureté.

LE ROI, *à Diègue.*

Lève-toi. *(A Chimène.)* Calme-toi, Chimène.

CHIMÈNE.

Ma douleur s'accroît encore.

L'*Infante* et le *Prince* entrent avec une suite ; l'*Infante* invite son frère à s'approcher et à prendre la défense de son gouverneur. *Je le ferai*, dit le prince, et, entendant le *Roi* dire que *Diègue* est prisonnier, *Don Sanche* veut se constituer prisonnier avec lui. *Don Sanche* cherche à justifier *Don Diègue. Il faut que son gouverneur soit un homme d'honneur. Son gouverneur ne peut pas aller en prison. Péranzules* veut exciter la sévérité du *Roi*, tandis qu'*Arias* admire la résistance et la fermeté de l'*Infant*. Le *Roi* confie *Don Diègue* à la garde de l'*Infant. Chimène* se promet de poursuivre le meurtrier de son père, malgré la protection qui l'environne, et la prédilection dont il est l'objet. L'*Infante* se promet de le protéger d'autant plus qu'il sera plus vivement poursuivi. Le *Prince* sort avec *Don Diègue*. Un page de la *Reine* vient annoncer à l'*Infante* que sa mère veut aller à sa maison de plaisance, et qu'elle la fait appeler auprès d'elle. L'*Infante* se retire. *Toi, Chimène,* dit le *Roi, tu peux mettre ton espérance dans ma sévérité.*—*Fais seulement justice,* lui dit Chimène.—*Prends courage,* ajoute le *Roi. Chimène (à part)* : *Rodrigue, tu causes ma mort !*

SCÈNE 2ème.

La maison de Chimène.

RODRIGUE, ELVIRE.

ELVIRE.

Qu'as-tu fait, Rodrigue ?

RODRIGUE.

Elvire, une malheureuse journée ; mais songe à mon infortune, songe à notre ancienne amitié.

ELVIRE.

N'as-tu pas tué le comte ?

RODRIGUE.

Il est vrai. Il l'a fallu pour mon honneur.

ELVIRE.

Eh quoi ! la maison du mort fut-elle jamais l'asile du meurtrier ?

RODRIGUE.

Jamais de celui qui voulut conserver sa vie ; mais, moi, je cherche la mort.

ELVIRE.

Que veux-tu dire ?

RODRIGUE.

Chimène est offensée ; déchiré jusqu'au fond du cœur par ses chagrins, je viens pour satisfaire à la justice et mourir de ses mains, puisque aussi bien je suis mort dans son amour.

ELVIRE.

Que dis-tu ? Abandonne ce projet ; nous sommes près du palais, et elle viendra bien accompagnée.

RODRIGUE.

Que m'importe ? C'est aux yeux de tous que je veux lui présenter ma tête.

ELVIRE.

Quelle étrange idée ! N'y pense plus. Ce serait folie et non pas courage.

RODRIGUE.

Que veux-tu que je fasse ?

ELVIRE.

Qu'entends-je ? O ciel ! elle revient. Quelle crainte ! Oui, c'est elle. Dieu m'assiste ! nous sommes perdus tous deux ! Couvre-toi de cette portière à l'entrée du cabinet.

RODRIGUE.

Tu es charmante.

(Il se cache.)

ELVIRE.

Une aventure si extraordinaire promet une singulière fin.

(Chimène entre accompagnée de Péranzules; suite.)

CHIMÈNE.

Mon oncle, laissez-moi mourir.

PÉRANZULES.

Je suis au désespoir. Pauvre comte!

CHIMÈNE.

Et laissez-moi seule dans un lieu tel que mes plaintes même ne puissent en sortir. *(Péranzules sort avec la suite.)* Elvire, c'est avec toi seule que je veux me reposer un peu. *(Elle s'assied.)* Je sens mon mal dans toute mon âme. Rodrigue a tué mon père.

RODRIGUE, *à part*.

Je m'égare.

CHIMÈNE.

Que ne dois-je pas souffrir en voyant....

ELVIRE.

Achève.

CHIMÈNE.

Que la moitié de ma vie a tué l'autre moitié.

ELVIRE.

Ne peux-tu te consoler?

CHIMÈNE.

Comment me consolerai-je? Si je venge la moitié de ma vie, je perds celle qui me reste.

ELVIRE.

Tu aimes encore Rodrigue? Songe qu'il tua ton père.

CHIMÈNE.

Oui; et dans les fers où je le ferai plonger, il sera mon ennemi adoré.

ELVIRE.

Tu le poursuivras?

CHIMÈNE.

Sans doute. La mémoire de mon père l'ordonne à ma piété ; et ainsi je pleure, cherchant en vain à réparer la perte que j'ai faite pour jamais, en perdant encore ce que j'adore.

ELVIRE.

Comment feras-tu pour réunir ta piété envers la victime et ton amour pour le meurtrier?

CHIMÈNE.

J'ai du courage. Dussé-je mourir moi-même en le frappant, je le poursuivrai jusqu'à ce que je sois vengée.

(Rodrigue paraît et tombe aux genoux de Chimène.)

RODRIGUE.

Il vaut mieux que mon amour constant se rende à toi, et que tu aies la satisfaction de me tuer sans avoir la peine de me poursuivre.

CHIMÈNE.

Qu'as-tu osé? qu'as-tu fait? Est-ce une ombre, une vision?

RODRIGUE.

Perce ce cœur qui toujours fut plein de ton image.

CHIMÈNE.

Jésus! Rodrigue, Rodrigue en ma maison!

RODRIGUE.

Ecoute-moi.

CHIMÈNE.

Je me meurs.

RODRIGUE.

Lorsque tu m'auras écouté, tu me répondras avec ce fer. *(Il lui offre son poignard.)* Ton père, le Comte Glorieux, qui avait tant de raison de l'être, porta sur les cheveux blancs de mon père une main injuste et téméraire. Et quoique je me visse sans honneur, mon affection, dans cette catastrophe inattendue, agissait avec tant de force, que l'amour fit un instant hésiter ma vengeance. Dans ce malheur, mon injure et tes attraits luttaient ensemble dans mon cœur, et tu aurais vaincu, Chimène, si je n'avais dû penser que tu abhorrerais, devenu infâme, celui qui n'avait su te plaire que parce qu'il avait de l'honneur. C'est avec cette pensée, sans doute digne de toi, que je plongeai mon fer sanglant dans le sein de ton père ; ainsi j'ai recouvré ma gloire : et maintenant, esclave de l'amour, je suis venu pour que tu n'appelles pas cruauté ce qui a été un devoir pour moi ; pour qu'à tes yeux mon changement soit excusé par mes peines, pour que tu prennes vengeance si la vengeance te plaît. Saisis ce fer ; et pour montrer une valeur égale à la mienne, fais maintenant pour ton père ce que j'ai fait pour le mien.

CHIMÈNE.

Rodrigue, Rodrigue ! ah, malheureuse ! Je l'avoue, malgré la douleur qui me déchire, lorsque tu vengeas ton père, tu te conduisis en chevalier. Je ne t'accuse point de ce que je suis infortunée, et je dois me dévouer moi-même à la mort que je ne te donne pas. Mais je te reproche de m'offenser en te présentant à mes yeux alors que mon sang fume encore sur tes mains et sur ton épée. Tu ne t'es point rendu à mon amour ; tu as voulu me braver, trop sûr que je t'adorais pour croire que je t'abhorre. Mais va-t'en, va-t'en, Rodrigue. La manière dont je te poursuivrai disculpera mon honneur du crime de te chérir. Il eut été juste que, sans t'entendre, je t'eusse fait donner la mort ; mais je suis ton ennemie pour te poursuivre, et non pas pour te tuer. Pars, et, en sortant, prends garde à n'être pas vu, pour ne pas ôter encore l'honneur à celle à qui tu as ôté la vie.

RODRIGUE.

Remplis mes justes désirs : frappe.

CHIMÈNE.

Laisse-moi.

RODRIGUE.

Ecoute. Songe qu'en me laissant vivre tu te venges plus cruellement qu'en me donnant la mort.

CHIMÈNE.

C'est pour cela que je ne veux pas que tu meures.

RODRIGUE.

Cruelle ! Ainsi tu m'abhorres ?

CHIMÈNE.

Je ne le puis, mon destin m'entraîne.

RODRIGUE.

Quels sont tes projets contre moi ?

CHIMÈNE.

Quoique femme, pour ma gloire, ma vengeance fera tout ce qu'elle pourra, mais je désirerai qu'elle soit impuissante.

RODRIGUE.

Ah ! Chimène, qui l'eût dit ?...

CHIMÈNE.

Ah ! Rodrigue, qui l'eût cru ?...

RODRIGUE.

Que mon bonheur s'achevât.

CHIMÈNE.

Que ma félicité s'évanouît. Mais, ô ciel ! je crains qu'on ne te voie sortir.

(Elle pleure.)

RODRIGUE.

Que vois-je ?

CHIMÈNE.

Pars, et laisse-moi pleurer.

RODRIGUE.

Je te laisse, je vais mourir.

SCÈNE 3ème.

Un lieu désert près de Burgos.

DIÈGUE, seul.

Moins d'anxiété tourmente la jeune brebis qui bêle éloignée du troupeau, moins de fureur agite la lionne qui rugit séparée de ses petits, que mon cœur n'en ressent de l'absence de mon bien-aimé Rodrigue. Errant dans les ténèbres de la nuit profonde, je cours, et je n'embrasse que des ombres vaines. Je lui ai indiqué cependant avec soin ce lieu pour qu'il s'y rendît.

N'aurait-il désobéi pour la première fois? Non, cela ne peut être.... Mille douleurs me déchirent.... Sans doute, quelque obstacle imprévu l'aura forcé de se détourner.... Quel sang glacé pèse sur mon cœur!... Serait-il prisonnier ou blessé? serait-il mort? O ciel! que de malheurs prévoit ma tendresse!... Qu'entends-je? est-ce lui?... Non, tant de bonheur n'est pas fait pour moi. Sans doute, ce sont les échos qui répondent à ma tristesse en répétant les accents de ma douleur. Mais non, c'est bien le galop d'un cheval qui retentit sur les cailloux de cette plaine aride. C'est lui, il met pied à terre. Quel bonheur! mon fils!

(Rodrigue entre.)

RODRIGUE.

Mon père!

DIÈGUE.

Est-il vrai que je me retrouve dans tes bras, mon fils? Je reprends courage pour te louer. Comment as-tu si longtemps attendu? Déjà mes désirs impatients t'accusaient; mais je t'embrasse, qu'importe la cause de ton retard? Tu es bravement entré dans la carrière; tu as bien fait, tu as bien imité mon ancienne valeur; tu m'as bien payé l'être que tu me devais. Touche ces cheveux blancs auxquels tu as rendu l'honneur! Approche tes tendres lèvres de cette joue dont tu as effacé la tache de mon opprobre. Mon âme s'humilie avec orgueil devant ta valeur; tu es le conservateur de la noblesse de ce sang qui honora tant de rois de Castille.

RODRIGUE.

Donne-moi ta main à baiser, et relève la tête. C'est à toi que, s'il est en moi quelque force et quelque valeur, on doit en rapporter la gloire.

DIÈGUE.

Ce serait à moi à baiser tes mains. Si mon amour te donna l'existence, ta valeur seule m'a rendu la mienne. Mais changeons de discours; de plus grands intérêts t'appellent. Mon fils, j'ai déjà réuni du monde; va sur les champs de bataille exercer ta valeur avec cinq cents nobles, nos parents, qui tous brûlent du désir de te plaire. Va, l'honneur et la prudence t'en font une loi; va où ils t'attendent montés sur des coursiers généreux. Tu trouveras une bonne occasion d'employer leur courage.

D'orgueilleux Mores des frontières dévastent les terres, enlèvent les sujets du roi ; hier, des espions vigilants ont porté ces tristes nouvelles aux conseils de guerre et d'état. Nos ennemis ont ravagé les fertiles campagnes de Burgos, et, traversant les montagnes d'Oca, ils se sont portés sur Nagera, Logrogno et Bilforado avec plus de bonheur que de prudence, emmenant un tel nombre de prisonniers que leur audace doit affliger ton cœur, et irriter ta vaillance. Coupe-leur le chemin, mets à fin cette entreprise, et, remplissant ton noble cœur d'un courage nouveau, éprouve ta lance avec autant de succès que tu as éprouvé ton épée. Que le roi, les grands et le peuple ne puissent pas dire que ton bras ne sert qu'à venger tes outrages personnels. Sers le roi dans la guerre. Ce fut toujours la plus digne satisfaction que pût donner un chevalier que de servir avec zèle le souverain qu'il avait offensé.

RODRIGUE.

Mon père, bénis-moi.

DIÈGUE.

Je vais le faire.

RODRIGUE, *à genoux.*

Pour pouvoir attendre du succès de mon obéissance, je baise ta main, et j'attends ta bénédiction à tes pieds.

DIÈGUE.

Je te la donne, et des mains et du cœur.

SCÈNE 4eme.

Extérieur de la maison de plaisance de la reine.

L'INFANTE, *seule au balcon.*

Cette scène est très-gracieuse. L'*Infante* fait une description poétique du tableau qu'elle a sous les yeux. Cette description se termine par un éloge de la vie champêtre. Bientôt la pensée de *Rodrigue* se présente à son esprit. Elle se demande ce qu'il peut être devenu. Sur ces entrefaites, elle voit venir une troupe de cavaliers dont le chef s'approche du château. C'est *Rodrigue*. Il y a là une conversation charmante entre l'*Infante* et *Rodrigue*. Celui-ci annonce à la princesse qu'il va vaincre les Mores, pour recouvrer la faveur du roi. L'*Infante* bénit *Rodrigue* qui s'éloigne d'elle, plein de confiance et de courage.

SCÈNE 5eme.

Les montagnes d'Oca.

Cette scène nous présente le tableau de la bataille dans laquelle *Rodrigue* fait cinq rois mores prisonniers. Les principaux incidents du combat sont décrits par un *berger* qui en est témoin du haut d'un rocher escarpé. *Almanzor* et *Rodrigue* paraissent successivement sur la scène. *Almanzor* est vaincu. Il remet son sabre à *Rodrigue*, qui court aussitôt à la poursuite des quatre autres princes musulmans.

SCÈNE 6eme.

Une salle du palais du roi, à Burgos.

LE PRINCE, DON DIÈGUE, UN MAITRE D'ARMES.

Le *Prince* est irrité contre son maître d'armes, et il le poursuit avec son fleuret. *Don Diègue* cherche à calmer son élève. Le *Prince* lui confie qu'il éprouve une grande inquiétude parce que son horoscope annonce qu'il doit mourir du coup d'une arme de jet, et que ce sera un de ses proches qui sera la cause de sa mort. Le *Prince* craint ses frères; aussi ne les aime-t-il pas, et leur présence lui est-elle odieuse. *Don Diègue* essaie de lui inspirer des doutes sur la science de l'*Astrologie*. Sur ces entrefaites arrive l'*Infante*. Elle est accompagnée d'un page qui porte un javelot ensanglanté. Le *Prince* est très-ému de cet appareil. L'*Infante* lui apprend qu'en revenant de la campagne et en chassant avec son père, elle a tué de sa main un sanglier, et qu'elle a voulu prouver à son frère qu'elle ne manquait pas d'adresse, quoique femme. Le *Prince* interprète cet événement dans le sens de ses appréhensions. Il pense que c'est sa sœur qui sera la cause de sa mort. Il s'irrite contre elle, et veut la tuer. L'*Infante* exprime son chagrin de trouver un ennemi dans la personne de son frère. Le *Roi* entre avec *Almanzor*; ses gardes l'accompagnent. Le *Roi* annonce à *Don Diègue* que son fils *Rodrigue* lui a rendu de grands services, et qu'il lui a permis, sur sa parole royale, de paraître devant lui. *Almanzor* fait au roi le récit de la bataille dans laquelle *Rodrigue* les a vaincus, lui et ses alliés. *Don Diègue* est au comble de la joie. *Rodrigue* arrive. Il embrasse son père, se met à genoux devant le *Roi*, et lui demande sa main à baiser. *Lève-toi, illustre Goth, lève-toi,* lui dit le *Roi.* Le *Prince* embrasse *Rodrigue.* L'*Infante* lui donne sa bénédiction. *Almanzor* veut baiser la main à *Rodrigue.* Il l'appelle *mon Cid. En présence du Roi*, lui dit *Rodrigue, on ne baise la main de personne. C'est à lui que tu dois rendre ton hommage. Il l'a appelé* mon Cid, dit l'*Infant, que veut-il dire? Almanzor* lui explique que, dans sa langue, ce mot veut dire *seigneur*, et que *Rodrigue* est son *seigneur.* Le *Roi* consent à ce que *Rodrigue* porte le nom de *Cid* que les Mores lui ont donné.

En ce moment entre *Chimène*, précédée de ses écuyers en deuil. Elle demande à parler au *Roi.*

UN ÉCUYER, *à Chimène.*

Le Roi, mon seigneur, est assis sur son trône.

CHIMÈNE, *à l'écuyer.*

Que m'importe, pour me jeter à ses pieds, qu'il soit sur son trône? S'il est grand, s'il est justicier, qu'il protége l'innocent et qu'il punisse le coupable. C'est la sage distribution des peines et des faveurs qui peut seule assurer la fidélité des sujets.

DIÈGUE.

En longs vêtements de deuil, s'avancent de quatre en quatre les écuyers de Chimène, fille du Comte d'Orgaz; chacun a les yeux sur elle, le palais est dans l'attente, elle se jette à genoux et va se plaindre à Ferdinand.

CHIMÈNE.

Trois mois se sont écoulés, seigneur, depuis ma disgrâce, depuis que mon noble père mourut aux mains d'un enfant que pour d'autres fins sans doute ta main puissante éleva. Fier, orgueilleux et superbe, Don Rodrigue de Bivar profane les saintes lois, et tu soutiens son audace. Ton palais est son asile; tes yeux veillent sur ses pas; ta faveur est son soutien, sa liberté mon outrage. Si les rois justes et bons de Dieu sont la ressemblance, près des débiles humains si c'est Dieu qu'ils représentent, mérite-t-il d'être roi, est-il vertueux et sage, celui qui de la justice arrêtant le bras puissant, encourage les forfaits par une folle indulgence? De l'arbre de ton pouvoir, refuge du misérable, écarte le malfaiteur indigne de son ombrage. O grand roi ! tu t'es trompé. Pardon si je parle mal ; mais on souffre un mot hardi dans la bouche d'une femme. Réponds : que dira le monde, s'il apprend que ta puissance, en punissant la victime, comble le meurtrier de grâces? Vois, ô roi, comment tous deux nous sommes en ta présence : entends gémir l'offensée, vois l'offenseur triomphant ; je traîne mon triste deuil, et lui fait briller ses armes ; il élève des trophées, et moi je souffre tout bas ; il est fier, je suis timide ; on me poursuit, on le vante ; et, quand il se réjouit, je me baigne de mes larmes.

RODRIGUE, *à part.*

Que ne peut mon sang arrêter ces pleurs !

CHIMÈNE, *à part.*

Ah ! Rodrigue ! ah ! honneur ! Regards indiscrets, où vous appellent mes tendres soucis ?

LE ROI.

C'est assez, c'est assez, Chimène ; levez-vous, ne pleurez point autant ; vos plaintes attendriraient des cœurs de marbre ; mais vous pourrez quelque jour changer en allégresse votre douleur ; et si j'ai conservé Rodrigue, peut-être l'aurai-je conservé pour vous. Cependant, pour vous satisfaire, qu'il soit encore banni de ma cour, et que, fuyant ma sévérité, il aille montrer la force de son bras. Celui qui brille autant en campagne ne doit point rester à la cour. Cependant, si vous me le permettez, Chimène *(il se lève)*, sans vouloir vous irriter, pour prix de ses victoires, il emportera cet embrassement.

(Il embrasse le Cid.)

RODRIGUE.

L'honneur, le courage, la force et la vie, tout ce qui est en moi t'appartient. Grand Ferdinand, c'est toujours de la tête que le bras tire sa vigueur. J'offre à tes pieds ces bannières, ces Mores que j'ai captivés, ces trésors que j'ai gagnés.

LE ROI.

Que Dieu me conserve tes jours, mon Cid !

RODRIGUE.

Je baise tes mains héroïques. *(A part.)* Et je laisse mon âme à Chimène.

CHIMÈNE, *à part.*

Que l'opinion soit assez puissante pour que je poursuive ce que j'adore !

L'INFANTE, *à part.*

Ils se sont regardés tendrement. Les longs manteaux de deuil de Chimène ne lui ont pas couvert l'âme, car ses regards ne montraient pas sa colère.

LE PRINCE.

Allons, Diègue, avec Rodrigue. Je veux l'accompagner, je veux me voir au milieu de ses trophées.

DIÈGUE.

C'est nous combler d'honneur tous les deux. Ah ! fils chéri de mon cœur !

CHIMÈNE, *à part.*

Ah ! ennemi adoré !

RODRIGUE, *à part.*

Amour ! je tremble de crainte.

L'INFANTE, *à part.*

Amour ! je brûle de jalousie.

TROISIÈME JOURNÉE.

SCÈNE 1re.

Une salle du palais.

L'INFANTE, ARIAS.

L'*Infante Doña Urraque* confie ses chagrins à *Arias Gonzalve.* Un an s'est écoulé depuis qu'elle a perdu sa mère, et chaque jour elle sent augmenter la douleur que lui cause cette perte, en voyant l'âge avancé du Roi et le peu d'amour que lui témoigne son frère aîné. *Arias* cherche à la consoler en lui faisant entrevoir que son mariage avec un prince chrétien peut assurer son bonheur. L'*Infante* avoue à *Arias* qu'il lui répugne de devenir l'épouse d'un étranger. Elle préférerait de beaucoup.

un mari de sa race et de son pays ; elle aimerait mieux, dit-elle, commander dans un village, dans un hameau de la Castille, que de régner sur beaucoup de terres étrangères. Elle aimait le grand *Cid*, le grand *Rodrigue*; mais son mauvais sort et sa dignité lui défendent de penser à lui. *Chimène* et *Rodrigue* s'aimaient, et, depuis la mort du *Comte*, ils s'adorent. Le *Roi* entre accompagné de *Don Diègue*, qui le remercie de la faveur qu'il a faite à *Rodrigue* en l'appelant auprès de lui. Le *Roi* s'aperçoit de la tristesse de sa fille. Il lui en demande la cause. L'*Infante* ne lui cache point que c'est son avenir qui l'inquiète. *J'ai perdu ma mère*, lui dit-elle; *je puis encore vous perdre, et mon frère Don Sanche est un ennemi acharné contre moi.* Le *Roi* rassure l'*Infante*; il lui promet de s'occuper d'elle, et de lui léguer une partie de ses biens. L'*Infante* baise la main au *Roi* et se retire.

LE ROI.

Le roi d'Aragon est résolu. Mais il verra quelque jour que Calahorra est à moi aussi bien que la Castille et Léon ; et, puisque les lettrés sont si discords sur ce point, les soldats sauront mieux vider ce débat les armes à la main. Je veux remettre mes droits à la décision du fer, et c'est mon Cid, mon Rodrigue, que je veux charger de cette entreprise. Je l'ai appelé sur la foi de ma parole royale.

ARIAS.

Est-il arrivé ?

DIÈGUE.

S'il a reçu ta lettre, tu le verras accourir bientôt.

(Un page entre.)

LE PAGE.

Chimène demande la permission de te baiser la main.

LE ROI.

Fille du Comte Glorieux, elle a sa hauteur et son impatience. Elle est toujours à mes pieds plaintive et peu respectueuse.

DIÈGUE.

Elle est honnête, elle est belle.

LE ROI.

Elle est importune aussi : je suis fatigué de voir toujours sa tristesse. Toujours des larmes dans ses yeux, toujours la justice à la bouche. On ne conçoit pas cette opiniâtreté : ses plaintes sont éternelles.

ARIAS.

Je sais, sire, qu'elle et Rodrigue sont loin de se haïr ; mais ou elle veut empêcher par ses plaintes la calomnie d'attaquer son honneur, ou peut-être, en demandant justice, désire-t-elle une autre satisfaction ; et, si vous traitiez de son mariage avec son adversaire, vous adouciriez peut-être ses douleurs.

LE ROI.

J'avais eu la même pensée que toi, mais je n'ai pas osé le tenter, de peur de l'irriter davantage.

DIÈGUE.

Ce serait à la fois une grâce et une justice.

LE ROI.

S'aiment-ils ?

ARIAS.

Je le crois.

LE ROI.

Tu en es certain ?

ARIAS.

J'ai des raisons pour n'en point douter.

LE ROI.

Comment pourrai-je proposer cette union ? comment m'assurerai-je des secrets sentiments de son cœur ?

ARIAS.

Si tu me le permets, je ferai une épreuve suffisante.

LE ROI.

J'y consens. *(Au page.)* Dis-lui d'entrer.

(Le page sort.)

ARIAS.

Il faut que je sache si ce diamant n'est point une pierre fausse. *(A un domestique.)* Ecoute.

UN DOMESTIQUE.

Qu'ordonnez-vous ?

(Arias lui parle à l'oreille ; il sort.)

LE ROI.

Je serais enchanté de pouvoir jouir librement des services d'un sujet si dévoué.

DIÈGUE.

Cette seule pensée me comble de joie.

(Chimène entre.)

CHIMÈNE.

Je vois passer chaque jour, sans qu'on puisse l'en empêcher, celui qui tua mon père, son épée à son côté, couvert de riches habits, sur son poing un épervier, monté sur son beau cheval. Sous prétexte de chasser, à la maison de campagne où je me suis retirée, il va, vient, regarde, écoute, indiscret autant qu'osé, et, pour me faire dépit, il tire à mon colombier; les flèches qu'il lance en l'air à mon cœur sont adressées; le sang de mes colombelles a rougi mon tablier. J'envoyai me plaindre à lui, ce tyran m'a menacée; ainsi de ma triste vie il lui faut l'autre moitié; et comme il tua mon père, ce cruel veut me tuer. Roi qui ne fait pas justice ne devrait jamais régner, ni jouer avec la Reine, ni chevaucher destrier. Justice, seigneur, justice.

LE ROI.

Ma Chimène, c'est assez.

DIÈGUE.

Pardon, noble damoiselle; et vous, bon Roi, pardonnez. Vous avez rêvé sans doute tout ce dont vous vous plaignez; par votre longue douleur votre raison est troublée, et vos songes de la nuit vous paraissent vérité. Depuis longtemps mon Rodrigue est absent de ces quartiers. A Saint-Jacques de Galice, pour expier ses péchés, il est en pèlerinage; d'après cela, vous voyez qu'il ne peut être coupable des torts dont vous l'accusez.

CHIMÈNE.

C'était avant son départ. *(A part.)* Pourrai-je dissimuler. *(Haut.)* Il ne manque autre chose aux offenses que j'ai reçues de votre race, sinon que vous m'accusiez d'être folle.

UN PORTIER, *en dedans*.

Que voulez-vous?

UN DOMESTIQUE, *en dedans*.

Parler au Roi; laissez-moi entrer.

(Le domestique à qui Arias a parlé entre.)

LE ROI.

Qui trouble ainsi l'ordre dans mon palais?

ARIAS.

Que voulez-vous? où allez-vous?

LE DOMESTIQUE.

Je viens te porter, ô bon roi, des nouvelles affligeantes. Tu as perdu le meilleur de tes vassaux : il est déjà dans le ciel. Il avait été visiter le tombeau du saint patron de l'Espagne ; à son retour, une troupe de cinq cents Mores et plus lui a barré le passage ; lui, accompagné seulement de vingt guerriers, mais accoutumé à ne jamais faire de pas en arrière, les attaque avec vigueur. Il a reçu quatorze blessures, et toutes étaient mortelles. Le Cid est mort, et Chimène n'aura plus à se fatiguer en te demandant justice.

DIÈGUE.

Ah! mon fils, où es-tu? *(A part.)* Ces nouvelles, quoique je les sache fausses, m'arrachent des larmes.

CHIMÈNE.

Rodrigue est mort! Il est mort, Rodrigue! Je n'en puis plus! Jésus! Jésus! mille fois!

LE ROI.

Qu'avez-vous, Chimène? Vous vous trouvez mal?

CHIMÈNE.

J'ai peine à respirer. J'éprouve un serrement de cœur.

LE ROI.

Rodrigue est vivant, Chimène ; j'ai seulement voulu éprouver si les sentiments qu'exprime votre bouche étaient vraiment dans votre âme. J'ai vu le fond de votre cœur ; calmez son agitation, tranquillisez-vous.

CHIMÈNE.

Si je me suis troublée à ce point, il ne m'est point aisé de me tranquilliser. *(A part.)* Je sauverai ma réputation, et je sais ce que je dois faire : ah! honneur, combien tu me coûtes! *(Haut.)* Si, pour m'outrager davantage, tu te ris de mes espérances et veux éprouver ma faiblesse ; si tu penses trouver en moi une femme ordinaire, tu te trompes, seigneur. La satisfaction et la pitié peuvent également émouvoir l'âme, et un plaisir inattendu saisit autant qu'une peine subite. En recevant ces nouvelles, c'est le plaisir et non la douleur qui a troublé mon âme; et pour te le prouver, depuis la première cité de ces royaumes jusqu'au moindre village, dans les champs et sur la mer, ordonne qu'en mon nom et sous l'assurance du tien, on publie solennellement qu'à celui qui me portera la tête de Rodrigue de Bivar, je lui donnerai, avec tous les biens que possède la maison d'Orgaz, ma main, s'il est d'une condition égale à la mienne, et sinon, la moitié de ma fortune et l'assurance de ma protection. Et si tu n'y consens pas, ô Roi! et la Castille et les pays étrangers t'accuseront, non seulement de m'avoir enlevé l'honneur, mais de n'avoir ni prudence, ni raison, ni justice, ni pitié.

LE ROI.

Vous avez fait une demande bien hardie. C'est bon, cessez de vous plaindre; j'y penserai.

DIÈGUE.

Et moi aussi, seigneur, je supplie ta majesté de satisfaire aux vœux de Chimène en faisant cette proclamation, et en assurant le terrain aux champions sur ta parole royale. Ces menaces ne me donnent aucun souci. La tête de Rodrigue de Bivar est placée bien haut, et celui qui pourra l'atteindre sera un géant comme on en trouve bien peu dans le monde.

LE ROI.

Puisque les parties sont d'accord, allez, Chimène, faites faire cette publication à votre volonté.

CHIMÈNE.

Je baise vos pieds, seigneur.

ARIAS.

Quel grand cœur de femme!

DIÈGUE.

Le monde n'a pas son égale.

CHIMÈNE, à part.

Je t'immole ma vie, honneur! Pardonne si je ne puis faire davantage.

SCÈNE 2ᵐᵉ.

Une forêt montagneuse sur la route de Galice.

RODRIGUE, DEUX ÉCUYERS, LE BERGER, UN LÉPREUX.

Rodrigue paraît sur la scène accompagné de deux écuyers et d'un berger en habit de laquais. Un lépreux, tombé dans une fondrière, réclame l'assistance des passants. *Rodrigue* ordonne qu'on s'arrête. Le lieu lui paraît très convenable pour se reposer un moment. Le berger exprime le désir de manger un morceau. *Rodrigue* lui reproche sa gourmandise. Le berger plaisante *Rodrigue* sur sa dévotion. Celui-ci lui répond par de belles paroles sur l'alliance très concevable de l'esprit militaire et de l'esprit religieux, et sur la possibilité manifeste de servir Dieu dans toutes les carrières. Le lépreux continue à réclamer du secours. Le berger, après l'avoir aperçu, recule plein de dégoût. Les écuyers n'osent pas non plus s'approcher de lui. *Rodrigue* retire le lépreux du précipice où il est tombé; il le ramène sur la scène, et lui baise la main. Le lépreux lui exprime sa reconnaissance, et lui explique sa chute. *Quelle aventure!* s'écrie Rodrigue. *Dieu sait avec quelle tendresse je compatis à de telles afflictions. Que me devait Dieu plus qu'à toi? Pourquoi a-t-il voulu répartir inégalement ses bienfaits entre nous deux? Je n'ai pas plus de vertu que toi; je suis comme toi de chair et d'os, et grâces au Ciel cependant j'ai des biens et de la santé. La Providence aurait pu nous traiter avec égalité; ainsi il est juste de te rendre ce qu'elle ôta de ta part pour ajouter à la mienne.* (Il le couvre de son manteau.) *Couvre ton corps déchiré par la maladie avec ce manteau.* (Aux écuyers.) *Les cantines arriveront-elles bientôt?—Non*, répond le berger, *les mulets sont très chargés.—Eh bien!* reprend Rodrigue, *servez ce que vous portez aux arçons de vos selles.* Rodrigue invite le lépreux à manger et à boire. Le berger et les écuyers manifestent leur profonde répugnance pour un pareil convive. *Rodrigue* boit et mange avec lui. *Reposez-vous*, ajoute *Rodrigue*; *vous pouvez dormir sous ma garde. Je serai à vos côtés.* Le lépreux s'endort. *Mais qu'est-ce?* poursuit Rodrigue; *je m'endors aussi. Ce sommeil n'est pas naturel; n'importe. Je me recommande à Dieu, et qu'il fasse sa volonté.*

(Il s'endort.)

LE LÉPREUX, *se levant.*

Courage et vertu suprêmes! O grand Cid! ô grand Rodrigue! grand capitaine chrétien! C'est ton bonheur, c'est le mien aussi, puisque le Ciel t'envoie sa bénédiction par mes mains, et que le Saint-Esprit t'inspire son souffle divin par ma bouche.

(Il bénit Rodrigue, souffle sur son épaule et s'éloigne.)

RODRIGUE, *se réveillant.*

Qui m'embrase? qui me touche? Jésus! ciel! où est ce pauvre? qu'est-il devenu? Un feu divin m'échauffe et pénètre lentement mon cœur. Que sera-ce? La pensée le devine à peine, et Dieu seul le sait. Quelle odeur embaumée a laissée ici son haleine! Voilà encore mon manteau. Je suivrai ses traces. Que vois-je? Ses pas se sont empreints jusque sur les rochers. Je vais les suivre.

(Le lépreux apparaît dans un nuage, revêtu d'une tunique blanche.)

LE LÉPREUX OU SAINT LAZARE.

Retourne-toi, Rodrigue.

RODRIGUE.

En le suivant, j'irai jusques aux cieux. Je sens à présent cette vapeur céleste qui m'embrase et me fortifie s'étendre avec plus de force.

SAINT LAZARE.

Rodrigue, je suis Lazare, et je suis le pauvre à qui tu as fait accueil. Ce que tu as fait pour moi a plu tellement à Dieu, que tu seras désormais un prodige, un capitaine miraculeux, un vainqueur invincible, et à tel point, que tu seras le seul que les hommes voient jamais remporter encore une victoire après sa mort. Et comme signe de la vérité de mes paroles, toutes les fois que tu sentiras cette chaleur souveraine embraser ta poitrine, entreprends de hauts faits, cherche la gloire, la victoire t'est garantie par le saint patron de l'Espagne. Adieu. Pars sur-le-champ pour la cour. Le Roi a besoin de toi.

(Il s'élève.)

RODRIGUE.

Je voudrais avoir des ailes pour te suivre, mais puisque le ciel t'enferme dans ses nuages, je baiserai du moins les traces que tu as laissées sur la terre.

SCÈNE 3ᵐᵉ.

Une salle du palais.

LE ROI, DIÈGUE, ARIAS, PÉRANZULES.

Le *Roi* expose à ses conseillers que le *Roi d'Aragon* lui propose de vider leur différend, au sujet de *Calahorra*, par un combat singulier entre un chevalier d'*Aragon* et un chevalier de *Castille*. *Don Martin Gonzalès*, ambassadeur d'*Aragon*, est chargé de soutenir les intérêts de son Roi. *Don Diègue* trouve cette proposition très raisonnable ; mais *Péranzules* fait observer que le roi d'*Aragon* n'a eu recours à cet expédient que parce qu'il est dénué d'argent et de troupes, et parce qu'il a, dans la personne de *Don Martin*, un champion à peu près invincible. *Don Arias* et *Don Diègue* soutiennent que la *Castille* ne manque pas de braves chevaliers. *Cependant, dit le Roi, on connaît depuis plusieurs jours, dans mes États, la proposition du Roi d'Aragon, et personne ne s'est encore présenté pour combattre Don Martin*. Don Arias conjure le *Roi* de le laisser entrer dans la lice. Le *Roi* s'y refuse positivement. Il ne veut pas exposer la vie d'un si sage conseiller. Un page vient annoncer l'arrivée de *Rodrigue*. *Que ce soit à la bonne heure, dit le Roi. Qu'il entre. Quoi qu'il arrive maintenant, je suis sûr du succès*. Don *Martin Gonzalès* et *Rodrigue* entrent en même temps par deux portes opposées. *Don Martin* demande une réponse à la proposition de son maître. Le *Roi* lui répond qu'il existe tant de braves en *Castille* qu'il pourrait en prendre un au hasard pour lui confier la défense de ses droits ; mais il est résolu à faire marcher ses troupes. Le Roi d'*Aragon* prendra les dispositions qu'il jugera convenables.

DON MARTIN.

Avant d'avoir entendu cette réponse de ta bouche, je la lui avais annoncée. Mon Roi ayant ce bras pour sa défense, il n'avait pas à présumer qu'un Castillan osât se mesurer avec moi.

RODRIGUE.

Je n'en puis supporter davantage. Avec ton agrément, sire, je répondrai ; car enfin c'est manquer de valeur qu'avoir cet excès de patience. Don Martin, les Castillans, dès longtemps accoutumés à vaincre, savent percer les cœurs, enchaîner les bras, mettre les têtes sous le joug ; et sa majesté, par ma main seule, te fera connaître cette vérité.

DON MARTIN.

Celui qui est assis sur ce trône a de la prudence et du mérite ; il ne voudra pas sans doute.....

RODRIGUE, *s'agenouillant.*

Prends, seigneur, prends le parti de l'honneur de la Castille. Le monde saura cet événement ; le ciel attend ta décision.... Peut-être doutes-tu du succès de l'entreprise que je demande à tenter ; mais que Don Rodrigue combatte, dût Don Martin triompher! Il est plus honteux encore de ne point essayer de vaincre que d'être vaincu en combattant.

LE ROI.

Relève-toi : ton courage m'élève l'âme. Je me confie à toi, Rodrigue ; le sort de mon empire est dans ta main.

RODRIGUE.

Je baise tes pieds.

LE ROI.

Mon cher Cid !

RODRIGUE.

Que le Ciel te récompense du bienfait que tu m'accordes !

LE ROI.

Entre dans la lice en mon nom.

DON MARTIN.

Est-ce toi que ces poltrons de Mores appellent le Cid ?

RODRIGUE.

Je suis en présence de mon Roi ; mais en campagne je répondrai à ta question.

DON MARTIN.

Dans quelle erreur n'es-tu pas ? Tu es Rodrigue ?

RODRIGUE.

Je le suis.

DON MARTIN.

Toi, en champ clos !

RODRIGUE.

Ne suis-je pas un homme ?

DON MARTIN.

Toi, un homme auprès de moi ?

RODRIGUE.

Tu es arrogant. Oui, je suis un homme, et là-bas tu connaitras mes œuvres comme mon nom.

DON MARTIN.

Allons, puisque tu veux mourir, je pourrai en te tuant obtenir deux choses agréables à la fois. Votre Altesse n'a-t-elle pas, par une annonce publique, assuré la beauté de Chimène à celui qui lui portera la tête de Rodrigue ?

LE ROI.

Oui, je l'ai assurée.

DON MARTIN.

Eh bien ! c'est moi qui veux me donner cet avantage, parce que, par Dieu, il m'a paru que Chimène était très-bien. Par le ciel, sire, tu verras la tête de Rodrigue dans ses mains, et moi dans ses bras.

RODRIGUE, à part.

Il m'offense encore plus à présent en excitant ma jalousie.

DON MARTIN.

Ainsi, Roi Don Ferdinand, nous convenons donc, pour en finir, que là où est la limite entre les royaumes de Castille et d'Aragon, là sera le champ de bataille, et que, lorsque les juges du combat seront désignés, nous combattrons, chacun de nous pouvant amener cinq cents hommes pour assurer le terrain ; c'est décidé.

LE ROI.

C'est décidé.

RODRIGUE.

C'est là que tu verras à ta honte la différence qu'il y a entre parler et combattre.

DON MARTIN.

C'est là que, pour tant que te vaille la meilleure pièce de ton harnais, je donnerai ta tête à Chimène et Calahorra à mon Roi.

RODRIGUE, *à son père*.

Je partirai tout de suite après avoir reçu ta bénédiction.

DON MARTIN.

Je me rendrai au rendez-vous avec la rapidité de l'aigle.

LE ROI.

Va vaincre, mon Cid.

DIÈGUE.

Que Dieu, le maître de tout, te donne la victoire, comme je te donne de tout mon cœur cette bénédiction avec les mains !

ARIAS.

Nous avons en toi un brave castillan.

DON MARTIN, *à Rodrigue*.

Je m'en vais.

RODRIGUE.

Je te suis.

DON MARTIN.

Tu me verras là-bas, Rodrigue.

RODRIGUE.

Martin, nous nous verrons là-bas.

SCÈNE 4ᵐᵉ.

La maison de Chimène.

CHIMÈNE, ELVIRE.

CHIMÈNE.

Il n'est plus, ma chère Elvire, de consolation pour mon cœur.

ELVIRE.

De quoi te plains-tu ? Tu l'as voulu toi-même.

CHIMÈNE.

Ah ! ciel !

ELVIRE.

Pour accomplir les lois de l'honneur, pour imposer silence au peuple, ne suffisait-il pas de poursuivre par les moyens ordinaires de la justice celui qui t'a ravi ton père et l'espoir de ton bonheur, plutôt que de l'exposer sans cesse à des dangers si terribles pour sa vie, et qui t'ôtent la tranquillité?

CHIMÈNE.

Que pouvais-je faire? Ah! malheureuse! j'étais amante, j'étais offensée; j'avais été confondue devant le Roi, et j'étais troublée de cette humiliation. Une idée s'offrit à moi pour excuser ma faiblesse; je dis de la bouche ces mots dont mon âme n'a pas cessé de gémir, surtout depuis l'orgueilleuse espérance de cet Aragonais.

ELVIRE.

Don Martin Gonzalès a ta vengeance dans sa main, et ta beauté est si profondément empreinte dans son âme qu'il te portera sans doute la tête de son adversaire. C'est un brave qui ne craindrait pas le monde entier; il est l'effroi des hommes, il est l'épouvantail des enfants.

CHIMÈNE.

Il est la mort pour moi. Ne me le nomme pas, Elvire; prends pitié de mes malheurs. Née sous une étoile funeste, j'ai besoin que tu me consoles. Est-ce que Rodrigue ne pourrait pas vaincre? est-ce qu'il manque de valeur? Mais mon infortune est trop grande; c'est la mienne et.... Dieu puissant!

ELVIRE.

Ne vous affligez pas à ce point.

CHIMÈNE.

Oui, j'en suis sûre, ma cruelle destinée retombera sur lui; elle enchaînera ses mouvements, et le livrera dans le combat aux coups de son ennemi.

ELVIRE.

Si sa force et son audace lui ont valu le nom de Cid, son bonheur vaincra peut-être la fortune la plus contraire.

CHIMÈNE.

S'il peut surmonter l'influence de mon mauvais sort, ce sera sa plus grande victoire.

(Un page entre.)

LE PAGE.

On a porté cette lettre de la part de Don Martin Gonzalès.

CHIMÈNE.

Je puis bien dire que c'est la nouvelle de ma mort. *(Au page.)* Retire-toi. *(Le page sort.)* Viens, Elvire.

ELVIRE.

Tu pourras lire cette lettre ?

CHIMÈNE.

Je ne sais ; en vérité, le trouble m'ôte la vue.

« Chimène, laisse le deuil, prends les vêtements de noces,
» puisque tu veux que mon bonheur suive la fin de tes peines.
» Ma valeur te promet la tête de Rodrigue, afin que je devienne
» esclave de ta volonté et maître de tes charmes. Je pars pour
» vaincre, pour venger le comte d'Orgaz ; attends avec joie une
» main qui doit être si heureuse.
» Don Martin. »

Ah, Dieu ! qu'est-ce que j'éprouve ?

ELVIRE.

Où vas-tu ? tu ne peux parler.

CHIMÈNE.

Je vais m'enfermer dans mon appartement ; là je fatiguerai en vain les murs de mes gémissements, de mes soupirs, de mes larmes.

ELVIRE.

Jésus ! dans quel état !

CHIMÈNE.

Je n'y vois plus, je me meurs ! Viens, conduis-moi donc à la porte par où je dois sortir.

ELVIRE.

Où vas-tu ?

CHIMÈNE.

Je suis, j'adore l'ombre de mon ennemi. Ah, Rodrigue ! ah, malheureuse ! je te tue et je meurs pour toi !

SCÈNE 5ème.

Une salle du palais.

LE ROI, ARIAS, DIÈGUE, PÉRANZULES, *suite*.

Le *Roi* se plaint à ses conseillers de la hauteur et de la fierté de *Don Sanche*, qui en est presque venu à perdre le respect qu'il doit à son père. Chaque jour, on voit augmenter l'aversion qu'il manifeste pour ses frères. Le *Roi* est le père de tous ses enfants, et il s'est décidé, pour l'être jusqu'à la fin, à partager ses royaumes et ses états à ceux dont l'amour se partage son âme. *Don Diègue* plaide la cause de *Don Sanche*. Il fait observer au roi que sa résolution est étrange et contraire à tous les principes d'une saine politique. *Il est difficile*, dit-il, *qu'une maison qui s'affaiblit en se divisant puisse jamais réussir, et si l'on fait tort au prince, il pourra alors avec justice déployer cette violence qu'on lui reproche.* *Péranzules* représente à son tour qu'*Alphonse* et *Garcie* sont aussi les enfants du *Roi*. S'ils sont persécutés et maltraités par leur frère, l'honneur de la *Castille* ne sera-t-il pas terni? *Arias* parle, de son côté, pour *Dona Elvire* et pour *Dona Urraque*. Que deviendront ces princesses si elles sont déshéritées? *Don Diègue* insiste sur les droits de *Don Sanche*, et sur les extrémités auxquelles il pourra se porter pour réparer le dommage qu'on lui aura fait. *Au reste*, dit-il au Roi, *tu n'as qu'à le faire appeler et à lui déclarer tes intentions; tu verras, d'après cela, quelles espérances tu peux fonder sur sa docilité.* Le prince arrive. Le *Roi* lui annonce qu'il a l'intention de faire son testament. *Les rois font-ils des testaments*, lui dit le Prince? *Ils ne disposent pas, mon fils*, répond le Roi, *de ce dont ils ont hérité; mais ils peuvent donner ce qu'ils ont acquis. Vous hériterez, Don Sanche, de la Castille, de l'Estrémadoure, de la Navarre, de tout ce qui s'étend du Pisuerga jusqu'à l'Ebre. Léon et les Asturies appartiendront à Don Alphonse, avec toute la terre de Campos; et je laisse à Don Garcie, la Galice et la Biscaye. Mes filles Dona Elvire et Dona Urraca auront Toro et Zamora, et partageront entr'elles les domaines qui dépendent de l'Infantado.* Don *Sanche* se récrie contre ce partage. Il prétend qu'on lui fait injure, et qu'on lui enlève ce qui lui appartient. *Tout est à toi, pendant ta vie*, dit-il au Roi. *Puisse le ciel, mon père et seigneur, conserver mille ans ta vie! Mais si tu meurs, mon épée saura me rendre ce que tu m'enlèves et réunir en un faisceau les forces que tu divises.* Le Roi le menace de sa malédiction, s'il n'obéit point à ses volontés. *Une malédiction injuste est sans effet*, répond *Don Sanche*. Don Diègue rappelle son pupille à la modération. *Je me tais*, lui dit *Don Sanche.... pour à présent.*

DIÈGUE.

Que vois-je? quel est ce changement? Chimène couverte d'or et de parures !

LE ROI.

Comment! Chimène quitte le deuil? Qu'est-il donc arrivé?
(Chimène entre, richement habillée.)

CHIMÈNE, à part.

J'ai la mort dans le cœur. O ciel! pourrai-je dissimuler? *(Haut.)* J'ai reçu une lettre d'Aragon, et comme elle me donne l'espérance d'un résultat heureux, j'ai dû quitter au jour de la vengeance le deuil que je pris au jour de la mort.

DIÈGUE.

Rodrigue serait vaincu?

CHIMÈNE.

Il est déjà mort : je l'espère.

DIÈGUE.

Ah! mon fils!

LE ROI.

Nous apprendrons bientôt la vérité.

CHIMÈNE, à part.

Et c'est pour l'apprendre plus tôt que j'ai pris ce prétexte.

LE ROI.

Apaisez-vous, Diègue.

DIÈGUE.

Je suis malheureux! que tu es cruelle!

CHIMÈNE.

Je suis femme.

DIÈGUE.

A présent tu seras satisfaite si mon Rodrigue est mort.

CHIMÈNE.

Je poursuis ma vengeance. *(A part.)* Et mon âme est déchirée.

(Un domestique entre.)

LE ROI.

Quelles nouvelles y a-t-il ?

LE DOMESTIQUE.

Il est arrivé un chevalier d'Aragon.

DIÈGUE.

Ainsi Don Martin a vaincu ? Je me meurs !

LE DOMESTIQUE.

Apparemment.

DIÈGUE.

Malheureux père !

LE DOMESTIQUE.

Ce chevalier porte la tête de Rodrigue, et veut la donner à Chimène.

CHIMÈNE, *à part*.

Sa vue me tuera.

LE PRINCE.

Vive Dieu ! je ne laisserai pas un créneau debout en Aragon.

CHIMÈNE, *à part*.

Ah ! Rodrigue ! il me reste encore cette consolation dans mon désespoir. *(Haut.)* Roi Don Fernand, nobles chevaliers, écoutez mon malheur. Je n'ai plus dans mon âme assez de force pour le cacher. Je veux le dire à haute voix ; je veux que tout le monde apprenne combien j'ai payé chèrement la gloire de remplir mon devoir, combien mon honneur me coûte. J'ai toujours adoré les perfections de Rodrigue de Bivar, et pour exécuter les lois que pour mon malheur le monde a établies, je l'ai poursuivi jusqu'à la mort, et l'épée qui a tranché sa tête a coupé en même temps le fil de ma vie.

(L'infante entre.)

L'INFANTE.

J'ai appris ta peine, je viens la partager. *(A part.)* Les larmes que je verse coulent pour ma propre douleur.

CHIMÈNE, *s'agenouillant.*

Mais puisque je suis si malheureuse, que ta Majesté ne permette pas que Don Martin Gonzalès me donne comme époux sa main sanglante et détestable. Qu'il s'empare de tout mon bien ; pour moi, si Dieu ne me rappelle pas à lui, un monastère sera à jamais ma retraite.

LE ROI.

Consolez-vous, levez-vous, Chimène.

(Rodrigue entre.)

DIÈGUE.

Mon fils! Rodrigue!

CHIMÈNE.

Hélas! sont-ce des rêves?

RODRIGUE, *au Roi et au Prince.*

Que ta Majesté, que ton Altesse me permettent de tomber à leurs pieds.

L'INFANTE, *à part.*

Tout ingrat qu'il est, je suis heureuse de sa vie.

LE ROI.

Quel est l'auteur de ces fausses nouvelles? où est-il?

RODRIGUE.

Ces nouvelles étaient très-vraies, et je n'ai pas fait dire autre chose, sinon qu'il venait un chevalier d'Aragon, pour offrir en hommage à Chimène la tête de Rodrigue, devant toi, en présence de ta cour. C'est moi qui suis ce chevalier. Je viens d'Aragon, et je ne viens pas sans ma tête. Pour celle de Gonzalès, je l'ai laissée là-bas sur la pointe de ma lance ; celle-ci, je l'offre à Chimène. Elle n'a point dit dans ses proclamations qu'elle la voulût coupée ; elle ne s'est point expliquée s'il la lui fallait vivante ou morte. Ainsi, puisque je la lui porte, elle doit être mon épouse. Si pourtant ta rigueur me refusait cette récompense de mon amour, voilà mon épée, tu peux la couper toi-même.

LE ROI.

Rodrigue a raison. Je prononce le jugement en sa faveur.

CHIMÈNE, *à part.*

Que deviendrai-je? Ah ! la honte me coupe la voix.

LE PRINCE.

Allons, Chimène, consentez-y à cause de moi.

ARIAS.

Que de vains scrupules ne vous arrêtent pas.

PÉRANZULES.

Ma nièce, cette union est infiniment convenable.

CHIMÈNE.

J'obéirai à ce que le Ciel ordonne.

RODRIGUE.

Quelle félicité ! Je suis à toi.

CHIMÈNE.

Je suis à toi.

DIÈGUE.

Bonheur inouï !

L'INFANTE, *à part.*

Ingrat ! je t'oublie à jamais.

LE ROI.

Dès ce soir, vous serez mariés par l'évêque de Palencia.

LE PRINCE.

Je serai le parrain de cette noce.

RODRIGUE.

Et c'est ainsi que se terminent *la Jeunesse du Cid* et les noces de Chimène.

Telle est, dans son ensemble et dans ses principaux détails, la première partie de *la Jeunesse du Cid*. Je me suis laissé aller au plaisir d'en citer un certain nombre de scènes, parce que j'attachais une grande importance à la faire bien connaître. Il me serait impossible d'apprécier et de faire apprécier à qui que ce soit l'œuvre de *Guillem de*

Castro, avant d'en avoir pris et donné une idée satisfaifaisante. Maintenant, il s'agit d'examiner la pièce du poète espagnol, et de mettre en relief les mérites, et, s'il y a lieu, les défauts de cette composition dramatique.

Pour procéder avec ordre dans cette étude, j'examinerai d'abord *la Jeunesse du Cid* dans sa structure extérieure et matérielle, pour ainsi dire ; je tâcherai ensuite de pénétrer dans sa constitution intime, et d'en saisir le caractère essentiel et fondamental.

§ 3.

Examen de la Jeunesse du Cid. — La Jeunesse du Cid considérée au point de vue des trois unités.

Il suffit de jeter un coup-d'œil sur l'œuvre de *Guillem de Castro*, pour se convaincre que sa pièce ne répond pas tout-à-fait à l'idée que nous nous faisons, en France, d'une composition dramatique. Il y a là des irrégularités qui peuvent choquer, et qui choquent, en effet, nos habitudes, je n'ose pas dire nos préjugés littéraires.

Tout le monde connaît le précepte de *Boileau* :

> *Qu'en un lieu, qu'en un jour, un seul fait accompli*
> *Tienne jusqu'à la fin le théâtre rempli.*

C'est là la fameuse règle des trois *unités* : *unité de temps*, *unité de lieu*, *unité d'action*. Jusqu'à quel point *Guillem de Castro* s'est-il montré fidèle au précepte de *Boileau ?* Il est évident que *Castro* n'a pas connu ce précepte, ou, s'il l'a connu, il en a souverainement dédaigné plusieurs dispositions.

Et d'abord, il est impossible de trouver, dans la pièce

de *Castro*, ce qu'on appelle l'unité de *temps*. Les premières scènes de son drame s'accomplissent, il est vrai, dans une période de temps qui n'excède pas vingt-quatre heures; mais après cela, nous avons un intervalle de quelques jours entre la 3eme et la 4eme scène de la seconde journée, un autre intervalle de quelques jours entre la 4eme et la 5eme scène, un troisième intervalle plus ou moins long entre la 5eme et la 6eme scène de la même journée. Entre la 2eme et la 3eme journée, il s'écoule au moins dix-huit mois. Enfin, les scènes de la 3eme journée sont séparées les unes des autres par des intervalles de plusieurs jours, peut-être même de plusieurs semaines; de sorte que la durée de la pièce entière, c'est-à-dire le temps qui s'écoule depuis le commencement jusqu'à la fin de l'action, peut être évaluée à une couple d'années.

Nous sommes loin, comme on le voit, de la règle des 24 heures. Eh bien! je ne ferai pas de cela l'objet d'un reproche bien grave contre *Guillem de Castro*, en particulier, ni contre les dramaturges espagnols, en général. Je n'attache pas autant d'importance qu'on l'a fait souvent à ce qu'on appelle l'unité de temps, et à l'interprétation qu'on donne à cette expression, en désignant par là la durée d'un jour de 24 heures. Je crois que le temps ne fait rien à l'affaire. C'est pour obtenir plus de vraisemblance, dit-on, qu'il faut restreindre dans ces limites la durée d'une action dramatique. Je crois que la vraisemblance n'est nullement intéressée dans la question; il me semble que la vraisemblance gagne, au contraire, à ce que l'artiste puisse disposer de tout le temps qui lui est nécessaire pour développer son sujet et pour en coordonner les incidents. Je dirais volontiers au poète dramatique : prenez un jour, prenez-en quatre; prenez un an, prenez-en deux, et tâchez de nous intéresser et de nous plaire; c'est là le point essentiel.

Si *Guillem de Castro* a foulé aux pieds l'unité de *temps*, il ne se montre guère plus respectueux envers l'unité de *lieu*. La scène se déplace très souvent dans son drame. Nous passons du palais du *Roi* dans la maison de *Diègue Laynez*, de la place publique dans la maison de *Chimène*, des environs de *Burgos* à la maison de plaisance de la *Reine*, des montagnes d'*Oca* sur la route de *Galice*. Ici encore, je me trouve très disposé à user de la plus grande indulgence envers *Guillem de Castro*, aussi bien qu'envers tous les poètes espagnols ou autres qui lui ont donné l'exemple d'une pareille liberté. C'est encore au nom de la vraisemblance qu'on a exigé que tous les détails d'une action se passassent dans un même lieu, c'est-à-dire au même endroit, dans une même salle, si l'on est dans une maison ou dans un palais, sur une même place publique, si l'action se passe en plein air. Il me semble que cette obligation gêne la vraisemblance, au lieu de la favoriser. Il n'est pas naturel, il n'est pas ordinaire du moins qu'une action commence, se poursuive et s'achève dans le même lieu, c'est-à-dire sur le même point de l'espace. Je concevrais cette nécessité si les acteurs d'un drame étaient de la nature des arbres ou des plantes, c'est-à-dire, s'ils n'étaient pas doués de mobilité, s'ils étaient cloués au sol par des racines ; mais les hommes vont et viennent, ils n'adhèrent pas à la terre ; ils emportent avec eux leurs instincts, leurs désirs, leurs craintes et leurs espérances, en un mot, toutes leurs passions. Ils se trouvent aujourd'hui à *Paris*; demain ils seront à *Lyon*. Des gens qui se sont vus à *Londres*, se retrouvent en *France* ou en *Espagne* au bout de quelques jours. Il arrive donc fréquemment qu'une action commencée sur un point de l'espace se poursuit sur un autre point, pour aller se dénouer sur un troisième ou sur un quatrième. Il est bon, il est convenable que le poète suive ses personnages, et qu'il nous les fasse voir là où ils se sont réellement trouvés au moment où ils agissaient.

À Dieu ne plaise que je confonde la liberté avec la licence! Tout ce que je demande en faveur de l'artiste, c'est qu'on veuille bien l'affranchir d'une gêne inutile. C'est au nom de la vraisemblance que je réclame en faveur du poète dramatique le droit de déplacer la scène; c'est dans notre propre intérêt que je l'invite à user de son droit. Il y a dans une représentation dramatique quelque chose qui doit être fait pour le plaisir des yeux. Si la première jouissance est celle de la pensée, il faut aussi satisfaire à la vue. Or, qu'y a-t-il de plus agréable, en même temps que l'esprit se repaît de nobles sentiments et d'idées justes, que de voir passer sous ses yeux un certain nombre de lieux remarquables par leur aspect, ou intéressants par les souvenirs qu'ils éveillent? Le spectateur se prête avec la plus grande facilité à ce déplacement; il n'en éprouve aucune contrariété. Il jouit doublement; et il comprend mieux l'action, lorsque les personnages lui sont offerts dans les lieux même où ils étaient placés, où ils ont dû être placés en agissant.

Prenons pour exemple la première partie de *la Jeunesse du Cid*. La pièce entière se compose de 14 scènes : 3 pour la première journée, 6 pour la seconde, et 5 pour la troisième. De ces 14 scènes, il y en a 6 qui se passent dans le palais du *Roi;* il y en a 2 qui se passent dans la maison de *Chimène;* cela fait 8. Les six autres se passent chacune dans un lieu distinct. Que peut-on conclure de là? La seule chose qu'on puisse en conclure raisonnablement, selon moi, c'est que pour représenter d'une manière convenable, je dirai plus, d'une manière intelligible la première partie de *las Mocedades del Cid*, il faut employer huit décorations différentes. Ceci, comme on le voit, est l'affaire du machiniste et du décorateur;

La valeur poétique de l'œuvre est une question tout-à-fait indépendante de celle-là.

L'unité de *temps* et l'unité de *lieu*, je le répète, n'ont pas toute l'importance qu'on leur a attribuée. Ce sont des entraves mises à la liberté de l'artiste, et ces entraves ne produisent, par elles-mêmes, rien de bon. Elles sont très souvent nuisibles ; je pourrais alléguer des exemples en foule.

Il n'en est pas de même de l'unité d'*action*. Ici, nous sommes en présence d'une règle suprême et absolue :

Denique sit quodvis simplex dumtaxat et unum.

Guillem de Castro, qui a fait si bon marché de l'unité de *temps* et de l'unité de *lieu*, a-t-il également sacrifié l'unité d'*action* ? Je ne le crois pas. Sa pièce, sous ce point de vue, me paraît irréprochable. Elle commence par la peinture de la passion qui existe entre *Chimène* et *Rodrigue*. Elle se poursuit par le tableau des obstacles qui viennent troubler cette passion. Elle se termine par le mariage des deux amants. La situation respective des deux héros est toujours présente à notre esprit ; elle domine tous les développements de la pièce ; elle s'y mêle d'une façon ingénieuse et naturelle. Il y a là une action claire et saillante, parfaitement dessinée. Rien ne peut balancer, dans tout le courant de la pièce, l'intérêt qui s'attache à *Rodrigue* et à *Chimène*.

Sans doute, il y a, çà et là, quelques détails qui paraissent étrangers à la situation principale, et qui pourraient être retranchés, sans nuire à la beauté du drame, sans qu'il cessât d'être complet. Tels sont les détails qui se rapportent à *Don Sanche*, à *Dona Urraca* et aux autres fils de *Ferdinand* ; mais ces détails, quoique étrangers à la situation principale, ne suffisent pas, ce me semble, pour constituer une véritable duplicité d'action. Ils ont assez d'importance pour attirer l'attention du spectateur, ils n'en ont pas assez pour la détourner, et pour lui faire oublier l'objet principal de sa préoccupation. L'ambition naissante de *Don Sanche*, les inquiétudes de *Dona Urraca*, les soucis de *Ferdinand* au sujet de sa famille, constituent bien, si l'on veut, une situation distincte de la situation de *Rodrigue* et de *Chimène*, mais ne forment pas une action, à proprement parler. Il n'y a là ni nœud, ni intrigue, ni dénouement; cela ne forme pas un drame à part.

Dans l'œuvre générale de *Guillem de Castro*, ces détails ne sont pas sans intérêt; et, à ce titre, ils ne s'y sont pas produits sans intention de la part du poète. La seconde partie de *las Mocedades del Cid* s'annonce déjà et se prépare en quelque sorte dans la première. *Don Sanche, Dona Urraca, Don Arias Gonzalve* sont des pierres d'attente pour un nouveau monument qui viendra bientôt s'élever à côté du premier. Lorsqu'on lit la seconde partie de *las Mocedades del Cid*, on voit ces trois personnages passer du second plan sur le premier, et devenir, à leur tour, des personnages très importants. *Ferdinand, Don Diègue, Chimène* ont disparu. *Don Sanche, Dona Urraca* et *Don Arias* prennent leur place, pour ainsi dire. En se mettant à ce point de vue, il serait aisé de justifier la présence de *Don Sanche*, de *Dona Urraca* et de *Don Arias Gonzalve* dans la première partie de *la Jeunesse du Cid*.

Mais, indépendamment de cette considération, il me semble que *Don Sanche* et *Dona Urraca* ne sont pas de trop dans cette première partie. Les détails qui se rapportent à la famille de *Ferdinand Ier* forment un fond historique sur lequel se dessine la situation de *Rodrigue de Bivar* et de *Chimène Gomez*. Ces détails ne sont pas nécessaires précisément ; mais ils ne sont pas nuisibles non plus, et ils servent à jeter dans toute la composition des éléments de vie et de variété qui ne sont ni sans grâce ni sans intérêt. *Dona Urraca* surtout touche à *Rodrigue* et à *Chimène* par des points très intéressants. Le plus inutile, c'est *Don Sanche*; et cependant la vive affection qu'il porte à *Rodrigue* et à *Don Diègue* contribue puissamment à relever le *Cid* aux yeux du spectateur. Quant à *Arias* et à *Péranzules*, outre qu'ils figurent dans toute la pièce comme conseillers du *Roi*, ils ont encore une autre valeur. *Don Arias*, parent de *Don Diègue*, exerce son influence au profit du vieillard outragé et de son brave fils. *Péranzules*, parent du *Comte*, prend le parti de *Chimène*, et représente les droits de la famille d'*Orgaz*.

Ces réflexions m'autorisent à croire que *Guillem de Castro* n'a point violé l'unité d'*action*, et qu'il s'est montré fidèle à la règle suprême de toute œuvre dramatique comme de toute composition littéraire. L'unité d'objet, l'unité d'impression et de but final, voilà la véritable loi de l'art, voilà la règle qu'il n'est pas permis d'enfreindre, et, sous ce point de vue, je le répète, je ne crois pas qu'on puisse faire le moindre reproche au poète de Valence.

De ces premières considérations, un peu superficielles et un peu extérieures, comme on le voit, je passe à une série d'observations plus importantes et plus profondes.

§ 4.

Rapports entre la Jeunesse du Cid et le Romancero du Cid. — Originalité de Guillem de Castro.

Il suffit de lire attentivement la pièce de *Guillem de*

Castro pour s'apercevoir des rapports aussi étroits que nombreux qu'elle soutient avec le *Romancero du Cid*. On voit que *Guillem de Castro* a largement puisé dans cette source poétique, et il a si peu cherché à dissimuler ses emprunts qu'il lui est arrivé plus d'une fois d'insérer textuellement dans sa pièce les vers du *Romancero*. Je citerai pour exemples la fin de la 2eme romance, et le commencement des romances 8 et 10 qui ont été employés presque mot pour mot dans la 2eme scène de la 1ere journée, dans la 1ere scène de la 3eme journée, et dans la 6eme scène de la 2eme journée.

La 1ere scène de la 1ere journée est empruntée à la romance 16, qui nous apprend que *Rodrigue* fut armé chevalier à *Coïmbre*, après la prise de cette ville, et dans l'église de *Sainte-Marie*. Le roi lui ceignit l'épée, dit la romance, la reine lui donna un cheval, et l'infante lui ceignit les éperons. Le poète valencien a profité de tous ces détails ; mais il a transporté la scène à *Burgos*, dans le palais du roi.

La 2eme scène de la 1ere journée est empruntée en très grande partie aux romances 1 et 2. *Guillem de Castro* a mis en action l'expérience faite par *Don Diègue* pour s'assurer du courage de ses enfants. La fin de la 2eme romance est littéralement reproduite dans le monologue de *Rodrigue*.

C'est évidemment dans la 3eme romance que *Guillem de Castro* a puisé l'idée de la 3eme scène de sa première journée. Mais ici son génie a singulièrement et très heureusement agrandi et embelli le thème du *Romancero*. Il a produit quelque chose d'éminemment dramatique, quelque chose de bien supérieur à la romance. La romance 6 lui a fourni un trait final de cette scène : *Que le diable te suive!*

La 1ere scène de la 2eme journée est empruntée à la

romance 5, dans laquelle nous voyons *Chimène* venir demander justice au roi.

La 5eme scène de la 2eme journée est empruntée à la romance 7, qui nous montre *Rodrigue* faisant cinq rois mores prisonniers.

La 6eme et dernière scène de la même journée est empruntée en partie à la romance 17, qui nous apprend à quelle occasion *Rodrigue* fut appelé *Cid*, et en partie à la romance 10, qui contient de nouvelles plaintes de *Chimène*. Ici encore la romance est entrée presque littéralement dans le drame.

Dans la 1ere scène de la 3eme journée, les nouvelles plaintes de *Chimène* sont tirées de la romance 8.

C'est dans la 14eme romance que *Guillem de Castro* a puisé l'idée de la 2eme scène de sa 3eme journée. Dans cette scène, en effet, nous voyons *Rodrigue* venir au secours d'un malheureux lépreux qui n'est autre, en définitive, que *Saint Lazare*. Pour prix du bon accueil que le héros a fait au pauvre infirme, le saint lui donne sa bénédiction et lui promet la plus brillante et la plus haute destinée.

La 3eme scène de la 3eme journée lui a été inspirée évidemment par la romance 15, qui contient le combat de *Rodrigue* avec *Martin Gonçalez* l'*Aragonais*.

Enfin, c'est dans les romances 18 et 19, relatives aux plaintes de *Dona Urraca* et à la réponse de *Ferdinand*, que le poète dramatique a puisé les détails qui remplissent la première partie de la 5eme et dernière scène de sa 3eme journée.

Tels sont les emprunts que *Guillem de Castro* a faits au *Romancero du Cid*. Je suis loin de l'en blâmer. Il ne pouvait pas suivre un meilleur guide ; il ne pouvait pas mettre à contribution un plus riche trésor. Examinons maintenant les changements qu'il a fait subir au thème du *Romancero*, et signalons les éléments de son œuvre qu'il a puisés dans son propre génie.

De tous les exploits du *Cid*, célébrés par les romances, indépendamment de la mort du *Comte d'Orgaz*, il n'y a que sa victoire sur les Mores, dans les montagnes d'*Oca*, qui soit présentée comme antérieure à son mariage. Son voyage à *Saint-Jacques-de-Compostelle*, et sa rencontre avec *saint Lazare*; sa victoire sur *Martin Gonçalez*, l'ambassadeur d'*Aragon*, la prise de *Coïmbre*, où il est armé chevalier, l'hommage que viennent lui rendre les rois Mores ses vassaux, en l'appelant leur *Cid*, tous ces faits, d'après le *Romancero*, sont postérieurs au mariage du *Cid*. *Guillem de Castro* a interverti l'ordre chronologique de ces événements, et cela lui a fourni des détails précieux pour son drame. Il a antidaté également les plaintes de *Dona Urraca*, et les prétentions ambitieuses de *Don Sanche*. Tous ces *anachronismes* sont parfaitement excusables. L'artiste n'a nullement dépassé, ce me semble, les limites de son droit, et ces changements contribuent puissamment à la richesse et à la beauté de son œuvre.

Les romances ne disent point à propos de quoi le *Comte* et *Don Diègue* se sont querellés, et pour quel motif le père de *Chimène* a été conduit à outrager le père de *Rodrigue*. *Guillem de Castro* a supposé que c'était à propos d'une place à donner, d'un gouverneur à nommer pour l'infant *Don Sanche*. Le *Comte* est mécontent que le *Roi* donne à *Don Diègue* une place qu'il convoitait et qu'il avait même sollicitée. De là son irritation. Cette hypothèse a valu à *Guillem de Castro* une scène très vive et très dramatique; mais ce n'est pas précisément sur cette invention que se fonde le vrai mérite de *Castro*.

Ce qui a été, de sa part, un véritable trait de génie, ce qui peut être considéré à bon droit comme une inspiration très heureuse et de la plus haute portée, c'est d'avoir imaginé la passion mutuelle de *Chimène* et de *Rodrigue*, antérieurement à la querelle de leurs parents. En supposant que les deux jeunes gens s'aimaient, au moment où *Don Diègue* et le *Comte d'Orgaz* se sont disputé la place de gouverneur, au moment où le *Comte* a donné un soufflet à *Don Diègue*, le poète de Valence s'est véritablement montré original et créateur. Cette hypothèse une fois introduite, la division du *Comte* et de *Don Diègue* prend un caractère tout nouveau, les résultats en deviennent tout autres. Dans les romances, *Rodrigue* et *Chimène* ne s'aiment point, avant la querelle de leurs parents. Aussi, dès que cette querelle a éclaté, chacun d'eux n'a-t-il d'abord qu'une seule idée, un seul sentiment, une seule passion. *Rodrigue* s'abandonne tout entier au besoin de venger son père et de rétablir l'honneur de sa maison. *Chimène* ne pense qu'à la mort de son père, et, en bonne et courageuse fille, elle demande justice contre son meurtrier. Dans l'hypothèse de *Castro*, la situation se complique. Lorsque le vieux *Don Diègue* vient réclamer le secours de son fils pour réparer son honneur offensé, *Rodrigue* se trouve placé entre son honneur et son amour. Un peu plus tard, lorsque *Rodrigue* a tué le *Comte*, *Chimène* se trouve placée à son tour entre sa passion et sa vengeance. Voilà ce qui nous a valu, d'une part, ce monologue de *Rodrigue* qui termine la 2ème scène de la 1ère journée, et cette magnifique scène 3ème, où *Rodrigue*, venant provoquer le *Comte* sur la place du palais, aperçoit, d'un côté, *Chimène*, et, d'un autre côté, son père, et hésite si longtemps entre les deux sentiments qui remplissent son cœur. Voilà ce qui nous a valu, d'une autre part, la fin de la 1ère scène de la 3ème journée et la 4ème scène de la même journée. Voilà surtout ce qui nous a valu la 2ème scène de la 2ème journée (l'entrevue de *Chimène* et de *Rodrigue*), et une multitude de détails pleins de charme et de vérité qui animent toute la composition, et qui répandent partout, dans le drame de *Castro*, la vie et l'émotion.

Il faut rendre à chacun ce qui lui est dû. Je n'hésite pas à le dire : l'idée que je viens de relever dans *la Jeunesse du Cid*, appartient à *Guillem de Castro*. Elle est son bien. C'est là qu'est le véritable fondement de son mérite. Il serait injuste de l'en dépouiller. Cette idée ne se trouve pas dans le *Romancero*. Elle n'est pas indiquée non plus par les *historiens* ni par les *chroniqueurs*. C'est *Guillem de Castro* qui l'a introduite dans sa composition, et, je le répète, cette idée est devenue l'âme de sa comédie ; car il est évident que c'est sur cette hypothèse que repose le drame. C'est là ce qui constitue le nœud de l'action ; ou, pour mieux dire, la passion mutuelle de *Chimène* et de *Rodrigue* étant donnée, le nœud résulte de ce que leurs parents se divisent, de ce que le *Comte* donne un soufflet à *Don Diègue ;* il résulte surtout de ce que Rodrigue, pour venger son père, se trouve conduit à tuer le père de sa maîtresse. Les principales beautés de la pièce sortent évidemment de cette origine.

En se plaçant à ce point de vue, il est facile de saisir et d'indiquer le plan et toute l'économie de la pièce de *Castro*. *Rodrigue* et *Chimène* s'aiment. Ils sont épris l'un pour l'autre d'une passion profonde et honnête. Ils brûlent du désir de s'unir. L'honneur que le *Roi* veut bien faire à *Rodrigue*, en l'armant chevalier, l'amitié que lui témoignent la *Reine* et *l'Infant*, tout cela le relève aux yeux de *Chimène*, et en ajoutant à la gloire de *Rodrigue* ajoute à la passion qu'il inspire autant qu'à celle qu'il éprouve. Sur ces entrefaites, le *Roi* se décide à remplacer le gouverneur de son fils, que la mort vient de lui ravir. Il veut que cette charge soit confiée à *Don Diègue*. Ce choix offense *Don Gomez*. Une altercation s'élève entre le père de *Chimène* et le père de *Rodrigue*. Le premier, emporté par sa jalousie et par son orgueil, s'oublie jusqu'à donner un soufflet à *Don Diègue* devant le *Roi*, devant

Arias et devant *Péranzules*. Le vieillard, incapable de se venger lui-même, appelle son fils à son secours. *Rodrigue* se trouve cruellement partagé entre son amour et son honneur ; mais enfin, il parvient à dominer sa passion ; il va trouver le *Comte*, se bat avec lui et le tue. Aussitôt que le *Comte* a été tué, *Chimène* se trouve placée dans une situation analogue, ou, pour mieux dire, dans une situation identique à celle où se trouvait *Rodrigue* un moment auparavant. Elle est partagée, elle aussi, entre son amour et son devoir. Elle impose silence à sa passion, et vient demander au *Roi* la tête de son amant. *Don Diègue* excuse son fils. Le *Roi*, cruellement affecté de cet événement, promet de faire justice ; mais il demande un délai, ce qui est d'autant plus naturel que *Rodrigue* n'est point arrêté. Cependant les Mores font une incursion sur les terres de *Castille*. *Rodrigue*, excité par son père, va combattre les Mores ; il leur enlève tout leur butin, et fait prisonniers cinq de leurs rois. Cette victoire lui assure le protection et la faveur de *Don Fernand*, qui l'honorait déjà d'une tendre amitié, aussi bien que la protection et l'attachement de *Don Sanche*. Le *Roi* permet à *Rodrigue* de se présenter devant lui. Il y vient, et il reçoit l'hommage des rois mores qu'il a vaincus, ce qui lui offre l'occasion de manifester sa modestie et son respect pour *Don Fernand*. *Chimène* vient de nouveau se plaindre au roi, qui se trouve moins disposé que jamais à faire châtier *Rodrigue*, et qui ne veut pas se priver d'un sujet aussi vaillant. Il se borne à bannir *Rodrigue* de sa cour. *Chimène* ne peut s'empêcher de laisser percer sa passion. L'*Infante* s'aperçoit très bien qu'il en coûte singulièrement à la fille du *Comte Glorieux* de demander la tête d'un homme qu'elle adore. *Rodrigue* lui-même est désolé de se voir poursuivi par *Chimène,* et il laisse éclater tout son amour pour elle.

Dix-huit mois se sont écoulés. *Rodrigue*, banni de la cour, est allé en *Galice* visiter le tombeau de *Saint-Jacques*. Mais *Don Fernand* a besoin de lui. Le roi d'*Aragon* lui dispute la possession de *Calahorra*. Le roi de *Castille* est décidé à maintenir ses droits, et il veut en confier la défense à *Rodrigue*. C'est pour cela qu'il l'a mandé à sa cour, où on l'attend d'un moment à l'autre. *Chimène* vient pour la troisième fois porter ses plaintes devant le roi, qui voudrait bien se débarrasser de ses importunités. *Don Arias*, instruit par l'*Infante* de la passion de *Chimène* pour *Rodrigue*, veut éprouver la sincérité de ses plaintes. Après en avoir obtenu la permission du *Roi*, il dresse un piège à *Chimène*, en lui faisant croire que *Rodrigue* est mort. *Chimène* laisse éclater sa passion pour *Rodrigue*. Honteuse de s'être trahie, elle fait un nouvel appel à l'énergie de son caractère, et, pour prouver qu'elle ne renonce point à sa vengeance, elle demande contre *Rodrigue* le combat singulier. Elle promet sa main au cavalier qui lui apportera la tête de son adversaire. *Don Diègue* appuie lui-même cette proposition, parce qu'il espère que son fils sortira vainqueur de cette épreuve. Le *Roi* ne peut s'opposer à une chose qui convient également aux deux parties. Il permet à *Chimène* de faire faire la proclamation. Cependant le roi d'*Aragon* a proposé au roi de *Castille* de vider leur différend, au sujet de *Calahorra*, par un combat singulier entre deux champions choisis. La réputation de *Martin Gonçalès* semble effrayer les chevaliers *castillans*. Ce qu'il y a de certain, c'est que personne ne s'est présenté pour combattre le champion du roi d'*Aragon*, et *Ferdinand* paraît s'arrêter à l'idée de faire marcher ses troupes. Survient *Rodrigue*, qui conjure le *Roi* d'accepter la proposition de *Don Ramire*, et de lui permettre de se battre contre *Martin Gonçalès*. Le *Roi* cède aux instances de *Rodrigue*. *Martin Gonçalès* commencé par se moquer de la confiance du *Cid*. Il se flatte de le vaincre sans peine. D'un autre côté, il a lu la proclamation qui promet la main de *Chimène* au vainqueur de *Rodrigue*. Il espère donc faire d'une pierre deux coups, et il pousse la présomption jusqu'à écrire à *Chimène* pour l'inviter à quitter le deuil et pour lui annoncer qu'il lui apportera la tête de *Rodrigue*. *Chimène* exprime devant sa confidente toute l'horreur et toute la crainte que lui inspire le danger dans lequel elle a précipité son amant. Bientôt on apprend qu'il est arrivé un chevalier d'*Aragon* qui vient faire hommage à *Chimène* de la tête de *Rodrigue*, ce qui semble impliquer que *Rodrigue* a succombé dans le combat. Sur cette croyance, *Chimène* lève complètement le masque ; elle avoue devant le *Roi* et devant toute la cour qu'elle s'est fait une grande violence pour poursuivre *Rodrigue*, qu'elle a toujours adoré les perfections du jeune castillan. Elle refuse la main de *Martin Gonçalès* ; elle conjure le *Roi* de la relever de sa promesse, et de lui permettre de se retirer dans un monastère. En ce moment arrive *Rodrigue*, qui annonce qu'il n'a trompé personne ; qu'il a fait dire, il est vrai, qu'un chevalier venant d'*Aragon* voulait faire hommage à *Chimène* de la tête de *Rodrigue*. Ce chevalier, c'est lui-même. Il vient d'*Aragon* ; il ne vient pas sans sa tête, et il en fait hommage à *Chimène*. Celle-ci n'a point dit dans sa proclamation qu'elle dût être coupée ou non, elle n'a point expliqué s'il la lui fallait morte ou vivante. Il demande donc la main de *Chimène*, qui, du reste, est parfaitement libre de lui faire couper la tête. Le roi *Ferdinand* prononce le jugement en faveur de *Rodrigue*. Tous les personnages importants pressent *Chimène* de se rendre à leurs exhortations, et lui annoncent que ce mariage est très convenable. *Chimène* se résigne à ce qu'elle regarde comme un arrêt du Ciel. Le *Roi* ordonne que le mariage sera célébré le soir même. Le *Prince royal* demande à être le parrain de la noce ; et ainsi se termine la première partie de *la Jeunesse du Cid.*

Tel est, dans sa contexture, le drame de *Castro*, et il suffit d'un examen même superficiel pour se convaincre qu'il était difficile de mettre sur la scène un sujet plus intéressant et plus pathétique, d'imaginer une intrigue plus fertile en émotions, et de la conduire avec plus d'art et de bonheur. *Guillem de Castro* a très habilement exploité, comme on le voit, la première partie du *Romancero du Cid*. Il a puisé dans les *romances* une multitude de détails intéressants, et, par une hypothèse aussi simple qu'ingénieuse, aussi vraie que profonde, il a relié en un faisceau unique et fait converger vers un même but les éléments épars que lui présentait l'œuvre de ses devanciers.

§ 5.

Critique de la Jeunesse du Cid. — Le nœud de la pièce est un nœud insoluble. — Objection tirée de l'histoire.— Réponse à l'objection.

Après avoir rendu justice à *Guillem de Castro*, je suis autorisé, je le pense, à exercer à son égard les droits de la critique. Or, de ce nouveau point de vue, je n'hésiterai pas à dire que la difficulté introduite par *Castro* est une difficulté insoluble. Le nœud qu'il a établi dans sa pièce ne pouvait pas se dénouer comme il l'a fait. Voilà, si je ne me trompe, un véritable vice dans son drame ; voilà la conséquence désastreuse de son hypothèse. *Rodrigue* et *Chimène* s'aiment. Ils ne demandent pas mieux que de s'unir l'un à l'autre. Rien ne paraît s'opposer à leur bonheur. Sur ces entrefaites, le *Comte d'Orgaz* et *Don Diègue* se livrent à une violente altercation. Le vieillard, indignement outragé, et ne pouvant se venger lui-même, remet son épée à son fils. Celui-ci est profondément ému de la nécessité cruelle où il se trouve. Il sent le coup mortel qui vient de frapper sur sa passion. Il se désespère d'un pareil contre-temps. Mais enfin, il impose silence à son amour, et, n'écoutant que la voix de l'honneur, il va trouver le *Comte*, il le provoque ; bref, il se bat avec lui et il le tue. Dès ce moment, le sort de *Rodrigue* est complètement fixé. Sa situation et sa destinée sont aussi claires que le jour. Il ne peut plus épouser *Chimène*. Tous nos sentiments moraux se révoltent à l'idée qu'un homme puisse épouser une femme dont il a tué le père. Entre *Chimène* et *Rodrigue*, il y a maintenant une mare de sang ; rien ne peut plus les rapprocher l'un de l'autre. L'obstacle est insurmontable ; la difficulté est invincible. Le nœud est trop fortement lié ; c'est un nœud gordien. Il n'y a rien qui puisse amener un dénouement semblable à celui de *Castro*, c'est-à-dire le mariage de *Rodrigue* et de *Chimène*.

Ici, je puis m'attendre à une objection, et je m'y attends effectivement ; mais cette objection ne saurait ébranler ma conviction, et j'irai résolument au-devant d'elle.

L'objection qui se présente naturellement, c'est celle du fait même recueilli par la tradition et célébré par le *Romancero* ; c'est le mariage de *Chimène* et de *Rodrigue* consigné dans les *romances* et dans les *chroniques* et mentionné par les *historiens*. *Rodrigue* et *Chimène* se sont mariés, me dira-t-on ; il y a plus : lisez l'histoire, et vous y trouverez un grand nombre de faits analogues à celui-là. *Chimène Gomez* n'est pas la seule qui ait épousé le meurtrier de son père. Bien d'autres femmes ont subi la même destinée, et l'histoire n'a recueilli ni leurs plaintes, ni leurs doléances, ni leur désespoir. C'était là un fait très commun au moyen âge. Or; ce qui a été, ce qui s'est réalisé, est possible. Comment voulez-vous repousser comme impossible un fait qui réellement a eu lieu? Comment voulez-vous empêcher le poète d'avoir recours à un dénouement que l'histoire même lui donne ou qui est conforme à la tradition?

Je ne cherche point à affaiblir l'objection. Je la prends dans toute sa force, et c'est dans cet état que je veux la résoudre.

Les changements et les modifications que j'ai déjà signalés ne sont pas les seuls changements, les seules modifications que *Castro* ait introduits dans le thème du *Romancero*. *Guillem de Castro* ne s'est pas contenté de déplacer quelques faits, d'avancer ou de reculer la date de certains événements; il ne s'est pas borné à donner une cause plausible à la querelle du *Comte* et de *Don Diègue*, et à supposer que *Rodrigue* et *Chimène* s'aimaient avant cette fatale collision. *Guillem de Castro* a profondément modifié les mœurs, les sentiments et les idées de tous ses personnages. Les événements dont il est question dans sa pièce; les personnages qui y figurent, sont des événements et des personnages du xie siècle. Croyez-vous que *Castro* se soit scrupuleusement attaché à nous peindre ces personnages tels qu'ils étaient réellement, à nous retracer ces événements tels qu'ils se sont passés en effet? *Castro* a-t-il voulu faire des portraits fidèles, exhumer pour nous des hommes et des temps qui n'étaient plus? Non, certes. *Castro* a modifié ses personnages; il les a rapprochés des hommes de son temps et de son époque; il leur a donné des idées, des mœurs et des sentiments qui les rapprochent des hommes du xviie siècle. Là est l'origine d'une contradiction qui me paraît facile à signaler et à reconnaître.

Le mariage de *Rodrigue* et de *Chimène* est un fait historique, ou du moins un fait traditionnel. Je le tiens pour très probable, je le tiens même pour certain, si l'on veut. Le mariage a eu lieu ; je l'accorde. Mais il faut bien que l'on m'accorde aussi que *Rodrigue* et *Chimène* vivaient au xime siècle. C'étaient donc des personnages du xime siècle. Ils étaient dominés par les idées, les mœurs et les croyances du xime siècle. Il ne faut pas leur demander une moralité plus sévère que celle qui convenait aux hommes et aux femmes de leur temps. Mais la moralité du xviime siècle est un peu plus exigeante. Elle ne saurait se payer des mêmes raisons qui ont satisfait et qui devaient satisfaire des populations moins avancées.

Nous avons vu dans le *Romancero* sous l'influence de quelles idées s'était fait le mariage du *Cid*. *Chimène* ayant perdu, dans la personne de son père, son protecteur naturel, et cette perte lui ayant été occasionnée par *Rodrigue*, il était juste que *Rodrigue* devînt son protecteur, et que, pour mieux remplir cette mission réparatrice, il l'épousât. Cela se conçoit fort bien, au milieu de l'anarchie qui désolait le moyen âge, à une époque où le fait domestique était le fait dominant, où la société se composait de mille familles luttant l'une contre l'autre, ou, pour mieux dire, luttant chacune d'elles contre toutes les autres. Une fille qui avait perdu son père pouvait voir son domaine envahi, ses terres ravagées, sa personne violentée. Il en était de même de la femme qui avait perdu son mari, de la sœur qui avait perdu son frère. Voilà pourquoi la loi elle-même faisait un devoir au meurtrier d'épouser la femme, la fille ou la sœur de celui qu'il avait tué. C'était une charge que la loi lui imposait ; c'était une faveur qu'elle accordait à la veuve, à l'orpheline, à la femme privée de son frère. C'est sous l'empire de cette législation, sous l'influence des mœurs et des idées qui l'avaient inspirée, que *Ferdinand Ier* a pu proposer à *Chimène* de lui donner *Rodrigue* pour époux; que *Chimène* elle-même a pu, sans honte et sans scandale, demander la main de *Rodrigue;* que celui-ci enfin a pu et a dû consentir à cet arrangement, qui avait d'ailleurs l'avantage d'augmenter sa fortune, outre qu'il le mettait à l'abri d'une poursuite qui ne tendait à rien moins qu'à faire tomber sa tête. Il y a loin de là à un mariage fait du point de vue d'une passion mutuelle, du point de vue d'une civilisation plus avancée. Aujourd'hui, une femme qui perd son père, son frère ou son époux n'est pas abandonnée sans défense, au milieu d'une société bouleversée par l'anarchie et par la guerre; elle trouve dans la force publique, dans l'autorité royale, dans le pouvoir de la magistrature une protection aussi éclairée que puissante. Elle ne saurait être forcée de chercher un asile dans le sein d'un ennemi, et d'aller s'appuyer précisément sur la main qui lui a ravi son appui naturel. L'indépendance de la femme une fois mise en sûreté, et le mariage devant être l'effet d'une inclination mutuelle et d'une certaine somme de convenances, il y a des circonstances qui s'opposent à cette union, malgré les raisons les plus fortes, et malgré la passion la plus prononcée. Le meurtre d'un père est certainement au nombre des obstacles les plus formidables. Rien n'oblige une femme à donner sa main au meurtrier de son père. Il y a plus : rien ne l'autorise à le faire; rien ne peut légitimer une pareille union.

En comparant la pièce de *Castro* avec le *Romancero*, on s'aperçoit que le poète espagnol a considérablement modifié les détails donnés par les *romances*. Il a singulièrement adouci l'histoire, comme on l'a dit, et, pour être juste à son égard, il faut lui savoir gré de son intention. *Guillem de Castro* n'a pas voulu faire du mariage de *Chimène* et de *Rodrigue* une affaire judiciaire. Il n'a pas voulu nous présenter ce mariage comme une *composition*, comme un *compromis*. Quoiqu'il ait fait de nombreux emprunts au *Romancero*, et qu'il ait mis dans la bouche de *Chimène* le texte même des romances, il en a retranché certains détails qui rappelaient trop bien le moyen âge, et qui indiquaient le véritable caractère de l'union conjugale de *Rodrigue* et de *Chimène*. Dans la pièce de *Castro*, le Roi *Don Ferdinand* ne propose pas à *Chimène* de lui donner *Rodrigue* pour époux ; *Chimène* elle-même se garde bien de demander la main du meurtrier de son père. *Guillem de Castro* a parfaitement compris qu'un mariage fait de ce point de vue pouvait déplaire à des spectateurs modernes. Il a parfaitement compris que, dans les mœurs plus épurées du xviime siècle, le mariage ne pouvait pas être une affaire ; que la femme ne pouvait pas se livrer ainsi, pour le seul motif d'être protégée dans sa personne ou dans ses biens, à l'homme qui lui avait ravi un de ses parents les plus proches. Il a senti que le mariage devait être fondé sur une convenance mutuelle, sur une affection réciproque, sur une tendresse partagée. Et voilà pourquoi *Guillem de Castro* a supposé entre *Rodrigue* et *Chimène* cette passion profonde qui fait l'âme de sa pièce, et qui lui donne une supériorité manifeste, au point de vue moral, sur les compositions naïves des auteurs du *Romancero*. Mais *Guillem de Castro* ne paraît pas s'être aperçu que si l'amour entre deux jeunes gens est une bonne condition pour leur mariage, un préliminaire excellent pour leur union, cet amour pourtant ne suffit pas pour légitimer le mariage, pour motiver leur union. Il faut encore d'autres conditions. Il faut, par exemple, que les deux amants ne soient pas parents à un trop proche degré. Il faut, aux yeux de certains esprits, qu'ils professent la même religion. Il ne faut pas, enfin, que le jeune homme ait les mains teintes du sang de la famille à laquelle il veut s'unir. Puisque *Guillem de Castro* avait tant fait que de sortir du cercle d'idées tracé par le *Romancero*, il devait sentir le besoin de s'affranchir tout-à-fait du joug des romances; il devait chercher un principe en vertu duquel il pût marier *Rodrigue* et *Chimène*. Je veux bien croire qu'il l'a cherché. Je suis même certain qu'il a dû le chercher. Il ne l'a pas trouvé, c'est vrai; et il est bien facile de dire pourquoi : c'est que ce principe n'existe pas. Voilà pourquoi il s'en est tenu à la passion mutuelle de *Chimène* et de *Rodrigue*. Il a consacré tous ses efforts à mettre en relief la passion profonde, invincible de *Chimène* pour *Rodrigue*, et, dès que cette passion a été mise dans tout son jour, il a procédé au mariage. Je ne compte pour rien, comme on le voit, la victoire de *Rodrigue* sur *Martin Gonçalès;* car la raison pour laquelle *Rodrigue* demande la main de *Chimène* est une pure plaisanterie. *Chimène* a bien promis sa main à celui qui lui apporterait la tête de *Rodrigue*, et qui vengerait par là la mort du *Comte d'Orgaz;* mais ce n'est point à *Rodrigue* qu'il appartient de profiter d'une promesse faite contre lui, et à laquelle il ne pourrait réellement satisfaire lui-même qu'en se coupant la tête, ce qui le rendrait peu mariable. Il n'y a donc, dans toute la pièce de *Castro*, qu'un seul ressort pour opérer le mariage, et ce ressort unique, c'est la passion des deux amants. Or, ce ressort ne suffit pas.

Je crois avoir signalé le vice radical de la composition de *Guillem de Castro*, en disant que le nœud qu'il a introduit dans sa pièce est un nœud gordien que rien ne peut dénouer. Les moyens qu'il emploie sont évidemment des moyens forcés et qui ne sont pas suffisamment énergiques pour motiver le consentement de *Chimène* à son union avec *Rodrigue*.

Mais ici la question s'agrandit et s'élève. Je serais bien aise de la poser et de la résoudre dans toute sa portée. Il s'agit de savoir quels sont les droits et les devoirs de l'artiste, lorsqu'il touche au domaine de l'*histoire* ou de la *tradition*. Jusqu'à quel point le poète a-t-il le droit de conserver ou de modifier les éléments d'un fait attesté par les annales de l'humanité ? La question est curieuse ; elle rentre parfaitement dans le cercle de nos recherches ; elle mérite d'être étudiée. Lorsque nous l'aurons résolue, il nous sera facile d'apprécier, en pleine connaissance de cause, la conception dramatique sur laquelle est fondée la pièce de *Castro*. Et tout ce que nous pourrons dire, à ce sujet, nous servira également à juger l'imitation qui en a été faite par *Pierre Corneille*.

§ 6.

Droits et devoirs du poète touchant l'histoire et la tradition. — Deux ordres de vérité : Vérité historique, vérité morale. — Distinction entre ces deux ordres de vérité.

C'est à l'histoire ou à la tradition que le poète dramatique emprunte habituellement le sujet de ses pièces. La société, en effet, est comme un théâtre où se produisent et se reproduisent sans cesse ce contraste de caractères, cette opposition de sentiments, ce conflit de passions, cette lutte d'intérêts qui constituent le fond de la poésie dramatique; et, dans tous les temps et dans tous les lieux, il s'est produit un grand nombre de faits dramatiques. Ce n'est pas qu'il n'y ait, dans tous les théâtres, un certain nombre de pièces où le sujet et les personnages, les faits auxquels ceux-ci prennent part et les sentiments qu'ils manifestent à propos de ces faits, ne soient complètement inventés. Mais ces compositions forment partout la minorité. En général, le poète dramatique s'adresse aux historiens ou aux chroniqueurs pour trouver dans leurs récits la matière du drame qu'il veut soumettre à notre approbation. *Les sujets viennent de la fortune et non de l'art,* dit *Aristote* (1). *Les grands sujets qui remuent fortement les passions, et en opposent l'impétuosité aux lois du devoir, ou aux tendresses du sang,* dit *Corneille,* doivent toujours aller au-delà du vraisemblable, et ne trouveraient aucune croyance parmi les auditeurs, s'ils n'étaient soutenus, ou par l'autorité de l'histoire qui persuade avec empire, ou par la préoccupation de l'opinion commune qui nous donne ces mêmes auditeurs déjà tout persuadés* (2).

Cela posé, il y a deux manières de traiter un fait *historique* et de l'approprier à la scène. On peut d'abord se laisser aller au désir de reproduire le fait tel qu'il s'est réalisé dans l'histoire, lui laisser son véritable caractère, expliquer les causes qui l'ont produit, et les résultats qui en ont été la conséquence. On peut conserver tous les principaux personnages qui y ont pris part, les placer dans les circonstances connues où ils se sont réellement trouvés, leur donner les passions et les intérêts que l'histoire leur attribue, et qui sont devenus les véritables mobiles de leur conduite. On peut se proposer, en un mot, d'exhumer un grand fait *historique,* de ressusciter une grande époque de l'humanité, de faire revivre un grand personnage qui a joué un rôle éminent, exercé une grande influence sur la société humaine. Dans ce cas, on fait une pièce *historique;* et l'on conçoit facilement quel est l'intérêt qui s'attache ou qui peut s'attacher à une pareille composition. Cet intérêt

---

(1) Poétique. Chap. 13.

(2) Discours sur l'art dramatique, 1er discours.

résulte évidemment du plaisir que nous éprouvons à connaître les grands hommes, les grandes époques de l'humanité, le génie des peuples et des nations, les passions qui les ont animés, les intérêts qu'ils ont défendus, les faits auxquels ils ont pris part. Il y a un plaisir et un avantage manifestes à connaître l'état antérieur de la société au sein de laquelle nous vivons, l'état des sociétés qui ont précédé la nôtre sur la terre, et qui se sont développées sous d'autres conditions, au milieu d'autres circonstances, et sous l'empire d'autres idées, d'autres croyances et d'autres mœurs.

On peut aussi, en partant d'un fait *historique,* se proposer de faire connaître l'*homme,* non plus dans ce qu'il a de relatif, d'accidentel, de temporaire et de local, mais dans ce qu'il a d'universel et d'absolu. On peut vouloir peindre la nature humaine et les passions humaines, non plus dans ce qu'elles présentent de variable et de particulier, mais dans ce qu'elles offrent de général et d'universel. On peut partir de ce qui est ou de ce qui a été pour s'élever à ce qui doit être, à ce qui peut être. Alors on fait une pièce d'imagination, une pièce *morale.* Et ici encore l'on conçoit qu'un pareil tableau, exécuté par la main d'un grand artiste, inspire un puissant intérêt et une vive sympathie. Ce n'est pas sans plaisir que l'homme assiste à la peinture vraie de sa propre nature. Ce n'est pas sans plaisir surtout qu'il se voit appelé à sortir du cercle étroit de la réalité pour s'élancer dans la sphère de l'idéal, et qu'il est invité à contempler, au-delà des faits finis et passagers que l'histoire recueille, quelques échappées fugitives du monde de l'absolu, quelques notions de cet idéal suprême que son imagination rêve sans cesse, et à la réalisation duquel il aspire par une ardente curiosité et par une tendance invincible.

Si telle est la double tâche que l'artiste peut se proposer, il s'ensuit qu'il se trouvera en présence d'une double série de devoirs, et que le but qu'il poursuivra déterminera la ligne de conduite qu'il devra tenir. Il est impossible que les mêmes règles président à ce double genre de composition. Ce n'est pas en suivant précisément la même marche qu'on pourra arriver à des résultats aussi différents l'un de l'autre. Il y a des conditions à remplir pour atteindre le premier but; il y a des conditions à remplir pour atteindre le second, et ces conditions sont essentiellement différentes.

Ce n'est pas que, dans le premier cas comme dans le second, il ne faille être *vrai*. Hors de la vérité, il n'y a aucune chance de succès pour l'artiste. Mais qu'est-ce que la vérité, et comment faut-il entendre la vérité? Là est la question.

L'histoire, dès qu'elle est exacte et fidèle, est la vérité. *César* a été assassiné au milieu du sénat; *Pompée* a été tué en Egypte: voilà la vérité. D'après cela, je comprends une tragédie au bout de laquelle on me fait assister à la mort de *César* ou à la mort de *Pompée*. Si le poète dramatique connaît bien l'histoire de Rome, pendant la période de temps où se sont accomplis ces deux événements, s'il évoque tous les principaux personnages qui y ont pris part, s'il leur donne le caractère et les passions que l'histoire leur attribue, s'il les place dans les véritables circonstances où ils se trouvaient et sous l'empire des mobiles qui les ont fait agir, s'il expose clairement les causes qui ont amené ces deux meurtres, s'il me fait assister à la lutte des intérêts qui les ont préparés et des intérêts qui tendaient à les prévenir, s'il me fait comprendre pourquoi et comment les premiers l'ont emporté, en définitive, sur les seconds, alors j'aurai un tableau vrai de la mort de *César* ou de la mort de *Pompée*. Je comprendrai cette double catastrophe; je me ferai une idée juste des motifs qui ont fait agir les meurtriers, des circonstances qui ont perdu les victimes; je m'expliquerai les faits et les vicissitudes qui ont été la suite de cette double mort.

Le tableau que je viens d'indiquer sera intéressant et instructif, et c'est surtout parce qu'il sera instructif qu'il sera intéressant. Si la tragédie est bien faite, j'y recevrai, tout en m'amusant, une bonne et solide leçon d'histoire romaine, et la leçon se gravera d'autant mieux dans ma mémoire qu'elle aura été accompagnée des émotions profondes que le poète aura fait naître en moi, à l'occasion de ces grands personnages et des grands événements auxquels ils ont pris part.

Et qu'on le remarque bien : l'intérêt et l'instruction seront les mêmes, quel que soit d'ailleurs le caractère moral du fait ainsi représenté. Que ce soit un acte éminemment vertueux, ou un acte monstrueusement criminel, le poète trouvera son auditoire attentif et le renverra satisfait. Dès que le fait est vrai, dès qu'il est présenté sous son vrai jour, exposé dans sa véritable nature, dès qu'on le rattache à sa véritable cause, et qu'on en fait pressentir les véritables conséquences, la représentation du fait a quelque chose de moral. Elle a toute la moralité de l'expérience, toute la moralité de l'éducation. Si l'homme est appelé à faire le bien et à éviter le mal, il a le droit, que dis-je! il a le devoir de connaître l'un et l'autre. Il faut donc que l'artiste ait aussi le droit de peindre tantôt la vertu et tantôt le vice, et qu'il soit autorisé à éveiller nos sympathies pour la première, et à soulever contre le second nos répugnances instinctives. Tout ceci étant censé dit à un point de vue général et absolu, en admettant qu'il y a des sujets que la convenance et le bon goût proscrivent de la scène, et en tenant compte, bien entendu, des exceptions nombreuses que le principe est susceptible de recevoir, eu égard aux circonstances de temps, de lieu, d'âge, de sexe et de personnes qui peuvent modifier profondément la valeur morale d'une représentation dramatique, alors même que le sujet est emprunté à l'histoire, et qu'il a pour lui l'autorité d'un fait certain, incontestable et incontesté.

Voilà une première manière d'entendre la vérité; mais ce n'est pas la seule. *Pompée* a été tué en Egypte, cela est vrai; mais, sous un autre point de vue, cela est faux. Je m'explique. La mort de *Pompée* est un acte de lâcheté et de prévenance servile envers *César* de la part de *Ptolémée*. Il est triste de voir mourir d'une manière aussi indigne le vaincu de Pharsale. *César* lui-même a frémi d'horreur, en apprenant le cruel service que lui avait rendu le roi d'Egypte. Il n'a pu s'empêcher de verser des larmes sur la triste destinée de son rival. Il aurait volontiers rendu la vie au grand citoyen qui lui avait disputé l'empire du monde, et, s'il était arrivé à temps, il aurait saisi l'occasion de manifester sa grandeur d'âme et sa générosité, en défendant le sang romain contre la lâche obséquiosité du prince égyptien. La mort de *Pompée* est un fait malheureusement trop réel, mais déplorable. On aimerait à se figurer que ce grand homme n'a pas trouvé une mort aussi ignominieuse. Ce fait qui a été, n'aurait pas dû être; il aurait pu ne pas être. Il n'était pas absolument impossible que la rivalité de *César* et de *Pompée* eût une autre issue. Dès ce moment, je conçois une tragédie qui se termine autrement que par la mort de *Pompée*, une tragédie dans laquelle *Pompée* échappe à ses bourreaux, dans laquelle *César* prévienne la barbarie de *Ptolémée*, et où *Pompée*, se reconnaissant vaincu, abandonne l'empire à son rival, et aille, loin de Rome, déplorer sa défaite, tout en admirant son vainqueur et en rendant justice à sa grandeur d'âme. Ici les faits ne sont plus conformes à la vérité historique; mais ils se rapprochent davantage de ce type de vérité, de grandeur, de dignité morale, de sentiments généreux et de noble conduite que la raison nous révèle, et dont la peinture excite toujours notre admiration et notre enthousiasme. Ici nous sommes dans un autre ordre de vérité que la *vérité historique;* nous entrons dans le domaine de la *vérité morale.*

Il y a donc deux ordres de vérité : la vérité morale et la vérité historique. Il y a, d'un côté, la nature humaine avec sa libre spontanéité, avec ses aspirations rationnelles; et, de l'autre côté, il y a la Providence avec ses décrets éternels et le mouvement qu'elle imprime aux choses de la terre. Il y a la conscience humaine et le progrès social : la conscience qui ne peut pas refaire l'histoire, et l'histoire qui ne peut pas étouffer la conscience; il y a, en d'autres termes, le passé et l'avenir.

Ce n'est pas sans raison que le monde a vécu comme il l'a fait jusqu'à ce jour. Les événements historiques tiennent évidemment à l'ordre établi par la Providence. Tout ce qui arrive, arrive par la volonté de Dieu. De là le mérite éminent de l'histoire, et le caractère sacré dont elle est revêtue. A un certain point de vue, ce qui a été devait être; car ce qui a été n'a pas été sans la permission de Dieu, et tout fait qui s'est réalisé dans le monde est une expression de la volonté divine. A ce titre, il n'est pas permis de changer l'histoire, de dénaturer les événements, d'en altérer le sens et la portée. A ce titre, il faut accepter la vérité historique comme une émanation et un reflet de la volonté éternelle. Il faut prendre les annales du monde comme la parole de Dieu, et professer pour l'histoire un profond respect.

Mais la raison a aussi des droits à notre vénération, car la raison vient de Dieu; la raison est aussi la voix de Dieu. Il faut donc concilier l'histoire avec la raison. Il faut concilier le passé avec l'avenir.

Toute la question est donc de savoir jusqu'à quel point il peut être permis à l'artiste de toucher à l'histoire, de modifier ses données, d'altérer ses enseignements. S'il n'y a pas de règle absolue, il y a au moins des considérations importantes à faire valoir.

L'histoire est éminemment respectable, dans les grands événements, dans les personnages importants, dans les circonstances vraiment capitales, dans les accidents décisifs, parce que c'est là surtout que se trahit ou que peut se trahir le secret de la Providence. Il n'est donc pas permis de la dénaturer dans ces faits éminents; car le trouble apporté dans les grands faits historiques troublera nécessairement l'intelligence de la marche de l'humanité, et nous fera perdre de vue la suite et la succession de ses développements.

Ainsi, il n'est pas permis de supposer que *Darius* a vaincu *Alexandre* ou que *Pompée* a vaincu *César*. Il n'est pas permis de supposer qu'*Alexandre*, *César* et *Pompée* ont vécu et sont morts autrement qu'ils ne l'ont fait. Il n'est pas permis de supposer que les *Carthaginois* ont vaincu les *Romains*, ou que *Carthage* a succombé sous une autre cause que la rivalité implacable de *Rome*. Il n'est pas permis de supposer que les *Arabes* n'ont pas régné en *Espagne* ou que *Charles Martel* ne les a pas vaincus dans les plaines de *Poitiers*. Tous les événements dont il s'agit ici sont d'une importance trop grande pour que l'artiste ne soit pas obligé de les respecter comme il respecte la couleur de la rose ou la forme du lion.

La *succession* des événements a aussi son importance, et, à ce titre, elle forme pour le poète une seconde barrière qu'il n'a pas toujours le droit de franchir. Il n'est pas permis de placer la conjuration des *Gracques* après la conjuration de *Catilina*, de faire vivre *César* après *Tibère*, ou *Charlemagne* avant *Clovis*. Il y a dans la suite des faits et dans leur enchaînement une importance tout aussi grande que dans leur nature même, dès que ces faits sont eux-même importants. L'ordre et la suite des événements sont une partie essentielle de l'histoire ; il n'est donc pas permis de les mépriser.

Enfin, il faut respecter la géographie; il ne faut pas changer le théâtre des événements. Les lieux ont aussi leur importance. Dès qu'il s'agit d'un fait considérable, il ne faut pas mettre en *Europe* ce qui s'est passé en *Asie* ou en *Afrique*, il ne faut pas mettre en *France* ce qui s'est passé en *Italie* ou en *Espagne*.

Lorsque les faits ont une importance beaucoup moindre, lorsqu'ils se réduisent à une valeur secondaire ou contestable, ils exigent moins de respect. Alors on peut ajouter ou retrancher des personnages, mettre sur le compte de l'un ce qui a été fait par un autre, inventer des causes et des motifs purement imaginaires, changer l'ordre des faits, intervertir les dates, choisir un autre emplacement que celui où les faits se sont réellement accomplis.

Il résulte des considérations que je viens d'exposer que le poète dramatique aura des devoirs différents à remplir, suivant le but qu'il se proposera. S'il veut faire une pièce *historique*, il devra avant tout être fidèle à l'histoire, présenter les faits sous leur vrai jour, les attribuer aux hommes qui les ont réellement exécutés, indiquer les véritables motifs qui les ont fait agir, peindre les passions et les intérêts qui les ont agités, et faire pressentir les véritables conséquences de leur conduite.

Si l'auteur veut faire une pièce d'imagination, une pièce *morale*, il faut d'abord et avant tout qu'il respecte les faits importants auxquels il n'est pas permis de toucher, et que les changements qu'il introduit dans son sujet ne portent que sur des faits secondaires, sur des personnages peu importants, de telle sorte que ces changements ne puissent pas altérer, dans l'esprit de ses auditeurs, les véritables notions de l'*histoire*, et le caractère éminent des principaux événements qui ont signalé la marche de l'humanité. Il faut ensuite qu'il observe la nature humaine, non plus dans ce qu'elle lui offre de transitoire et d'accidentel, mais dans ce qu'elle a de permanent et d'universel; non plus dans ce qu'elle recèle de grossier et de vulgaire, mais dans ce qu'elle comporte de plus pur et de plus élevé. Il faut qu'il consulte la raison, et qu'il présente à ses contemporains les types les plus vrais et les plus beaux que leur intelligence puisse concevoir, et pour lesquels ils puissent se passionner.

Mais une chose que le poète devra surtout éviter, c'est la contradiction, c'est le mélange des éléments, c'est la confusion de deux ou de plusieurs ordres de faits, d'idées et de sentiments; c'est l'amalgame des habitudes, des croyances, des préjugés d'un siècle ou d'un pays avec les habitudes, les croyances, les préjugés d'un autre siècle ou d'un autre pays; c'est de donner à un fait accidentel l'autorité d'un exemple irréprochable, et d'élever à la hauteur d'un principe absolu et d'une règle universelle d'appréciation, un acte qui n'a qu'une bonté relative et une moralité conditionnelle.

§ 7.

Retour sur la Jeunesse du Cid. Véritable faute de Castro. — Confusion de la vérité morale et de la vérité historique. — Moyen de conclure la pièce par le mariage. — Valeur poétique de la Jeunesse du Cid.

C'est précisément ce dernier défaut qu'on peut reprocher, ce me semble, à *Guillem de Castro*, dans *la Jeunesse du Cid.* Le mariage de *Rodrigue de Bivar* et de *Chimène Gomez* est un fait historique ou du moins traditionnel. Je l'accepte comme certain, ou du moins comme très probable. Il n'en faut pas davantage pour qu'il puisse devenir la matière d'un drame intéressant et pathétique. Mais ce mariage est un fait du xie siècle. A ce titre, il s'explique très bien et se justifie parfaitement par les idées et par les mœurs, en un mot, par la civilisation du xie siècle. Que le poète espagnol ait fait une comédie terminée par le mariage du *Cid* et de *Chimène*, ce n'est pas là ce que je lui reproche. Ce que je lui reproche, c'est d'avoir mal amené son dénouement; c'est de ne l'avoir pas motivé sur les raisons qui y donnèrent lieu, et qui le firent approuver par les hommes du xie siècle. Si *Guillem de Castro* nous avait dépeint le *Cid* et *Chimène* tels qu'ils étaient réellement; s'il avait eu soin de nous initier à la connaissance des mœurs, des idées et des sentiments qui étaient les leurs, s'il les avait placés dans les circonstances véritables où ils étaient placés de leur temps; en un mot, s'il les avait conduits à l'hymen par la route véritable qu'ils suivirent pour y arriver, je n'aurais aucun reproche à lui faire. J'applaudirais à ses tableaux, je m'intéresserais à sa peinture, et je lui témoignerais ma reconnaissance pour m'avoir fait assister à un mariage du xie siècle entre un meurtrier et la fille de sa victime.

Evidemment, ce n'est pas là le procédé qu'a suivi *Castro*. Ses héros ne sont pas précisément des personnages du xie siècle. Il a singulièrement adouci leurs mœurs; il leur a prêté des sentiments et des idées auxquels ils n'ont peut-être jamais songé. *Guillem de Castro* a reculé devant l'idée d'un mariage effectué sous l'empire d'un intérêt grossier et matériel. Il a soufflé au cœur de ses héros une passion mutuelle qui les relève singulièrement, et qui les rapproche des hommes et des femmes du xviie siècle. Il suppose que *Rodrigue* et *Chimène* s'aiment l'un l'autre. Il nous les présente comme soutenant l'un et l'autre une lutte admirable entre l'amour et l'honneur, entre la passion et le devoir. Il les tire du milieu où il les a trouvés ; il les élève au-dessus de leurs contemporains pour les rapprocher de ses contemporains à lui, qui sont les spectateurs de son œuvre. Il commence par les faire agir comme agiraient des personnages du xviie siècle ; et, pour couronner leur lutte et leur agitation, il ne trouve pas d'autre issue que la fin grossière et banale par laquelle la tradition les fait finir. Il y a là une contradiction que la critique a droit de signaler.

On comprend bien d'ailleurs ce qui a dirigé *Castro*. Le poëte espagnol ne pouvait point approuver un mariage comme celui du *Cid* et de *Chimène*. Il lui répugnait de voir un mariage traité comme une *affaire*. Un homme qui se marie pour sauver sa tête, et qui épouse une femme par compromis, à titre de *dommages-intérêts*, ne lui a pas paru un héros suffisamment intéressant. Il n'a pas voulu admettre qu'un mariage pût se faire sans qu'il y eût une inclination mutuelle entre les deux parties intéressées. L'union conjugale, dépouillée de cette sympathie mutuelle qui rattache l'époux à l'épouse, devient une sorte de marché, un rapprochement en quelque sorte scandaleux. Voilà ce qui l'a conduit à supposer que *Chimène* et *Rodrigue* s'aiment dès le commencement de l'action. Alors, la mort du comte est devenue un fait très grave dans la situation des deux amants ; elle a formé le nœud de la pièce, et le poète s'est évertué à trouver des moyens pour dénouer ce nœud malheureusement insoluble. Tout cela est fort bien. Mais *Castro* aurait pu réfléchir que s'il est bon que deux jeunes gens s'aiment lorsqu'ils se marient, leur passion mutuelle, quelque ardente qu'on la suppose, n'est pourtant pas une raison suffisante pour qu'ils se marient, lorsqu'un obstacle sérieux vient s'opposer à leur union. Les législateurs du moyen âge ont pu avoir tort de marier ensemble des jeunes gens qui ne s'aimaient pas ou qui n'étaient pas censés s'aimer ; mais ce n'est pas une raison pour que les poètes modernes se permettent de marier des jeunes gens pour le seul et unique motif qu'ils s'aiment.

Il y avait pourtant un moyen de concilier l'histoire avec la raison, et d'arriver sans scandale au mariage du *Cid* et de *Chimène*. Ce n'est pas sans quelque crainte et sans quelque hésitation, on peut bien le croire, que j'ose toucher à une pièce que je regarde moi-même comme un chef-d'œuvre, et comme un des plus gracieux produits du génie espagnol. Mais puisque j'ai déjà dit qu'il y avait souvent, sinon toujours, moyen de concilier les droits de l'histoire avec ceux de la raison, il faut bien que je prouve ma thèse par un exemple, et pourquoi irais-je chercher ailleurs ce que je trouve sous ma main?

Il y avait, dis-je, un moyen de tout concilier, et d'arriver au mariage de *Chimène* avec *Rodrigue*, sans exciter aucune répugnance et sans encourir le moindre blâme. On pouvait supposer que *Rodrigue* aimait *Chimène*, avant la querelle du *Comte* et de *Don Diègue*, sans parler de l'amour de *Chimène* pour *Rodrigue*. Le *Comte* ayant donné un soufflet à *Don Diègue*, et celui-ci ayant remis à son fils le soin de sa vengeance, *Rodrigue* se trouvait exactement dans la même position où nous le montre *Castro*, partagé entre son amour et son honneur, et sentant bien que s'il épouse le ressentiment de son père, il s'interdit à jamais la possession de *Chimène*. Cependant, pour ne pas laisser son affront impuni, il se décide à provoquer le *Comte*, et il le tue. Dès ce moment, *Chimène* entreprend à son tour de venger son père ; elle demande justice contre *Rodrigue*. Le roi ordonne qu'on arrête *Ro-*

10.

drigue ; mais celui-ci, au lieu de se laisser prendre, va vaincre les Mores. Cette victoire, qui excite un enthousiasme universel, touche *Chimène* et fait sur elle une certaine impression. L'amour du pays entre en lutte dans son cœur avec le soin de sa vengeance. Cependant, elle revient demander justice au *Roi*, qui lui déclare qu'il ne peut plus punir *Rodrigue;* que sa victoire sur les Mores lui a mérité sa grâce, et que d'ailleurs le roi a encore besoin de lui pour combattre *Martin Gonçalez.* La victoire de *Rodrigue* sur le géant Aragonais ajoute un nouveau fleuron à la couronne du jeune meurtrier. *Chimène* sent bien qu'elle ne pourra plus obtenir justice contre un homme qui est devenu le bouclier de la *Castille* et le favori du *Roi.* L'admiration et l'amour du pays achèvent de ruiner dans son cœur tout sentiment de vengeance, et alors, profitant de la loi qui l'autorise à faire cette démarche, elle demande elle-même la main de *Rodrigue.* Le *Roi* se prête avec plaisir à cette combinaison. Il consulte *Rodrigue* dont la surprise est extrême, et dont le bonheur égale la surprise, en apprenant que *Chimène* vient elle-même au-devant de cette union qu'il croyait à jamais compromise. On comprend avec quelle satisfaction et avec quel empressement il accède aux vœux du *Roi* et de *Chimène*, et le mariage se fait sans soulever aucune difficulté, parce qu'il devient un fait historique, et qu'il se trouve motivé comme il le fut au xie siècle.

Voilà, je le répète, comment on pouvait introduire un idéal de *moralité* absolue au sein d'un sujet *historique,* et comment on pouvait arriver à ne pas faire le mariage sans amour. Voilà comment le succès définitif de *Rodrigue* pouvait être considéré comme une récompense du sacrifice qu'il avait fait de sa passion, et de l'ardeur avec laquelle il avait entrepris de venger son père et son honneur.

On ne manquera pas de faire des objections à ce nouveau plan de *la Jeunesse du Cid*. Qui peut se mettre à l'abri de toute critique? La plus forte objection qu'on puisse faire est sans contredit celle-ci : que le rôle de *Chimène* perd beaucoup dans cette combinaison, puisqu'il ne présente plus cette lutte entre l'amour et l'honneur qui fait la vie et la force de *la Jeunesse du Cid*. Je remarquerai d'abord que la lutte entre l'amour et l'honneur subsiste tout entière dans le rôle de *Rodrigue*, et que par conséquent *la Jeunesse du Cid* ne perd pas toute sa force. Je remarquerai ensuite que le rôle de *Chimène* n'est pas complètement sacrifié, puisque je substitue à la lutte de l'amour et de l'honneur, la lutte du sentiment domestique et du sentiment patriotique, lutte qui a certainement sa noblesse et sa dignité. Je remarquerai en troisième lieu que si le rôle de *Chimène* perd quelque chose de sa grâce et de sa vivacité, celui de *Rodrigue* ne perd rien, sous aucun rapport, et semble, au contraire, gagner quelque chose dans la combinaison que je viens d'esquisser. Sans doute, on ne peut pas nier que la passion de *Chimène* pour *Rodrigue* ne forme une belle situation dans *la Jeunesse du Cid*; mais c'est précisément cette passion qui met obstacle à une conclusion rationnelle par le *mariage*. C'est précisément parce qu'elle aime *Rodrigue* que *Chimène* ne peut plus demander sa main, après la mort du *Comte de Gormaz*. Toute la pudeur de son sexe s'y refuse; elle aurait l'air de vouloir satisfaire sa passion, malgré la mort de son père. C'est cette passion même qui rend le mariage impossible. Tandis que si elle n'aime pas *Rodrigue*, elle peut le demander pour mari à une époque où il est devenu nécessaire à son pays, à une époque où il ne lui est plus permis de conserver le moindre espoir de le faire périr.

A cela près, je rends un complet hommage à la composition de *Guillem de Castro*. Sa pièce est bien conduite.

Tous les détails en sont intéressants. Les principaux incidents y sont bien ménagés. La pièce est fortement empreinte de couleur historique. Elle a dû plaire aux Espagnols. Tout ce qui est relatif à *Ferdinand I*er et à sa famille se rapproche du *Romancero*, et par conséquent de l'histoire ou de la tradition. Tous les personnages en sont vivants et animés. *Don Diègue* est extrêmement remarquable, sous tous les rapports. Comme père de *Rodrigue*, comme rival du *Comte d'Orgaz*, comme adversaire de *Chimène*, comme gouverneur de l'*Infant*, il déploie les qualités les plus rares. Il est beau de l'entendre dire à *Chimène* : *Je ne veux pas vous affliger davantage ; vous êtes femme ; parlez.* Il est beau, lorsque *Don Arias*, étonné des suites de son expérience à l'égard de *Chimène*, s'est écrié : *Quel grand cœur de femme !* d'entendre le vieux *Don Diègue* lui rendre justice à son tour, en disant : *Le monde n'a pas son égale. Rodrigue* n'est pas moins intéressant que son père. Il se recommande, d'un bout à l'autre de la pièce, par sa passion pour *Chimène*, par son respect pour son père, par son courage à toute épreuve, par son dévouement absolu à son roi. Son intrépidité merveilleuse, son activité infatigable sont représentées avec la plus grande fidélité. A peine a-t-il tué le *Comte d'Orgaz*, qu'il va vaincre les Mores dans les montagnes d'*Oca*. Banni de la cour, il se rend en *Galice*, au tombeau de saint Jacques. Il revient à *Burgos*, et court immédiatement sur la frontière d'*Aragon* pour aller vaincre *Martin Gonçalez*. C'est bien là ce *Cid Campéador*, ce *Rodrigue-le-Batailleur* dont les nombreuses expéditions et les absences continuelles firent le tourment et le désespoir de *Chimène*. La fille du *Comte d'Orgaz* nous est présentée à son tour avec ce caractère fier et résolu que lui donne le *Romancero*. Sa passion pour *Rodrigue* lui a bien ôté quelque chose de sa rudesse, mais ne lui a rien fait perdre de son énergie. Elle est sublime, dans la 1re scène de la 3me journée, lorsque son amour pour *Rodrigue* ayant éclaté malgré elle, elle offre sa main et tous les biens que possède la maison d'*Orgaz* à celui qui lui apportera la tête de *Rodrigue*. Elle est extrêmement touchante, dans la 4me scène de la même journée, lorsqu'elle réfléchit, en présence de sa confidente, sur l'horrible péril auquel se trouve exposé son amant. Enfin le rôle de l'*Infante* est tracé, dans la première partie de *la Jeunesse du Cid*, avec un goût exquis, avec un bonheur incontestable. La passion qu'elle éprouve pour *Rodrigue* relève singulièrement l'importance du jeune castillan, et sert puissamment à constater son mérite. L'*Infante* l'épouserait volontiers; mais elle étouffe sa passion, non par la crainte de compromettre sa dignité, mais parce qu'elle sait que *Chimène* et *Rodrigue* s'adorent, et qu'elle n'a aucun espoir d'être préférée à *Chimène*. Tout cela forme un heureux mélange de force, d'héroïsme, de grâce et de délicatesse. Tout cela constitue un véritable chef-d'œuvre; et il faut bien que *Voltaire* ne l'ait jamais lu, puisqu'il s'est montré si sévère, pour ne pas dire si injuste, à son égard.

« Cinq ou six endroits très touchants, dit *Voltaire*, » mais noyés dans la foule des irrégularités de *Guillem* » *de Castro*, furent sentis par *Corneille*, comme on » découvre un sentier couvert de ronces et d'épines. » (1) J'en ai dit assez sur la pièce de *Castro*, et j'en ai donné des extraits assez nombreux pour faire comprendre à un lecteur impartial que ce ne sont pas les *ronces* et les *épines* qui abondent dans *la Jeunesse du Cid*. Le théâtre espagnol appartient, comme le théâtre français, à la litté-

(1) Commentaire sur le théâtre de Corneille.

rature européenne. Il ne faut pas que quelques irrégularités de détail, ou, pour mieux dire, quelques différences insignifiantes dans des procédés secondaires, pervertissent notre jugement, et nous fassent fermer les yeux sur les véritables beautés qu'il renferme. Le génie espagnol a contribué, pour sa part, au développement de cette civilisation moderne dont tous les peuples chrétiens sont appelés à revendiquer la gloire et à recueillir les bienfaits. Le temps n'est plus où d'étroites rivalités nationales pouvaient aveugler les esprits, et faire repousser comme des œuvres sans valeur, des productions très remarquables et qui n'avaient, en définitive, d'autre défaut que de n'être point frappées au coin de nos habitudes et de nos préjugés personnels. La critique moderne a senti le besoin de s'élever à des idées plus larges, et de mettre plus d'impartialité dans ses jugements.

III.

LE CID.

(1636.)

§ 1er.

Pierre Corneille et M. de Chalon.

M. *de Chalon*, secrétaire des commandements de la reine-mère, avait quitté la cour et s'était retiré à Rouen dans sa vieillesse; *Corneille*, que flattait le succès de ses premières pièces, le vint voir. « Monsieur, lui dit M. *de*
» *Chalon*, après l'avoir loué sur son esprit et sur ses ta-
» lents, le genre de comique que vous embrassez ne peut
» vous procurer qu'une gloire passagère. Vous trouverez
» dans les Espagnols des sujets qui, traités dans notre
» goût, par des mains comme les vôtres, produiront de
» grands effets; apprenez leur langue, elle est aisée; je
» m'offre de vous montrer ce que j'en sais, et, jusqu'à ce
» que vous soyez en état de lire par vous-même, de vous
» traduire quelques endroits de *Guillem de Castro*. »
Corneille profita de cet avis.

C'est M. *de Beauchamps* qui raconte cette anecdote,

dans ses *Recherches sur les théâtres de France,* tome 2, page 157. Il la tenait du père *Tournemine,* qui avait été régent aux Jésuites de Rouen, où *Corneille* avait été élevé. *Voltaire* a signalé ce fait, dans sa préface sur *le Cid,* et M. *Taschereau* a reproduit le récit de M. *de Beauchamps,* dans son *Histoire de la vie et des ouvrages de Pierre Corneille.*

Il est possible que cette anecdote ait quelque fondement. Je n'ai aucune raison de la révoquer en doute. Mais, qu'elle soit fondée ou non, le fait qu'elle signale n'a peut-être pas toute l'importance qu'on lui a attribuée. Au commencement du xviime siècle, le plus grand nombre des gens de lettres savaient l'espagnol, toute la cour de France parlait espagnol : l'imitation du théâtre espagnol était générale parmi nos dramaturges. Tout le monde, en France, puisait dans *Lope de Vega,* dans *Don Ruys d'Alarcon,* etc. L'âge d'or de la littérature espagnole avait précédé l'âge d'or de la littérature française. *Calderon* était le contemporain de *Corneille. Scudéri, Rotrou, Scarron* imitaient, dans leurs œuvres, les pièces du théâtre espagnol de la fin du xvime siècle ou du commencement du xviime.

Ce fut probablement vers l'année 1633 ou 1634 que *Corneille* prit connaissance du travail de *Castro.* Il trouva, dans la première partie de *las Mocedades del Cid,* une intrigue qui dut le frapper et qui excita son génie. Il y avait là le germe d'une très-belle tragédie. C'est donc de la première partie de l'œuvre de *Castro* que *Corneille* tira son *Cid,* et jamais il n'a cherché à dissimuler à personne la source où il avait puisé.

La pièce de *Corneille* est trop connue pour que je pense avoir besoin d'en donner ici une analyse. Elle est, en grande partie, dans la mémoire de tous ceux qui connaissent le théâtre de *Pierre Corneille.* Je puis donc en aborder directement l'étude et l'examen.

Pour apprécier la pièce de *Corneille*, je suivrai la même marche que j'ai déjà suivie pour juger celle de *Castro*. Je l'examinerai d'abord dans sa structure extérieure et matérielle ; je l'étudierai ensuite dans sa constitution intime et dans ses caractères essentiels.

§ 2.

Examen du Cid. — *Le Cid considéré au point de vue des trois unités*.

Dominé par les idées de son époque, et craignant de blesser trop vivement les lois établies sur la scène française, *Corneille* a voulu observer, dans son drame, *l'unité de temps*. Il a fait tous ses efforts pour que son action pût s'accomplir dans un espace de vingt-quatre heures. Je crois qu'il n'y a pas tout-à-fait réussi. Il est difficile de comprendre que son action ne dure pas au moins une trentaine d'heures. Mais, en vérité, cela peut-il porter la moindre atteinte à la beauté d'une composition dramatique, à l'intérêt qu'elle nous inspire, au plaisir qu'elle nous fait goûter ? Qu'importe donc, au bout du compte, qu'une action dure 24 heures ou qu'elle en dure 26, qu'elle dure 26 heures ou 28, 28 ou 30 ? Qu'importe même qu'elle dure deux ou trois jours, deux ou trois semaines, deux ou trois mois ? Il n'y a là réellement aucune difficulté sérieuse. Il me paraît donc très regrettable que *Corneille* ne se soit pas montré plus hardi, et qu'il n'ait pas eu le courage de s'affranchir d'une règle qui n'est en définitive qu'une gêne et qu'un embarras inutile. Sa docilité envers les préjugés de son siècle lui a fait faire des efforts prodigieux pour arriver à renfermer dans la limite de deux jours et de la nuit qui les sépare, une série d'événements qui, en réalité, peuvent occuper plusieurs semaines, pour ne pas dire plusieurs mois. Et, au lieu de produire des beautés nouvelles, par un pareil moyen, il n'a réussi qu'à multiplier les invraisemblances. Au reste, c'est ce que *Corneille* a reconnu lui-même dans son *Examen du Cid*.

« Je ne puis dénier que la règle des vingt et quatre
» heures presse trop les incidents de cette pièce. La mort
» du Comte et l'arrivée des Maures s'y pouvaient entre-
» suivre d'aussi près qu'elles font, parce que cette arrivée
» est une surprise qui n'a point de communication ni de
» mesures à prendre avec le reste ; mais il n'en va pas ainsi
» du combat de Don Sanche, dont le Roi était le maître,
» et pouvait lui choisir un autre temps que deux heures
» après la fuite des Maures. Leur défaite avait assez fati-
» gué Rodrigue toute la nuit pour mériter deux ou trois
» jours de repos ; et même il y avait quelque apparence
» qu'il n'en était pas échappé sans blessures, quoique je
» n'en aie rien dit, parce qu'elles n'auraient fait que nuire
» à la conclusion de l'action.

» Cette même règle presse aussi trop Chimène de de-
» mander justice au Roi la seconde fois. Elle l'avait fait
» le soir d'auparavant, et n'avait aucun sujet d'y retour-
» ner le lendemain matin pour en importuner le Roi, dont
» elle n'avait encore aucun lieu de se plaindre, puisqu'elle
» ne pouvait encore dire qu'il lui eût manqué de promesse.
» Le roman lui aurait donné sept ou huit jours de patience
» avant que de l'en presser de nouveau ; mais les vingt et
» quatre-heures ne l'ont pas permis ; c'est l'incommodité
» de la règle. » (1)

Corneille ne tient compte, comme on le voit, que des faits matériels qui se trouvent trop pressés par la règle des vingt-quatre heures. Mais dans une tragédie de *Pierre*

---

(1) Examen du Cid.

Corneille, il y a autre chose que des faits matériels ; il y a une suite d'émotions, une série de sentiments, une succession de résolutions volontaires. Ces émotions, ces sentiments, ces résolutions sont aussi des événements qui ne peuvent se produire que dans le temps et avec le temps, et qui demandent à être préparés, distribués et amenés naturellement. La règle des vingt-quatre heures n'est pas moins incommode, sous ce point de vue, qu'elle peut l'être sous tout autre rapport. N'y a-t-il pas, par exemple, une invraisemblance prodigieuse à parler du mariage de *Chimène* et de *Rodrigue* douze ou quinze heures après la mort du *Comte*, lorsque son sang coule encore, pour ainsi dire, et avant qu'on ait rendu à ses restes mortels les derniers honneurs ? Où sont donc les avantages de l'unité de temps ? où sont les avantages de cette règle qui puissent balancer de pareils inconvénients ?

Quelle que soit la bonne volonté qu'il ait pu y mettre, *Corneille* n'a point réussi, c'est évident, à maintenir *l'unité de lieu*. Il était impossible, en effet, de faire arriver sur le même point de l'espace tous les événements qui sont contenus dans son drame. La scène se déplace donc, dans *le Cid*, et elle se déplace assez souvent. Mais ici, *Corneille* a eu le tort de vouloir dissimuler sa faute, et il est tombé dans une faute plus grande, selon moi. Je ne professe point un respect scrupuleux pour l'unité de lieu. J'admets que la scène puisse se déplacer quelquefois ; je crois que la vraisemblance même exige ces déplacements. Mais ce que je n'admets pas, ce que la vraisemblance me semble proscrire tout-à-fait, c'est que le lieu de la scène reste vague, indécis, ou mal déterminé ; c'est que le lieu de la scène ne soit pas indiqué avec la plus grande précision.

Les hommes ne sont pas comme les oiseaux ou comme les poissons, dont les premiers planent entre ciel et terre, et traversent l'atmosphère, dont les seconds franchissent de grandes distances dans l'océan, sans changer sensiblement de milieu. Pour des créatures de cette espèce, le théâtre de leurs mouvements est à peu près uniforme et identique dans toutes ses parties. Les hommes sont placés sur la terre ferme ou sur le continent dont les aspects sont beaucoup plus variés que ceux de l'air ou de la mer. Quelque chose qu'ils fassent, à quelque moment qu'ils agissent, que ce soit de jour, que ce soit de nuit, ils se trouvent forcément dans un lieu déterminé, d'une configuration très nette et très précise, et dont le caractère est parfaitement reconnaissable. On est au bord d'un fleuve, ou au sommet d'une montagne; on est à la campagne, ou à la ville, dans un jardin ou dans une maison, dans un palais ou dans un temple, dans une rue ou sur une place publique. Il faut donc que la décoration du théâtre indique de la manière la plus précise la nature du lieu où se passe l'action, où se passe chaque partie de l'action, c'est-à-dire chaque acte et chaque scène. Cela me paraît absolument nécessaire pour que la pièce soit intelligible, pour que le spectateur puisse comprendre les actions et les paroles des personnages qui se meuvent devant lui. C'est en ce sens que *Boileau* a eu grandement raison de dire :

Que le lieu de la scène y soit fixe et marqué.

Eh bien! c'est à cette règle véritable, c'est à cette impérieuse nécessité réclamée par la vraisemblance que *Corneille* me paraît avoir manqué dans *le Cid*. Dans la crainte bien naturelle qu'on ne lui reprochât d'avoir violé *l'unité de lieu*, il a évité de préciser avec soin les différents points de l'espace où se développait son action, et par là il a jeté du trouble et de l'incertitude dans l'esprit du spectateur. Il a violé une règle plus importante que celle dont il craignait qu'on ne lui reprochât la violation.

Et qu'on ne croie pas que je calomnie *Corneille*. Ce grand homme était lui-même un excellent juge de ses ouvrages, et il reconnaît en termes formels les difficultés qu'il a eues à vaincre pour ne pas faire une trop grande violence à la poétique de son temps. Mais il essaie, pour ce qu'il a fait, une justification qui ne me paraît point acceptable. Écoutons-le lui-même avant de le juger :

« L'unité de lieu ne m'a pas donné moins de gêne en
» cette pièce.... Tout s'y passe dans Séville, et garde
» ainsi quelque espèce d'unité de lieu en général; mais
» le lieu particulier change de scène en scène, et tantôt
» c'est le palais du roi, tantôt l'appartement de l'infante,
» tantôt la maison de Chimène, et tantôt une rue ou place
» publique. On le détermine aisément pour les scènes dé-
» tachées; mais pour celles qui ont leur liaison ensemble,
» comme les quatre dernières du premier acte, il est mal-
» aisé d'en choisir un qui convienne à toutes. Le comte et
» don Diègue se querellent au sortir du palais; cela se
» peut passer dans une rue; mais, après le soufflet reçu,
» don Diègue ne peut pas demeurer en cette rue à faire
» ses plaintes, attendant que son fils survienne, qu'il ne
» soit tout aussitôt environné de peuple et ne reçoive
» l'offre de quelques amis. Ainsi il serait plus à propos
» qu'il se plaignît dans sa maison, où le met l'espagnol,
» pour laisser aller ses sentiments en liberté; mais, en ce
» cas, il faudrait délier les scènes comme il a fait. En
» l'état où elles sont ici, on peut dire qu'il faut quelque-
» fois aider au théâtre, et suppléer favorablement ce qui
» ne s'y peut représenter. Deux personnes s'y arrêtent
» pour parler, et quelquefois il faut présumer qu'elles
» marchent, ce qu'on ne peut exposer sensiblement à la
» vue, parce qu'ils échapperaient aux yeux avant que
» d'avoir pu dire ce qu'il est nécessaire qu'ils fassent sa-
» voir à l'auditeur. Ainsi, par une fiction de théâtre, on

» peut s'imaginer que don Diègue et le comte, sortant du
» palais du roi, avancent toujours en se querellant, et
» sont arrivés devant la maison de ce premier lorsqu'il
» reçoit le soufflet qui l'oblige à y entrer pour y chercher
» du secours. Si cette fiction poétique ne vous satisfait
» point, laissons-le dans la place publique, et disons que
» le concours du peuple autour de lui après cette offense,
» et les offres de service que lui font les premiers amis
» qui s'y rencontrent, sont des circonstances que le roman
» ne doit pas oublier; mais que ces menues actions ne ser-
» vant de rien à la principale, il n'est pas nécessaire que
» le poète s'en embarrasse sur la scène. » (1)

Cette explication ne me paraît pas du tout satisfaisante ; je préférerais de beaucoup que *Corneille* eût hardiment bravé la difficulté, qu'il n'eût pas hésité à violer ouvertement l'unité de lieu, et à fixer nettement, pour chacune de ses scènes, l'endroit où elle se passe.

Au reste, malgré le vague et l'indécision que *Corneille* semble avoir voulu maintenir de propos délibéré, il n'en est pas moins impossible d'admettre que *l'unité de lieu* soit observée dans sa pièce. Il y a des déplacements manifestes, peut-être même un peu trop nombreux. On comprend bien d'ailleurs qu'en m'exprimant ainsi je n'entends pas faire un reproche très grave à *Corneille*. La seule chose que je me croie en droit de conclure de ces observations, c'est que lorsqu'on voudra représenter *le Cid* d'une manière convenable, c'est-à-dire d'une manière intéressante et intelligible tout à la fois, lorsqu'on voudra entourer ce chef-d'œuvre de toute la pompe théâtrale qui lui convient, il faudra de toute nécessité faire venir un peintre ou un décorateur, et lui commander cinq décorations

---

(1) Examen du Cid.

différentes. Et, en effet, il y a dans *le Cid* des scènes qui se passent dans la maison de *Chimène*, et qui ne peuvent pas se passer ailleurs. Il y a des scènes qui se passent ou qui doivent se passer dans l'appartement de l'*Infante*. Il y en a un certain nombre qui se passent dans une salle du palais du *Roi*, qui ne peut être l'appartement de l'*Infante*; il y en a d'autres qui se passent dans une *galerie* du palais qui ne peut être ni la salle d'audience, ni l'appartement de l'*Infante*; enfin, il y a deux scènes qui se passent dans une rue de *Séville*. Il faut donc que ces cinq lieux divers soient représentés, et que les cinq décorations qui les représentent se remplacent l'une par l'autre, au fur et à mesure que l'action se développe, au fur et à mesure que les personnages se meuvent et se déplacent. Voilà le véritable moyen de sauver la vraisemblance, de rendre l'action intelligible, et d'ajouter singulièrement au plaisir des yeux, chose qui, sans être de première nécessité, ne doit pas être négligée à dessein dans une représentation dramatique.

Quoi qu'il en soit, *Corneille*, qui n'a maintenu qu'au prix des plus grands efforts, et de quelques sacrifices considérables, l'*unité de temps*, a ouvertement violé l'*unité de lieu*. Sous ce dernier rapport, il est sur la même ligne que *Guillem de Castro*.

Quant à l'*unité d'action*, qui est, comme je l'ai dit, la véritable *unité*, et qui constitue une loi suprême, je pense, sauf meilleur avis, que *Corneille* a été moins heureux que *Castro*. Chez celui-ci, il y a, il est vrai, quelques épisodes, quelques détails étrangers au sujet; mais ces détails ne présentent pas une importance telle qu'ils puissent constituer une seconde action, à côté de la première. Ces détails forment, comme je l'ai dit, une sorte de fond historique sur lequel se dessine la situation respective de *Rodrigue* et de *Chimène*. Ces détails nous avertissent que nous sommes en *Castille,* sous le règne de *Ferdinand* Ier, au milieu des circonstances qui divisent sa famille. Ces détails nous apprennent que nous avons affaire à *Rodrigue de Bivar*, à *Chimène Gomez*, et nous les voyons au milieu de *Ferdinand*, de *Don Sanche-le-Fort*, et de *Dona Urraca*, à la destinée desquels leur propre destinée se trouva mêlée. Il y a là, si l'on veut, une redondance, une sorte de superfluité, un certain luxe d'accompagnements ; il n'y a pas *duplicité* d'action. Dans *le Cid* de *Pierre Corneille*, au contraire, il y a une véritable *duplicité.* Cette duplicité résulte du rôle qu'il a fait jouer à l'infante *Dona Urraca*, et de l'importance qu'il a donnée à ce personnage. Elle provient de ce qu'il a changé en une passion profonde, active, et, à ce titre-là, dramatique, la simple inclination que *Dona Urraca* éprouve pour le *Cid* dans la pièce de *Castro*. Dans la pièce de *Corneille*, l'*Infante* joue une petite tragédie à elle seule. Elle éprouve pour *Rodrigue* une passion qui tantôt s'affaiblit et tantôt se relève ; c'est une action qui a son exposition, son nœud, ses péripéties, et qui se termine par un véritable dénouement. C'est un drame intercalé dans un autre drame. Il y a là *duplicité.* L'*Infante* est beaucoup mieux placée dans *Guillem de Castro*, où elle joue un rôle moins important et plus intéressant tout ensemble. Ajoutons à cela que la passion de l'*Infante* pour *Rodrigue* qui n'en sait rien, ou qui feint de n'en rien savoir, est un peu ridicule, à côté de la grande passion de *Chimène* que *Rodrigue* connaît très bien, et à laquelle il répond, de son côté, par une passion tout aussi sérieuse et tout aussi profonde que celle dont il est l'objet.

Ces premières observations étant épuisées, nous pouvons aborder directement le drame de *Corneille*, et aller au fond de notre sujet.

§ 3.

Origine du Cid. — *Rapports entre le Cid et la Jeunesse du Cid.*

Et d'abord d'où vient *le Cid* ? Il est évident, ce me semble, que *le Cid* vient de *la Jeunesse du Cid*. Lorsqu'on a lu attentivement la pièce de *Castro* et celle de *Corneille*, il est impossible de ne pas apercevoir les nombreux rapports qui existent entre les deux compositions. Non-seulement le sujet est le même ; mais les personnages sont en grande partie les mêmes ; d'un autre côté, la marche de l'action, le développement de l'intrigue, les incidents du drame se ressemblent à beaucoup d'égards. Il est donc impossible de nier l'influence que la pièce de *Castro* a exercée sur la composition de notre grand tragique. Autant vaudrait nier la lumière du jour.

Ici se présente une opinion que je ne puis passer sous silence, parce qu'elle s'appuie sur une grande autorité. Voici ce que dit M. *de Sismondi* dans son ouvrage *De la Littérature du midi de l'Europe* : « *Corneille* emprun-
» tait son *Cid*, en partie de ces romances mêmes, dont
» il a rapporté deux dans sa préface, en partie de deux
» tragi-comédies espagnoles, l'une de *Diamante*, l'autre
» de *Guillem de Castro.* » (1). J'ai déjà fait justice de *Diamante* et de sa pièce. Je n'ai point à revenir ici sur ce sujet. Quant aux romances, l'opinion de M. *de Sismondi*, à leur égard, a été reproduite et exagérée tout récemment par un écrivain spirituel qui ne s'est pas aperçu, ce me semble, qu'il développait un brillant paradoxe. L'exagé-

(1) De la littérature du midi de l'Europe, tome 3, page 169.

ration consiste à dire que *las Mocedades del Cid* ne sont pas le véritable précédent du *Cid* français, que *Corneille* ne doit rien ou presque rien à *Guillem de Castro*. Le véritable précédent du *Cid*, c'est le *Romancero*. Sans doute, nous dit-on, *Corneille* a connu *las Mocedades del Cid*; mais peu content de cette esquisse dramatique, il s'est empressé de se procurer les *romances*, et c'est là qu'il a puisé les véritables éléments de sa pièce. Et qu'on ne croie pas que j'invente. Voici l'assertion, telle qu'elle s'est formulée, au mois d'octobre 1846 :

« Où donc Corneille a-t-il pris sa pièce, ses magni-
» fiques dialogues et ses situations? Dans son génie d'abord
» qui lui montrait les routes de l'art; ensuite dans les
» vieilles chansons, où Guillen a aussi puisé quelques
» scènes ; dans deux romances consacrées aux amours de
» Ximena, lesquelles forment comme un petit poème com-
» plet, rempli d'amour combattu et de luttes passionnées.
» Il y en a une, entre autres, qui montre Ximena au
» balcon sous le clair de lune, après la mort de son père,
» le jeune homme à genoux lui demandant grâce, et la
» jeune fille, longtemps silencieuse, après de tristes sou-
» pirs et des larmes cruelles, répondant par ces seuls
» mots : *Buenas noches, mio Cid !* « Bonne nuit, mon
» Cid ! » C'est tout un pardon ; et il n'y a rien de plus
» simple ni de plus touchant. »

« Ce fut précisément ce Cid des vieilles romances, type
» oublié de l'Espagne dans sa décadence, que Corneille
» couva de son génie. Il laissa *les maisons à deux portes,*
» enfants perdus et retrouvés, démons changés en fem-
» mes, tours de magie, enchevêtrements de situation, à
» Rotrou et Scarron. Il s'empara du vieux héros des poé-
» sies gothiques, plongea pour ainsi dire au cœur du gé-
» nie castillan qui commençait à s'abandonner lui-même,
» et fut, si je peux le dire, par un tel choix plus Espagnol

» que l'Espagne. Par quelle inspiration Corneille alla-t-il
» choisir précisément un sujet dédaigné, traité par un
» poète assez peu illustre; choisir ce que l'Espagne pos-
» sédait de plus grand, de plus essentiel, de plus oublié?
» A peine a-t-il lu la pièce de Guillen, il court aux vieilles
» romances; elles seules l'attirent; il les imite; il voit que
» la source héroïque est là ; il la cherche sous les ronces
» et sous les roches, au moment où l'eau pure et primi-
» tive en jaillit. Il le dit dans sa Préface, et il a soin de
» citer deux de ces romances barbares, afin que personne
« n'en ignore. » (1).

J'avoue que de pareilles assertions m'étonnent. Je ne m'explique point qu'on ait pu avancer aussi légèrement des idées qui me paraissent tout le contraire de la vérité. Après avoir étudié, comme je l'ai fait, le *Romancero du Cid*, *las Mocedades del Cid*, et *le Cid* de Corneille, il ne me serait jamais venu à l'esprit qu'on pût nier l'influence du poète espagnol sur le poète français. Voilà un bel échantillon d'histoire littéraire!

J'ignore si *Corneille* connaissait le *Romancero du Cid*. Je sais bien qu'il cite deux romances, dans sa préface du *Cid*; mais cela ne m'indique point qu'il connût toutes les autres. A côté de M. *de Sismondi*, qui semble l'affirmer, je trouve M. *Villemain*, qui exprime le regret que *Corneille* n'ait pas connu ces charmantes compositions. Entre deux critiques aussi distingués, lequel croire, auquel donner la préférence? Je ne me prononcerai ni pour l'un ni pour l'autre, parce que je n'ai aucun renseignement positif à ce sujet, et que, d'un autre côté, la solution de cette question ne touche en rien à mes recherches. Il est possible que *Corneille* ait connu les *romances*; il est possible qu'il ne les ait pas connues. Peu importe. Ce qui me pa-

(1) Voyez le *Journal des Débats* du 2 octobre 1846.

raît certain, c'est que *Corneille* n'a jamais connu la romance publiée par M. *le comte de Tressan*, dans la *Bibliothèque universelle des romans, juillet 1783*, cette romance que *Herder* a traduite en allemand, que M. *de Sismondi* a remise en français, et que le spirituel écrivain des *Débats* se fait un devoir de traduire en espagnol, entraîné sans doute par cette considération que *le texte espagnol n'existe pas*. (1). Ce qui me paraît également certain, c'est que *le Cid* français ne vient pas du *Romancero*. Ce que je puis affirmer, parce que je crois le savoir, et qu'une étude attentive me l'a révélé, c'est qu'il y a à peine, dans la pièce de *Corneille*, deux ou trois traits qui paraissent venir directement et immédiatement des romances, tandis qu'il y a une multitude de traits qui viennent directement et immédiatement de la pièce de *Castro*. Si *le Cid* a de l'analogie avec le *Romancero*, c'est que *las Mocedades del Cid* viennent elles-mêmes des *romances*. Tout ce qui a passé du *Romancero* dans *le Cid*, n'y a passé, en général, que par l'intermédiaire de *Guillem de Castro*.

En étudiant la pièce de *Castro*, je me suis attaché à faire voir avec quelle complaisance le poète valencien avait puisé dans le *Romancero du Cid*. J'ai noté avec le plus grand soin tous les éléments de sa pièce qu'il avait empruntés aux romances, avant de signaler ceux qu'il avait trouvés dans son propre génie. Tout ce qui a pu contribuer à son œuvre, *Castro* l'a dérobé aux romances, et 'c'est ainsi qu'il l'a transmis à *Corneille*. On conçoit très bien que *Corneille* aurait pu faire son *Cid* sans connaître une seule romance, et rien n'indique que *Corneille* connaissait les romances au moment où il empruntait à *Castro*

---

(1) Voyez dans la première partie de mon travail, page 52, la romance de M. *de Tressan*.

le sujet de sa pièce. C'est au bénéfice et au profit de *Corneille* que *Castro* avait dépouillé le *Romancero*. Quel besoin *Corneille* pouvait-il avoir d'aller chercher les romances, puisque *Castro* les avait préparées et triturées pour lui ?

L'opinion que je signale et que je combats ici prend sa source, j'aime à le croire, dans un sentiment très respectable. On a craint de porter atteinte à la gloire de *Corneille*, en reconnaissant la grandeur et l'importance des emprunts qu'il a faits à *Castro*. Dans l'impuissance de trouver la véritable mesure du génie de *Corneille*, on a voulu rapetisser la taille de son prédécesseur. Il y a là un mauvais calcul et une erreur.

Autant sont rares et peu importants les traits que *Corneille* pourrait avoir transportés directement du *Romancero* dans *le Cid*, autant, au contraire, sont nombreux et considérables les éléments de sa composition qu'il a transportés de la pièce de *Castro* dans la sienne. L'idée de faire aimer *Chimène* et *Rodrigue*, avant la querelle de leurs parents (idée d'ailleurs si éminemment dramatique et si féconde) ; l'idée que le *Comte* et *Don Diègue* se disputent pour une place de gouverneur de l'*Infant* ; l'idée d'envoyer *Rodrigue* chez sa maîtresse immédiatement après la mort du comte ; l'idée de faire marcher *Rodrigue* contre les Mores à la tête de cinq cents gentilshommes de ses parents ; l'idée de tendre un piége à *Chimène*, et de lui faire croire que *Rodrigue* est mort, pour faire éclater sa passion ; l'idée de faire offrir par *Chimène* sa main à celui qui lui apportera la tête de *Rodrigue* ; l'idée de faire avouer à *Chimène* sa passion pour *Rodrigue*, lorsqu'elle le croit mort pour la seconde fois, et de lui faire refuser la main du vainqueur de *Rodrigue*, toutes ces idées capitales, et une foule d'autres qui s'y rattachent, tout cela vient de *Castro*. Comment peut-on admettre que

Corneille soit allé puiser dans les *romances* des éléments que les *romances* ne donnent point, et qu'il ait précisément négligé de les prendre dans la pièce de *Castro* où ils se trouvent?

En m'exprimant ainsi, je sais bien à quoi je m'expose. On pourra m'accuser de vouloir renouveler contre *Corneille* l'accusation de plagiat que ses ennemis et ses envieux lui ont adressée. Ce reproche me touche peu, parce que je suis sûr de m'en laver complètement. Je regarde *Corneille* comme un heureux imitateur ; mais je ne le traite point de plagiaire. Je ne cherche que la vérité, et je ne vise qu'à un seul but. Ce but consiste à établir la génération successive et la filiation légitime des idées dramatiques qui se sont produites à propos du *Cid* et à propos de ses aventures chevaleresques. Pour établir le mérite de *Castro*, je n'ai point cherché à rabaisser les *romances*. Pour apprécier le mérite de *Corneille*, je n'ai pas besoin non plus de nier celui de *Castro*.

Lorsque je me suis occupé de *las Mocedades del Cid*, j'ai fait deux choses, comme on l'a vu. J'ai commencé par établir les nombreux points de contact qui existent entre le *Romancero du Cid* et la pièce de *Castro*. Je n'ai rien ajouté ; je n'ai rien retranché. Je n'ai point traité *Castro* de plagiaire. Je me suis contenté d'indiquer la source où il s'était inspiré ; j'ai compté une à une, pour ainsi dire, les doses de vieux nectar qu'il avait jugé à propos de verser dans son œuvre. Après cela, j'ai fait la part de *Castro*, et j'ai noté soigneusement les inventions qui font son honneur et sa gloire. J'ai signalé tout ce qu'il devait à son propre génie.

Le travail auquel je me livre en ce moment est parfaitement analogue à celui-là. Je commence par établir les rapports qui existent entre la pièce de *Castro* et celle de *Corneille*. Je ne pouvais pas me dispenser d'indiquer les ressemblances qui existent entre *le Cid* et *las Mocedades del Cid*. Mais je n'ai pas dit que j'allais m'arrêter là. Tout fait soupçonner, au contraire, que je ferai autant d'honneur à *Corneille* que j'en ai fait à *Castro*. Je dirai aussi ce que le poète français a mis du sien dans sa composition. Mais je tenais d'abord à me débarrasser d'une opinion qui me paraît complètement erronée. Le *Romancero du Cid* et le génie de *Castro*, voilà la double source d'où sont sorties *las Mocedades del Cid*. *Las Mocedades del Cid* et le génie de *Corneille*, voilà la double source du *Cid* français. Je ne crois pas qu'on puisse légitimement en indiquer une troisième.

Ce ne sont pas ici des théories, ce sont des faits. Il suffit de lire attentivement la pièce de *Corneille* et celle de *Castro* pour saisir l'analogie qui existe entre l'une et l'autre, et pour se convaincre des nombreux emprunts que le poète français a faits à son devancier. Il faut être juste envers tout le monde; et je suis tellement certain de pouvoir rendre justice à *Corneille*, que je n'hésiterai pas à lui faire d'abord un petit reproche. A l'accusation violente et grossière de plagiat qui lui fut adressée par ses ennemis, *Corneille* répondit qu'il avait, il est vrai, emprunté deux cents vers à *Castro*. Cela me paraît peu exact, et je suis obligé de le dire : *Corneille* a emprunté à *Castro* plus de deux cents vers. Et quand je dis plus de deux cents vers, je ne dis pas qu'il lui en ait emprunté deux cent cinquante ou trois cents. Ce que je veux dire, c'est qu'il lui a emprunté autre chose que deux cents vers, et des choses qui valent mieux que deux cents vers. Lorsqu'on emprunte à un auteur dramatique l'idée même de sa pièce, le sujet et la charpente de son drame, lorsqu'on lui prend son action, son nœud, ses péripéties et son dénouement, lorsqu'on lui prend ses personnages, le caractère du plus grand nombre d'entr'eux, sa marche, son plan, le mouvement de sa pièce, l'enchaînement des scènes et des situations, on lui emprunte autre chose que deux cents vers. On lui prend à peu près tout ce qu'il a de bon. Les vers ne viennent qu'en seconde ligne, et peuvent à peine compter dans un pareil emprunt. On connaît le mot de *Racine : Ma tragédie est faite; il ne me manque que les vers.*

Mais *Corneille* avait le sentiment de son originalité, et ce n'était pas à lui à la mettre en relief. Moi aussi, je crois pouvoir apprécier à sa juste valeur l'originalité de *Corneille*, et je crois pouvoir la rendre évidente. Il n'appartenait qu'à une critique imparfaite et grossière de nier l'originalité de *Corneille*, ou de lui sacrifier celle de *Castro*. Je suis convaincu que ces deux procédés sont également contraires à la justice et à la vérité. Les hommes de génie ne sont pas tellement surabondants qu'il faille chercher à en diminuer le nombre. Il faut reconnaître et proclamer le mérite partout où il se trouve. C'est donc à une critique impartiale qu'il appartient de sauver tout à la fois la gloire de *Castro* et celle de *Corneille*.

§ 4.

Originalité de Corneille.—Caractère du Cid français. — Généralité, universalité de la conception. — Substitution de la vérité morale à la vérité historique.

Nous avons vu quels sont les éléments de son drame que *Corneille* a empruntés à *Castro*. Etudions maintenant les changements que le poète français a fait subir à *las Mocedades del Cid*. C'est ainsi que nous parviendrons à nous expliquer et à comprendre le caractère du génie de *Corneille* et sa véritable puissance créatrice.

Corneille a supprimé, dans sa pièce, la *Reine de Castille* qui ne joue qu'un rôle insignifiant dans la pièce de *Castro*, qui n'y paraît qu'une fois, et qui meurt dans le courant de l'action.

Il a supprimé également *Don Sanche-le-Fort*, fils de *Ferdinand*, qui joue dans *la Jeunesse du Cid* un rôle assez considérable, mais dont la conduite générale ne se rapporte que d'une manière fort indirecte à la situation respective de *Rodrigue* et de *Chimène*.

Il a conservé le roi *Ferdinand* qu'il était difficile, pour ne pas dire impossible, de supprimer; mais il a modifié son rôle, et lui a ôté une partie de sa couleur historique, en le débarrassant de toutes les préoccupations qui l'agitent au sujet de ses enfants, aussi bien qu'au sujet de *Calahorra*.

Il a conservé également *Dona Urraca*; mais il a profondément modifié le caractère et le rôle de ce personnage. Il lui a ôté toute sa couleur historique. Il en a fait un personnage abstrait. Il lui a donné une passion profonde pour *Rodrigue*, et cette passion fait toute sa vie; elle constitue sa raison d'être. Dans *le Cid* de *Corneille*, *Dona Urraque* n'est plus la fille de *Fernand Ier*, roi de Castille, la sœur de *Don Sanche-le-Fort*, la maîtresse future de *Zamora*; l'Infante est une fille de Roi qui aime un simple sujet de son père, et qui est constamment partagée entre sa passion et ce qu'elle doit à la dignité de son rang.

Corneille n'a pas jugé à propos de mettre en scène, comme l'a fait *Castro*, l'expérience du vieux *Don Diègue* racontée par la première romance; il a donc supprimé les deux frères de *Rodrigue*, *Fernand Diaz* et *Bermude Layn Diaz*. Dans sa pièce, *Don Diègue* n'a qu'un fils qui est *Rodrigue*.

Il a supprimé *Péranzules*, cousin du *Comte Glorieux*, personnage peu important, et l'a remplacé par *Don Alonse*, personnage aussi insignifiant.

Il a supprimé le personnage du lépreux ou de *saint Lazare*, parce qu'il a complètement supprimé la scène qui se passe sur la route de *Galice*.

Il a supprimé *Martin Gonçalez*, l'ambassadeur aragonais, et l'a remplacé par *Don Sanche*, jeune seigneur castillan, amoureux de *Chimène* et rival de *Rodrigue*. Dans la pièce de *Corneille*, il n'y a pas la moindre allusion au débat relatif à la possession de *Calahorra*.

Enfin, il a supprimé le *maître d'armes* du Prince, le roi more *Almanzor* et le *berger*. De ces trois personnages, le premier devenait inutile après la suppression du Prince. Quant aux deux autres, ils tiennent si peu de place dans la pièce de *Castro* qu'on pouvait les faire disparaître sans le moindre inconvénient.

Voilà les premiers changements qui nous frappent dans la pièce de *Corneille*. En voici un qui n'est pas moins considérable qu'aucun de ceux que nous venons de signaler.

Corneille, ne voulant pas transporter la scène dans les montagnes d'*Oca*, et ne voulant pas nous donner une bataille sur terre, a mieux aimé feindre un débarquement de la part des Mores. Mais pour avoir un débarquement, il faut avoir un port. Ce n'est pas à *Burgos* qu'on peut trouver cela. Qu'a donc fait *Corneille*? Il a transporté la scène à *Séville*. Il suppose que l'action du *Cid* se passe en *Andalousie*. On a déjà fait observer que, vers le milieu du onzième siècle, la ville de *Séville* n'appartenait point encore aux Espagnols. Elle ne fut conquise par le roi de Castille, *Ferdinand III*, qu'en 1248, c'est-à-dire deux siècles plus tard. A l'époque du mariage du *Cid*, *Tolède* elle-même n'appartenait point encore aux Espagnols. Cette dernière ville ne fut conquise qu'en 1085, par *Alphonse VI*, successeur non seulement de son père, *Ferdinand Ier*, mais encore de son frère aîné, *Sanche II*. D'après cela, on a dû remarquer que *Corneille* s'était permis un singulier anachronisme. Cela est évident ; mais cela ne suffit pas. L'observation est incomplète. Et, en effet, l'anachronisme ici est peu de chose, ou, pour mieux dire, ce n'est pas tout. Ce qui me paraît aussi grave que l'anachronisme, c'est le déplacement des personnages, c'est d'avoir transporté le lieu de la scène de *Burgos* à *Séville*, de la *Castille* dans l'*Andalousie*.

Que dirions-nous d'un auteur espagnol qui, ayant à faire paraître sur la scène *Guillaume-le-Conquérant*, en ferait un duc de *Bretagne* et le ferait résider à *Nantes*, ou qui, ayant à nous entretenir de *Du Guesclin*, nous le présenterait comme un gentilhomme *picard* ? Nous penserions assurément que le dramaturge étranger prend de singulières libertés à l'égard de l'histoire de France. Eh bien ! voilà précisément ce que fait *Corneille* à l'égard de l'histoire d'Espagne. *Don Diègue Laynez* et *Rodrigue Laynez* à *Séville !* *Chimène Gomez* en *Andalousie !* Où en sommes-nous ? et qui reconnaîtrait *le Cid* dans un pareil pays ? *Le Cid Campeador* n'est donc plus *Rodrigue de Bivar*, *Rodrigue de Saint-Pierre-de-Cardena, le Cid de Téruel, le Cid de Palencia ?* Où sont les cortès de *Léon ?* où sont les mille amis *asturiens* du *Comte Glorieux ?* Évidemment nous sommes complètement dépaysés. Nous ne sommes plus dans le royaume de *Castille*. Sommes-nous encore au onzième siècle ? Pas davantage ; puisque le déplacement dans l'espace emporte avec lui un déplacement dans le temps ; puisque *Séville* n'appartint aux Espagnols qu'à partir de l'année 1248. Nous ne sommes plus ni dans le *siècle* ni dans le *pays* du *Cid*.

Les changements que je viens de signaler, le dernier surtout, sont très propres à nous faire comprendre le travail opéré par *Corneille* sur l'œuvre de son devancier. Ils nous donnent la véritable mesure du génie de *Corneille*. Ils nous révèlent le caractère de son système dramatique, et nous initient au secret de la transformation qui a fait sortir *le Cid* français de *las Mocedades del Cid*. La pièce de *Castro* est une pièce principalement *historique*. La pièce de *Corneille* est avant tout une œuvre d'imagination ; c'est une pièce d'*idéalité morale*. Avec *Castro*, nous sommes réellement en *Castille*, à la cour de *Ferdinand I*^{er}. Nous avons devant nous le vieux *Don Diègue Laynez* et le véritable *Cid Campéador*. Voilà le *Comte Glorieux ;* voilà sa fille *Chimène Gomez*. Voilà *Martin Gonçalez*, l'ambassadeur d'Aragon ; voilà le bienheureux *saint Lazare* qui apparaît à *Rodrigue de Bivar* sur la route de *Galice*. Les détails empruntés aux romances castillanes exhalent ici tout leur parfum de vérité et de couleur locale. C'est de l'histoire. Mais au sein de cette histoire *Castro* a jeté une intrigue dont il a hardiment et gracieusement esquissé la trame. Il a introduit une action dramatique et des développements passionnés qui se révèlent par un grand nombre de traits rapides, mais touchants et énergiques. Nous avons une magnifique ébauche dramatique, au sein d'un tableau historique plein de vie et de vérité. Avec *Corneille*, nous sommes tout-à-fait dans la vérité morale ; nous sortons de l'histoire, et nous nous élevons jusqu'à la sphère de la conscience universelle. *Corneille* a supprimé, c'est évident, tous les éléments historiques. Le *onzième siècle* et la *Castille* ont disparu. Il n'y a plus, chez lui, de *Ferdinand I*^{er}, de *Don Sanche-le-Fort*, de *Dona Urraca*, d'*Arias Gonsalve*. *Diègue Laynez* et *Rodrigue Diaz de Bivar* se sont évanouis. Il n'y a plus de *Comte Glorieux*, il n'y a plus de *Chimène Gomez*. Cherchez *Don Martin Gonçalez*, l'ambassadeur d'Aragon, cherchez le roi more *Almanzor*, cherchez *saint Lazare*, vous ne les trouverez pas. Nous sommes dans un pays quelconque, à une époque quelconque. Nous sommes dans une cour et en présence d'un roi, quels qu'ils soient. Il y a, dans cette cour, un jeune homme et une jeune fille qui s'aiment passionnément. Rien ne paraît s'opposer à leur mariage. Leurs parents connaissent leur inclination mutuelle et ne s'y opposent pas. La demande doit être faite, le jour même, par le père du jeune homme. Tout-à-coup une discussion s'élève entre le père du jeune homme et le père de la jeune fille. Celui-ci est irrité de voir que le Roi a confié à l'autre la charge de gouverneur de son fils. Il se plaint vivement de ce passe-droit, et ne veut plus entendre parler de mariage. Emporté par sa mauvaise humeur, il s'oublie jusqu'à donner un soufflet à son rival. Le malheureux vieillard, incapable de se venger lui-même, appelle son fils à son secours. Celui-ci, en apprenant qu'il faut tuer le père de sa maîtresse, reste anéanti sous le coup d'un pareil contre-temps. Il hésite d'abord entre sa passion et son devoir; mais, le sentiment de l'honneur l'emportant enfin dans son âme, il se décide à aller trouver son adversaire et à le provoquer en duel.

Le Roi, ayant appris l'affront fait à celui qu'il a choisi pour être le gouverneur de son fils, envoie un gentilhomme de sa cour auprès du père de la jeune fille, pour lui demander une réparation. Celui-ci refuse obstinément de la donner. A peine s'est-il ainsi prononcé que l'amant de sa fille vient le provoquer en duel. Le père de la jeune personne résiste d'abord. Il ne veut pas tuer ce malheureux jeune homme chez lequel il a reconnu les plus éminentes qualités, et qu'il aurait volontiers accepté pour son gendre. Vaincu par l'insistance du jeune homme, et reconnaissant que celui-ci ne peut pas survivre à l'affront fait à son père, il consent à se mesurer avec lui. D'un autre côté, la jeune personne, ayant appris que son père avait donné un soufflet au père de son amant, s'abandonne aux réflexions les plus douloureuses. Elle craint naturellement qu'un duel ne soit la conséquence forcée de cet outrage.

Le vieillard offensé est incapable de se venger lui-même ; mais son fils est plein de courage. On ne saurait admettre qu'étant né gentilhomme il souffre impunément l'affront fait à son père. Il y a plus. Sa maîtresse elle-même ne lui saurait pas très-bon gré de rester sous le coup d'une pareille flétrissure; elle craint jusqu'à un certain point que l'amour qu'il éprouve pour elle ne refroidisse son ardeur. Sur ces entrefaites, elle apprend que son père et son amant sont sortis du palais en se querellant et que probablement ils en sont venus aux mains. Elle se hâte de voler sur leurs traces. Le Roi apprend que son message n'a pas réussi. Il en témoigne son mécontentement et donne l'ordre qu'on arrête le sujet récalcitrant. Le gentilhomme chargé de cette mission vient bientôt lui apprendre que le père de la jeune fille est tué, et que c'est le fils du vieillard offensé qui a lavé dans le sang de son ennemi l'affront fait à toute sa maison. La fille du mort accourt auprès du Roi pour demander justice contre le meurtrier de son père. Le père du meurtrier se présente de son côté, pour plaider la cause de son fils. Le Roi, incertain de la conduite qu'il doit tenir, renvoie les parties et promet de soumettre l'affaire à l'examen de son conseil. Il donne l'ordre qu'on arrête le meurtrier, et qu'on reconduise chez elle la jeune orpheline.

Le meurtrier, craignant les conséquences de sa victoire, s'est dérobé aux premières poursuites qu'on pouvait diriger contre lui. La nuit venue, il se rend chez sa maîtresse et se cache dans sa chambre. De là il assiste à une scène entre sa maîtresse et la confidente de celle-ci. Il apprend que sa maîtresse l'aime toujours, et qu'elle s'afflige profondément de la situation dans laquelle ils se trouvent placés l'un et l'autre. Elle est résolue à le poursuivre et à venger la mort de son père. Cependant elle désire que sa poursuite n'ait aucun succès. Dans tous les cas, elle ne survivra point à son amant dont la punition sera pour elle un signal de mort. Le jeune homme sort de sa cachette, vient se jeter aux pieds de sa maîtresse, lui offre son épée, et l'invite à venger son père. La jeune orpheline rejette cette proposition. Le jeune homme se disculpe de son mieux, et insiste pour être puni de la main de sa maîtresse. Celle-ci lui répète ce qu'elle a déjà dit à sa confidente. Elle ne peut pas s'empêcher de l'aimer ; elle ne veut pas le tuer elle-même. Elle le poursuivra pour obéir à son devoir ; mais elle s'estimera heureuse de ne pouvoir l'atteindre. Le jeune homme sort de chez sa maîtresse pour aller chercher ailleurs la mort qu'elle lui refuse. Arrivé dans la rue, il rencontre son père qui le cherche de tous côtés ; il lui fait part de son désespoir. Le généreux vieillard ranime le courage de son fils. Il l'exhorte à vivre ou à trouver du moins une mort utile à ses semblables. Il lui apprend que les ennemis de son prince et de son pays sont sur le point de faire une invasion. Il l'invite à se mettre à la tête de ses parents et de ses amis pour aller les repousser. Il lui représente que c'est là le meilleur moyen de rentrer en grâce auprès de son souverain, et même d'obtenir le pardon de sa maîtresse. Sans lui donner le temps de réfléchir, il l'entraîne avec lui.

Le lendemain matin, le bruit se répand dans toute la ville que le jeune meurtrier a repoussé les ennemis, et qu'il a remporté sur eux une éclatante victoire. La jeune fille, informée de cet événement, sent redoubler son admiration et sa tendresse pour son amant. Elle ne s'en cache pas ; mais elle affirme que son devoir est plus fort que sa passion, et qu'elle continuera à demander justice contre lui. Le Roi, enchanté de la belle conduite du jeune délinquant, lui fait grâce de la peine qu'il a encourue en se battant en duel. C'est en vain maintenant que la fille du mort viendra lui demander justice. Au lieu de l'écouter, le Roi, importuné de ses plaintes, s'amuse à lui tendre un piége. Il lui fait croire que son amant est mort, et qu'après sa glorieuse victoire, il a succombé à ses blessures. La douleur de la jeune fille, à cette nouvelle, trahit sa passion aux yeux de toute la cour; mais pour dissimuler l'affection qu'elle porte à celui qu'elle poursuit, elle conjure le Roi de lui permettre de l'appeler en champ clos. Elle offre sa main à celui qui lui apportera la tête de son amant. Le père du jeune homme accepte cette proposition; il en presse lui-même l'exécution. Le Roi y consent, à la condition toutefois que les chances du combat seront les mêmes pour les deux champions, et que si le jeune homme est vainqueur il épousera sa maîtresse. Celle-ci se récrie d'abord contre une pareille décision. Mais le Roi lui assure que cette condition est fort douce, et qu'elle est bien contente elle-même de se la voir imposer.

Le jeune homme, informé de ce qui s'est passé, et sachant qu'il doit se battre contre un rival, vient trouver sa maîtresse pour lui faire ses adieux, et pour lui annoncer qu'il va se laisser tuer. La jeune personne est saisie de frayeur à cette nouvelle; elle n'oublie rien pour faire renoncer son amant à un pareil projet; elle parle si bien, et lui laisse voir une telle tendresse pour lui que le jeune homme reprend courage, et se décide à défendre sa vie. Cependant la jeune personne n'est pas sans inquiétude sur les résultats que peuvent avoir la conduite qu'elle a tenue, et la demande qu'elle a faite. Elle craint que son père ne soit pas vengé; elle craint que son amant ne soit tué. De quelque côté qu'elle envisage la situation, elle ne prévoit aucune issue satisfaisante à ses perplexités; mais ce qu'elle redoute le plus, c'est de se voir condamnée à épouser un autre homme que celui qu'elle aime. Voilà ce qui la détermine à faire des vœux pour son amant. Sur ces entrefaites, elle s'imagine pour la seconde fois que son amant a été tué. Elle accueille fort mal celui qui s'est chargé du soin de la venger ; et, croyant qu'elle n'a plus rien à dissimuler, elle laisse éclater de nouveau tout son amour pour celui qu'elle croit mort. On ne tarde pas à la détromper ; elle apprend que son amant est vainqueur, et que, d'après la décision du Roi, elle doit lui donner sa main. Tout le monde l'invite à se résigner, sauf son amant qui ne veut la contraindre en rien, et qui continue à lui offrir sa tête. La jeune personne repousse ce présent, bien entendu. Elle ne cache plus qu'elle aime toujours son adversaire ; elle convient que les rois doivent être obéis ; mais elle représente fort sagement qu'une alliance avec le meurtrier de son père lui paraît une chose impossible ; qu'elle craint de devenir, par ce mariage, parricide en quelque sorte. Le Roi n'exige point qu'elle se marie à l'instant même ; il lui donne un an pour essuyer ses larmes ; mais il lui fait observer que son amant l'a gagnée, et qu'elle doit être à lui. Le Roi, s'adressant ensuite au jeune homme, l'invite à diriger de nouvelles poursuites contre les ennemis de son pays. Il l'engage à se couvrir de nouveaux lauriers, et à devenir de plus en plus digne d'épouser sa maîtresse. Celui-ci se montre disposé à tout faire pour obtenir la main de celle qu'il aime et dont il n'a pas cessé de posséder le cœur.

Voilà ce que nous trouvons dans la pièce de *Corneille*. Si l'on supprime le duel entre *Don Sanche* et *Don Rodrigue*, et l'ordonnance de *Don Fernand*, deux circonstances qui ne rappellent que trop le moyen âge, il n'y a là rien d'historique, il n'y a rien qui se rapporte à un pays déterminé, à une époque déterminée. Tout cela est parfaitement idéal. Les personnages qui viennent de passer sous nos yeux ne sont ni des *Castillans*, ni des *Andalous* ; ce ne sont pas même des *Espagnols* ; ce ne sont ni des *Français*, ni des *Anglais*, ni des *Allemands*, ni des *Italiens*. Ce sont des créatures humaines ; ce sont des êtres libres et intelligents, passionnés et raisonnables ; ce sont des âmes faites à l'image de Dieu, qui vivent et qui s'agitent sous l'impulsion de toutes les passions que le Créateur lui-même a mises dans le cœur humain, et sous l'empire de certains faits qui peuvent arriver à tout le monde, dans tous les temps et dans tous les pays du globe. Tout ce qui rappelle l'*Espagne*, tout ce qui rappelle la cour de *Ferdinand Ier*, tout ce qui caractérise le *Cid Campéador*, Corneille l'a sévèrement repoussé de sa pièce. Il a trouvé dans l'œuvre de *Castro* une situation éminemment dramatique, une intrigue fertile en émotions. C'est cette situation qu'il lui a empruntée. Il l'a détachée de *la Jeunesse du Cid*. Il l'a couvée du feu de son génie ; il l'a agrandie, il l'a développée. Il l'a pressée dans tous les sens pour lui faire rendre tout ce qu'elle contenait d'idées, de sentiments et d'émotions. D'un fait précis et déterminé, consigné dans les traditions espagnoles, et déjà préparé par *Castro*, il a tiré un fait général et universel. Il a pénétré ce fait de fond en comble ; il en a sondé les causes, les précédents ; il en a peint toutes les conséquences. Il a procédé en grand artiste, en véritable artiste français, s'il est vrai que le génie de la France soit le génie de la généralisation. C'est là sa gloire et son honneur. C'est en cela que consiste l'originalité du *Cid* et de *Corneille*.

On m'objectera peut-être les noms que portent les personnages du *Cid*. Le Roi dont il s'agit ici, me dira-t-on, s'appelle *Don Fernand*, sa fille s'appelle *Dona Urraca*. La jeune personne s'appelle *Chimène* ; le jeune homme s'appelle *Rodrigue*. Le père de la future s'appelle *Don Gomez* ; le père du futur s'appelle *Don Diègue*. Voilà la preuve que nous sommes en *Espagne*, à la cour de *Ferdinand Ier*. Mais d'abord, ces noms sont tronqués, pour la plupart, dans la pièce de *Corneille*. Don Diègue Laynez et Ruy Diaz de Bivar s'appellent *Don Diègue* et *Don*

Rodrigue tout court. *Chimène Gomez* s'appelle *Chimène*. *Don Gomez de Gormaz*, surnommé le *Comte Glorieux*, s'appelle le *Comte de Gormaz*. *Don Arias Gonzalve* est devenu *Don Arias* tout simplement. Quant à *Péranzules*, il s'est changé en *Don Alonse*. Il est évident que *Corneille* n'attache pas une grande importance à la réalité historique de ses personnages. Et, d'un autre côté, alors même qu'il leur aurait conservé leurs véritables noms, cela les rendrait-il plus espagnols qu'ils ne le sont dans sa pièce? En vérité, voilà une nationalité bien établie! une nationalité qui s'attache à des noms! des personnages qui n'ont d'espagnol que le nom! Et puis, que dites-vous de ces Espagnols qui parlent français?... Mais si *Corneille* a conservé les noms espagnols, c'est qu'il n'y avait pas de raison pour les changer. Voyez s'il n'a pas mis *Séville* à la place de *Burgos*. Et croyez-vous, si le nom de *Chimène* l'eût embarrassé le moins du monde, qu'il eût hésité à lui substituer le nom d'*Elvire* ou de *Fernande?* (1) Que lui importait que ses personnages eussent des noms français ou espagnols? Ce qui lui importait avant tout, c'est la situation que lui offrait le drame de *Castro*. C'est cette situation qu'il a relevée, qu'il s'est appropriée, et qu'il a mis tout son génie à peindre, en la développant, en l'approfondissant, en l'embellissant de tous les traits que pouvait lui offrir, non pas la connaissance particulière de l'histoire d'Espagne ou des traditions espagnoles, mais la connaissance générale du cœur humain.

(1) M. *de Sismondi* fait observer que *Corneille*, voulant employer une des filles de *Ferdinand*, a substitué *Dona Elvire* à *Dona Urraca*, par euphonie. M. *de Sismondi* se trompe évidemment. *Corneille* a employé *Dona Urraca*. Mais l'observation de M. *de Sismondi*, toute fausse qu'elle est, prouve du moins que, dans l'esprit de l'illustre critique, la vérité historique était peu de chose pour *Corneille*. Le rôle de *Dona Urraca*, dans *le Cid*, prouve cela encore mieux.

Veut-on une preuve manifeste du peu d'importance que *Corneille* attachait aux noms de ses personnages ? La voici. Dans la pièce de *Castro*, il y a un personnage qui s'appelle *Don Sanche*. Ce *Don Sanche* n'est autre chose que *Don Sanche-le-Fort*, fils de *Ferdinand I*^{er}, qui succéda à son père en 1065, et qui fut tué, en 1072, sous les murs de *Zamora*. C'est le même *Don Sanche* qui figure dans la seconde partie de *las Mocedades del Cid*, celui auquel on donne un gouverneur, dans la première partie. Ce personnage étant tout-à-fait épisodique, dans la pièce de *Castro*, *Corneille* l'a supprimé. D'un autre côté, *Corneille* a également supprimé *Don Martin Gonçalez*, l'ambassadeur d'*Aragon*, qui a un caractère très historique. Il a remplacé ce dernier personnage par un jeune seigneur castillan qui aime *Chimène*, et qui se trouve ainsi le rival de *Rodrigue*, avec lequel il se bat au 5me acte. Mais il fallait donner un nom à ce personnage qui ne se trouve pas dans la pièce de *Castro*. Eh bien ! *Corneille* n'hésite pas un instant. Il l'appelle *Don Sanche*. Et pourquoi pas ? Il y avait un *Don Sanche*, dans la pièce de *Castro;* nous l'avons supprimé ; son nom est à notre disposition. Nous introduisons un nouveau personnage qui ne se trouve pas dans *Castro;* appelons-le *Don Sanche*. Cela pourra causer quelque embarras, dans l'esprit de ceux qui voudront étudier et comparer les deux pièces. Que nous importe ? Tant pis pour eux ; ils en seront quittes pour y faire attention. Ainsi *Corneille* aime mieux créer une source d'équivoque et une chance d'erreur pour ses critiques que de se donner la peine d'inventer un nom. (1)

---

(1) En m'exprimant ainsi, je croyais d'abord ne faire qu'une simple conjecture ; je croyais aller au devant d'une chance possible, mais peu probable. Mon hypothèse s'est réalisée. Voici ce que je trouve dans l'ouvrage de M. *de Puibusque :* « On pour-

Tel est donc, si je ne m'abuse, le véritable caractère de la pièce de *Corneille*. C'est une pièce purement idéale. La situation dramatique que *Castro* avait imaginée, pour en faire le cœur et le noyau de sa pièce, mais qu'il s'était contenté d'esquisser par des traits de passion et de caractère d'une rare énergie et d'une vérité frappante, *Corneille* se l'est appropriée; il en a fait son bien par la complaisance avec laquelle il l'a traitée, par la sagacité avec laquelle il l'a développée et agrandie, par le rare talent avec lequel il en a mis en relief tous les détails, pressé toutes les conséquences. Qu'on étudie avec soin la pièce de *Castro* et

» rait reprocher à Corneille, qui ne voulait nous donner que la
» première partie du Cid, d'y avoir laissé trois personnages de-
» venus à peu près inutiles dans la seconde. L'infante dona
» Urraque, don Sanche et don Arias sont là comme des pierres
» d'attente, et n'attendent rien. Dans la pièce espagnole, l'in-
» fante est la rivale de Chimène; dans la pièce française, elle
» en est la protectrice; d'un autre côté, Corneille a fait de don
» Sanche le rival du Cid, ou du moins un simulacre de rival;
» car on le voit à peine, et au dénouement il fait assez bon
» marché de son amour. » (1) Où M. de Puibusque a-t-il vu que, dans la pièce de Castro, l'infante ne fût que la rivale de Chimène? Où a-t-il vu que, dans la pièce française, l'infante fût seulement la protectrice de Rodrigue? Où M. de Puibusque a-t-il vu que le Don Sanche de Corneille fût le même personnage que le Don Sanche de Castro? Le personnage de Castro, c'est Don Sanche-le-Fort, le fils de Ferdinand Ier, le frère de Dona Urraca, le pupille de Don Diègue Laynez. Le personnage de Corneille est un jeune seigneur castillan, parfaitement étranger à la famille royale, amoureux de Chimène et rival de Rodrigue. Ce personnage ne remplace pas le fils du roi, que Corneille a jugé à propos de supprimer; il remplace Martin Gonçalez, ambassadeur d'Aragon, que Corneille n'a pas voulu non plus faire figurer dans sa pièce.

(1) Histoire comparée des littératures espagnole et française, tome 2, page 423.

celle de *Corneille*, et l'on ne tardera pas à se convaincre que le sujet est le même, que la trame est identique de part et d'autre, que le fond de l'action, le nœud, les péripéties et le dénouement se ressemblent. Ce qui distingue l'œuvre de *Corneille*, ce sont : 1° le caractère de *généralité* qu'il a su donner à tous ses personnages, aux sentiments qui les animent, aux émotions qui les agitent ; 2° les développements, les amplifications que le poète français a ajoutés à la conception de son devancier ; ce sont les riches broderies qu'il a semées sur une trame qui en était digne, et qui méritait bien d'être ainsi embellie.

Je ne suis point embarrassé pour trouver des exemples à l'appui de ma thèse. Je me contenterai d'en indiquer quelques-uns.

Et d'abord, pour ce qui touche au caractère de *généralité*, voici des passages du *Cid*, dans lesquels il me semble que ce caractère est manifestement empreint :

ACTE 1.er, SCÈNE 1ere.

DON DIÈGUE.

Rodrigue, as-tu du cœur ?

RODRIGUE.

Tout autre que mon père
L'éprouverait sur l'heure.

DON DIÈGUE.

Agréable colère !
Digne ressentiment à ma douleur bien doux !
Je reconnais mon sang à ce noble courroux ;
Ma jeunesse revit en cette ardeur si prompte.
Viens, mon fils, viens, mon sang, viens réparer ma honte ;
Viens me venger.

RODRIGUE.

De quoi ?

DON DIÈGUE.

                D'un affront si cruel,
Qu'à l'honneur de tous deux il porte un coup mortel ;
D'un soufflet. L'insolent en eût perdu la vie ;
Mais mon âge a trompé ma généreuse envie ;
Et ce fer que mon bras ne peut plus soutenir,
Je le remets au tien pour venger et punir.
Va contre un arrogant éprouver ton courage :
Ce n'est que dans le sang qu'on lave un tel outrage ;
Meurs, ou tue. Au surplus, pour ne te point flatter,
Je te donne à combattre un homme à redouter ;
Je l'ai vu, tout couvert de sang et de poussière,
Porter partout l'effroi dans une armée entière.
J'ai vu, par sa valeur, cent escadrons rompus ;
Et, pour t'en dire encor quelque chose de plus,
Plus que brave soldat, plus que grand capitaine,
C'est.....

RODRIGUE.

      De grâce, achevez.

DON DIÈGUE.

           Le père de Chimène.

RODRIGUE.

Le....?

DON DIÈGUE.

    Ne réplique point, je connais ton amour :
Mais qui peut vivre infâme est indigne du jour ;
Plus l'offenseur est cher, et plus grande est l'offense.
Enfin tu sais l'affront, et tu tiens la vengeance :
Je ne te dis plus rien. Venge-moi, venge-toi.
Montre-toi digne fils d'un père tel que moi.
Accablé des malheurs où le destin me range,
Je vais les déplorer. Va, cours, vole, et nous venge.

ACTE 2eme, SCÈNE 3eme.

L'INFANTE.

Apaise, ma Chimène, apaise ta douleur ;
Fais agir ta constance en ce coup de malheur :

Tu reverras le calme après ce faible orage ;
Ton bonheur n'est couvert que d'un peu de nuage,
Et tu n'as rien perdu pour le voir différer.

CHIMÈNE.

Mon cœur outré d'ennuis n'ose rien espérer.
Un orage si prompt qui trouble une bonace
D'un naufrage certain nous porte la menace ;
Je n'en saurais douter, je péris dans le port.
J'aimais, j'étais aimée, et nos pères d'accord ;
Et je vous en contais la charmante nouvelle
Au malheureux moment que naissait leur querelle,
Dont le récit fatal, sitôt qu'on vous l'a fait,
D'une si douce attente a ruiné l'effet.
Maudite ambition, détestable manie,
Dont les plus généreux souffrent la tyrannie !
Honneur impitoyable à mes plus chers désirs,
Que tu vas me coûter de pleurs et de soupirs !

L'INFANTE.

Tu n'as dans leur querelle aucun sujet de craindre ;
Un moment l'a fait naître, un moment va l'éteindre :
Elle a fait trop de bruit pour ne pas s'accorder,
Puisque déjà le roi les veut accommoder ;
Et tu sais que mon âme, à tes ennuis sensible,
Pour en tarir la source y fera l'impossible.

CHIMÈNE.

Les accommodements ne font rien en ce point :
De si mortels affronts ne se réparent point.
En vain l'on fait agir la force ou la prudence ;
Si l'on guérit le mal, ce n'est qu'en apparence :
La haine que les cœurs conservent au dedans
Nourrit des feux cachés, mais d'autant plus ardents.

L'INFANTE.

Le saint nœud qui joindra don Rodrigue et Chimène
Des pères ennemis dissipera la haine ;
Et nous verrons bientôt votre amour le plus fort
Par un heureux hymen étouffer ce discord.

CHIMÈNE.

Je le souhaite ainsi plus que je ne l'espère :

Don Diègue est trop altier, et je connais mon père.
Je sens couler des pleurs que je veux retenir;
Le passé me tourmente, et je crains l'avenir.

L'INFANTE.

Que crains-tu? d'un vieillard l'impuissante faiblesse?

CHIMÈNE.

Rodrigue a du courage.

L'INFANTE.

Il a trop de jeunesse.

CHIMÈNE.

Les hommes valeureux le sont du premier coup.

L'INFANTE.

Tu ne dois pas pourtant le redouter beaucoup;
Il est trop amoureux pour te vouloir déplaire,
Et deux mots de ta bouche arrêtent sa colère.

CHIMÈNE.

S'il ne m'obéit point, quel comble à mon ennui!
Et, s'il peut m'obéir, que dira-t-on de lui?
Etant né ce qu'il est, souffrir un tel outrage!
Soit qu'il cède ou résiste au feu qui me l'engage,
Mon esprit ne peut qu'être ou honteux, ou confus,
De son trop de respect, ou d'un juste refus.

Mais il faudrait citer *le Cid* tout entier pour prouver que les sentiments et les idées qui remplissent la pièce ont un caractère évident d'*abstraction* et de *généralité*, qui ne se rencontre pas au même degré dans l'œuvre de *Castro*, et pour établir que *Corneille*, en écrivant sa tragédie, a puisé ses inspirations, non point dans l'histoire d'Espagne, mais dans les éléments fondamentaux de la nature humaine.

Occupons-nous maintenant des développements que le poète français a su ajouter à son drame. La preuve ne sera, je l'espère, ni moins facile ni moins concluante.

Depuis le moment où le *Comte Glorieux* a donné un soufflet à *Don Diègue*, jusqu'au moment où *Rodrigue* vient le provoquer, *Guillem de Castro* ne nous présente point *Chimène*, ou du moins il ne nous la montre que d'une manière indirecte et passive, sur un balcon du palais, à côté de l'*Infante*. Le poète n'a pas d'autre but que de la montrer à *Rodrigue*, et de la faire assister à la provocation en duel, ce qui est certainement très dramatique et d'un fort bel effet. *Corneille* procède autrement. A peine le *Comte Glorieux* a-t-il donné un soufflet à *Don Diègue*, que la cour et la ville sont informées de l'outrage que le noble vieillard a eu à subir. On ignore encore quelle a été la conduite de *Don Diègue*, quelle a été la conduite de *Rodrigue*. *Corneille* nous représente *Chimène* s'entretenant avec l'*Infante* du cruel événement qui est survenu, et s'abandonnant aux douloureuses réflexions que provoque naturellement chez elle une pareille mésaventure. Voilà un développement de l'action que *Castro* a négligé, mais que *Corneille* n'a pas manqué de nous offrir, et ce développement concourt, comme nous le verrons plus tard, au plan général de son œuvre.

Lorsque *Rodrigue* a vaincu les Mores, et que le roi *Ferdinand* lui a permis de reparaître à sa cour, *Chimène*, fidèle à son système de poursuivre sa vengeance, vient se présenter devant le roi, et lui demander justice pour la seconde fois. Voilà ce que nous trouvons dans *Castro*. Nous trouvons quelque chose de plus dans *Corneille*. Dans le Cid français, le 4ème acte s'ouvre par une scène entre *Chimène* et sa confidente, et se continue par une scène entre *Chimène* et l'*Infante*. Dans ces deux scènes, nous voyons *Chimène* s'entretenir avec sa confidente d'abord et ensuite avec l'*Infante* de la victoire de *Rodrigue*, de la gloire du jeune héros. Nous apprenons quels sont les sentiments de *Chimène*, en présence de cet incident. Nous voyons que sa passion a grandi, et qu'elle n'en persévère pas moins à poursuivre le meurtrier de son père. Cela forme une introduction naturelle à la suite de ce 4ème acte, qui est imitée de *Castro*.

Enfin, lorsque *Chimène* a demandé contre *Rodrigue* le combat singulier, et qu'elle a promis sa main à celui qui lui apporterait sa tête, le poëte espagnol nous la montre, rentrée chez elle, s'entretenant avec sa confidente, déplorant amèrement la cruauté de sa situation, regrettant en quelque sorte le parti qu'elle a pris, et redoutant par dessus tout que la victoire de *Martin Gonçalès* ne l'oblige à donner sa main au meurtrier de *Rodrigue*. *Corneille* n'a pas manqué d'emprunter à *Castro* cette scène pleine d'intérêt et éminemment propre à trahir les sentiments de *Chimène*. Mais avant d'en venir là, *Corneille* a intercalé dans le thème de son devancier une scène de toute beauté dont *Castro* ne lui avait pas donné l'idée, et qu'il n'a certainement puisée que dans son propre génie. Je veux parler de l'admirable scène qui ouvre le 5ème acte du *Cid*. Que voyons-nous dans cette merveilleuse scène ? *Rodrigue*, informé que sa maîtresse avait demandé contre lui le combat singulier, vient se présenter devant elle pour lui faire ses adieux, et pour lui annoncer que, puisque c'est elle qui le poursuit, il n'est nullement disposé à se défendre, et que son intention est de se laisser tuer par *Don Sanche*. Qu'on juge de l'étonnement et de la terreur de *Chimène*, en apprenant cette résolution de *Rodrigue !* Elle fait tous ses efforts pour le dissuader, et se trouve conduite, pour vaincre son obstination, à lui laisser voir toute sa passion, et même à lui rappeler l'ordonnance du roi qui a décrété que sa main appartiendrait au vainqueur quel qu'il fût. *Sors vainqueur d'un combat dont Chimène est le prix*, lui dit-elle, et ce vers a été considéré avec raison comme un des plus beaux de la pièce française.

Voilà des exemples frappants des développements que *Corneille* a su ajouter à l'intrigue imaginée par *Castro*. Il s'agit ici de scènes entières, comme on le voit. Ajoutons que, dans les scènes même qu'il a empruntées à *Castro*, il a su introduire une multitude de détails de la plus haute valeur, et qui ne laissent aucun doute sur la force de pénétration avec laquelle il avait saisi son sujet, et de la fécondité avec laquelle il a su le développer.

Dans la 2eme scène de la 2eme journée de *la Jeunesse du Cid*, *Elvire* dit à *Chimène* : *Tu aimes encore Rodrigue ? Songe qu'il tua ton père. Chimène lui répond : Oui ; et dans les fers où je le ferai plonger, il sera mon ennemi adoré.*

Voici le même passage imité par *Corneille* :

ELVIRE.

Il vous prive d'un père, et vous l'aimez encore !

CHIMÈNE.

C'est peu de dire aimer, Elvire, je l'adore ;
Ma passion s'oppose à mon ressentiment ;
Dedans mon ennemi je trouve mon amant ;
Et je sens qu'en dépit de toute ma colère,
Rodrigue dans mon cœur combat encor mon père :
Il l'attaque, il le presse, il cède, il se défend,
Tantôt fort, tantôt faible, et tantôt triomphant :
Mais, en ce dur combat de colère et de flamme,
Il déchire mon cœur sans partager mon âme ;
Et, quoi que mon amour ait sur moi de pouvoir,
Je ne consulte point pour suivre mon devoir ;
Je cours sans balancer où mon honneur m'oblige.
Rodrigue m'est bien cher, son intérêt m'afflige ;
Mon cœur prend son parti ; mais, malgré son effort,
Je sais ce que je suis, et que mon père est mort.

Dans cette même scène, lorsque *Rodrigue* s'est disculpé devant *Chimène*, celle-ci lui répond : *Rodrigue, Rodri-*

gue! ah! malheureuse! Je l'avoue, malgré la douleur qui me déchire, lorsque tu vengeas ton père, tu te conduisis en chevalier. Je ne t'accuse point de ce que je suis infortunée, et je dois me dévouer à la mort que je ne te donne pas; mais je te reproche de m'offenser en te présentant devant mes yeux, alors que mon sang fume encore sur tes mains et sur ton épée. Tu ne t'es point rendu à mon amour, tu as voulu me braver, trop sûr que je t'adorais pour croire que je t'abhorre.

Voici le passage du *Cid* qui correspond à celui-là :

Ah ! Rodrigue ! il est vrai, quoique ton ennemie,
Je ne te puis blâmer d'avoir fui l'infâmie ;
Et, de quelque façon qu'éclatent mes douleurs,
Je ne t'accuse point, je pleure mes malheurs.
Je sais ce que l'honneur, après un tel outrage,
Demandait à l'ardeur d'un généreux courage:
Tu n'as fait le devoir que d'un homme de bien;
Mais aussi, le faisant, tu m'as appris le mien.
Ta funeste valeur m'instruit par ta victoire ;
Elle a vengé ton père et soutenu ta gloire:
Même soin me regarde; et j'ai, pour m'affliger,
Ma gloire à soutenir et mon père à venger.
Hélas ! ton intérêt ici me désespère:
Si quelque autre malheur m'avait ravi mon père,
Mon âme aurait trouvé dans le bien de te voir
L'unique allégement qu'elle eût pu recevoir ;
Et contre ma douleur j'aurais senti des charmes,
Quand une main si chère eut essuyé mes larmes.
Mais il me faut te perdre après l'avoir perdu ;
Cet effort sur ma flamme à mon honneur est dû ;
Et cet affreux devoir dont l'ordre m'assassine,
Me force à travailler moi-même à ta ruine.
Car enfin, n'attends pas de mon affection
De lâches sentiments pour ta punition.
De quoi qu'en ta faveur notre amour m'entretienne,
Ma générosité doit répondre à la tienne ;
Tu t'es, en m'offensant, montré digne de moi ;
Je me dois, par ta mort, montrer digne de toi.

En voilà assez pour établir le mérite de *Corneille*, et pour démontrer d'une manière incontestable que, même en imitant, il a été original. En voilà assez pour établir que, l'originalité de *Corneille*, ne nuit pas à celle de *Castro*. Chacun d'eux a sa gloire propre. Et si le poète espagnol a heureusement exploité le *Romancero*, il n'en reste pas moins évident que *Corneille* a heureusement exploité à son tour la conception dramatique de son devancier.

« Libre de choisir parmi des récits sans nombre, *Guil-*
» *len de Castro* a pris les faits les plus propres à honorer
» sa patrie, et les a coordonnés en arrangeur habile. Si la
» vie du Cid, avec ses grandes journées, n'est pas tout le
» passé de l'Espagne, elle en est le plus beau résumé. Le
» poète, en donnant une forme dramatique à ces journées
» séculaires, leur a rendu la popularité des anciens temps;
» l'honneur castillan peut se mirer dans chaque page; il
» s'y trouve tout entier avec sa rude générosité, sa valeur
» indomptable, sa loyauté incorruptible, sa foi enthou-
» siaste; il n'y a pas d'épopée nationale qui respire un
» sentiment de patriotisme plus élevé et plus vrai.

» *Corneille* n'avait pas, ne pouvait pas avoir le même
» point de vue; il se serait infailliblement égaré s'il avait
» prétendu nous intéresser à une nationalité étrangère.
» Où a-t-il donc cherché les éléments d'une action qui fût
» de nature à toucher tous les cœurs français? Dans les
» combats pathétiques de la passion et du devoir. L'admi-
» rable tragédie qu'il a fait sortir du vaste poème intitulé
» *comédie* par *Guillen de Castro*, n'a pas nécessité seu-
» lement un travail de réduction, travail moins difficile
» que patient, il a fallu créer encore plus qu'imiter pour
» faire de cette tragédie une pièce de premier ordre, et
» pour lui donner une si forte contexture en la pliant au
» joug des unités. *Corneille* a opéré sur l'œuvre de *Guil-*
» *len de Castro*, comme celui-ci l'avait fait sur les nar-

» rations de ses devanciers ; et tous deux ont également
» réussi, puisqu'ils ont atteint le but qui convenait le
» mieux au génie de leur nation. » (1)

Il y a, dans ce jugement, quelques détails exacts ; il y a des points sur lesquels nous sommes heureux de nous trouver d'accord avec l'ingénieux et savant écrivain auquel nous l'empruntons ; mais il s'y trouve aussi quelques inexactitudes que nous croyons devoir relever.

Et d'abord, on dirait, à entendre M. *de Puibusque*, que *Corneille* a tiré sa tragédie de l'œuvre tout entière de *Guillem de Castro*, c'est-à-dire de *las Mocedades del Cid* considérées dans leur ensemble, tandis qu'il est évident, pour quiconque connaît *Guillem de Castro* et *Corneille*, que celui-ci n'a emprunté son *Cid* qu'à la première partie de *las Mocedades del Cid*. Dans la tragédie de *Corneille*, il n'est pas fait la moindre allusion à la mort de *Don Sanche*, au siège de *Zamora*, au combat de *Don Diègue Ordognez* contre les enfants de *Don Arias Gonzalve*, pas plus qu'au couronnement d'*Alphonse VI*, et au serment de *Sainte-Gadée*.

M. *de Puibusque* fait honneur à *Corneille* d'avoir plié sa pièce au joug des *unités*. En cela, il va un peu au-delà de la vérité. Ces fameuses unités sont au nombre de trois : l'unité de *temps*, l'unité de *lieu*, l'unité d'*action*. Or, c'est tout au plus si *Corneille* a réussi à observer *l'unité de temps*. Quant à *l'unité de lieu* et à *l'unité d'action*, il les a violées l'une et l'autre, ainsi que je l'ai démontré.

Il est certain que *Corneille* a placé toute son action dans les combats de la passion et du devoir. Mais en cela il n'a fait que suivre *Guillem de Castro* dont l'action dramatique roule également sur la lutte de *l'amour* et de *l'hon-*

---

(1) Histoire comparée des littératures française et espagnole, par M. Adolphe de Puibusque, tome 2, page 116.

neur. *Corneille* a étendu et *généralisé* les idées de son prédécesseur; voilà son vrai mérite; il a exploité avec un rare bonheur une conception déjà très heureuse. Un sujet *espagnol* est devenu entre ses mains un sujet *universel;* voilà la tâche qu'il a très habilement remplie.

Il n'est pas tout-à-fait exact de dire que *Corneille* a opéré sur l'œuvre de *Castro*, comme celui-ci l'avait fait sur les *romances*. *Castro* n'a pas trouvé de drame dans le *Romancero;* il y a trouvé des faits très dramatiques, c'est vrai; mais il n'y a pas trouvé une comédie ou une tragédie toute faite. *Corneille* a trouvé un drame dans *la Jeunesse du Cid*. Il y a trouvé une *action*, un *nœud*, une *péripétie*, un *dénouement;* il y a trouvé, en un mot, tous les éléments constitutifs d'une composition dramatique, et d'une composition dramatique très remarquable.

On le voit, c'est un esprit de justice et de sincérité qui m'anime. Quelle que soit mon admiration pour *Corneille*, et quelque justice que je sois disposé à lui rendre, quelque justice que je lui aie rendue, il n'en est pas moins vrai qu'il a imité *Castro*, et qu'il doit à *Castro* précisément ce que *Castro* lui-même avait ajouté au thème du *Romancero*, c'est-à-dire la trame sur laquelle il a déposé toutes les richesses de son imagination. L'originalité de *Corneille* se concilie très bien avec les emprunts qu'il a faits à *Castro*. Or, ce qu'il lui a emprunté, c'est sa conception dramatique, c'est son intrigue. Qu'on examine avec soin la marche des deux pièces, et l'on se convaincra facilement que l'action est la même de part et d'autre, que les éléments essentiels de l'intrigue sont identiques.

Il faut nécessairement se placer à ce point de vue, il faut admettre cette identité entre le canevas des deux pièces, pour comprendre ce qui me reste à dire sur *le Cid*, et pour sentir la justesse des appréciations que j'ai encore à présenter sur le chef-d'œuvre de *Corneille*.

§ 5.

*Critique du Cid. — Vice du dénouement. —
Impossibilité absolue, au point de vue moral,
de marier les deux héros. — Efforts de
Corneille pour arriver au mariage. —
Incertitude de sa conclusion.*

En examinant la pièce de *Castro*, j'ai dit qu'il y avait un vice radical dans le dénouement. Je me suis attaché à démontrer cette imperfection de l'œuvre d'ailleurs si remarquable du poète valencien. J'ai dit que le mariage du *Cid* et de *Chimène* pouvait être accepté comme un fait historique, et qu'il pouvait très bien s'expliquer par les idées et par les mœurs du xie siècle; mais j'ai nié qu'au point de vue de l'idéal où s'est placé *Castro* ce mariage fût possible ou *moralement* acceptable. *Castro* pouvait faire un drame purement historique, et alors sa pièce pouvait se dénouer d'une manière conforme à la tradition. Il n'y avait là aucune difficulté. Mais *Castro* ayant abandonné la vérité historique, *Castro* ayant mis le pied dans la sphère de la *vérité morale*, il ne lui était plus permis d'avoir recours au dénouement consacré par l'histoire, à moins de trouver un principe moral en vertu duquel on pût légitimer une pareille union. En changeant les personnages de *Chimène* et de *Rodrigue*, en modifiant leur caractère, le poète se plaçait en face d'une nouvelle perspective, il excitait dans l'esprit et dans le cœur de ses spectateurs une tout autre attente; dès lors, il s'imposait l'obligation de remplir sa tâche jusqu'au bout, et de trouver une autre issue à la situation qu'il avait créée. Il fallait changer la

13.

conclusion d'une histoire dont on avait altéré le commencement. Une fois sorti du milieu où il avait trouvé *Chimène* et *Rodrigue*, une fois sorti de l'enceinte du moyen âge, le poète ne devait pas y retomber lourdement pour emprunter à l'histoire une conclusion surannée, et pour faire finir comme ils ont réellement fini des personnages du xie siècle transformés en personnages du xviie siècle. Il y a, dans le drame de *Castro*, une sorte de contradiction que j'ai essayé de mettre en relief.

Il suit de cette observation et des réflexions précédentes que le vice radical de *la Jeunesse du Cid* a dû passer dans *le Cid* de Corneille. Il n'y a rien de plus évident que cette conclusion. On pourrait croire d'abord, en s'appuyant sur un examen superficiel, que, grâce aux modifications introduites par *Corneille*, le vice de cette intrigue, ou pour mieux dire, l'impropriété du dénouement a disparu ou s'est affaiblie. Il n'en est rien, et c'est plutôt le contraire qui est vrai. La faute de *Castro* n'a fait que grandir sous la main de *Corneille*. La contradiction que j'ai signalée est devenue d'autant plus flagrante que *Corneille* ayant supprimé, dans sa pièce, tous les éléments historiques, et s'étant élevé jusqu'au troisième ciel de l'*idéal moral*, il lui était encore plus interdit qu'à *Castro* de venir puiser dans l'*histoire* ou dans la *tradition* un dénouement qui n'avait d'autre mérite que d'avoir été, mais qui avait le défaut capital de n'avoir pas dû être, un fait qui peut bien avoir une bonté relative, lorsqu'on se transporte à l'époque qui l'a vu se produire et qui l'a sanctionné de son approbation, mais qui ne saurait atteindre aux proportions d'une *moralité absolue* et d'une règle de conduite *universelle*.

Si *Guillem de Castro* a eu tort de sortir de la *vérité morale*, après y avoir touché, la faute est bien plus grande chez *Corneille* qui, placé dans l'*idéal moral* dès les premières scènes de son œuvre, s'est constamment maintenu dans cette haute sphère, et qui n'aurait jamais dû en descendre. L'intrigue est exactement la même dans les deux pièces ; c'est la même question qui s'agite dans *la Jeunesse du Cid* et dans *le Cid* français. La seule différence qu'il y ait entre l'une et l'autre composition, c'est que dans celle de Corneille la question est posée dans toute son abstraction et dans toute sa généralité. Et cela est si vrai que le problème peut être exprimé avec une précision toute mathématique, pour ainsi dire :

Etant donnés un jeune homme et une jeune fille qui s'aiment et qui sont sur le point de se marier, on suppose que le père du jeune homme et le père de la jeune fille ont ensemble une altercation violente, à propos d'une place que le roi a donnée au premier, et dont le second se croyait beaucoup plus digne. Emporté par sa jalousie et par son orgueil, le père de la jeune fille s'oublie jusqu'au point de donner un soufflet au père du jeune homme. Celui-ci, réduit par la faiblesse de son âge à ne pouvoir se venger lui-même d'un pareil affront, confie le soin de sa vengeance à son fils. Le fils, domptant la violence de son amour, prend fait et cause pour son père. Il appelle en duel le père de sa maîtresse ; il se bat avec lui et le tue.

Cela posé, on demande :

1° De soustraire le jeune homme à la vindicte des lois ;

2° D'opérer le mariage projeté, ou d'unir le meurtrier à la fille de sa victime.

Voilà, dans toute sa simplicité, le problème que présente l'action du *Cid*. Voilà la double question qui s'agite pendant toute la durée du drame. Et l'on comprend maintenant pourquoi j'ai préféré la poser, l'agiter et la résoudre à propos du *Cid* de Corneille plutôt qu'à propos de *la Jeunesse du Cid*. Je voulais m'affranchir des complications *historiques*. Je voulais me placer sur le même terrain que *Corneille*. Je voulais qu'il me fût permis de me mouvoir librement dans la sphère de la *vérité morale*.

Je n'ai pas besoin d'indiquer l'ordre logique qui unit les deux questions. Il est évident que la première doit être résolue, et résolue dans un sens favorable, pour qu'on puisse s'occuper de la seconde. Si le jeune homme ne peut pas être soustrait à la vindicte des lois, et si le châtiment qu'il a encouru n'est autre chose que la peine capitale, il n'y a plus lieu de songer au mariage. Si, au contraire, le jeune homme peut être dispensé de payer de sa tête le délit qu'il a commis, alors on peut se demander si le mariage est possible.

La première partie du problème ne présente aucune difficulté. La solution est des plus faciles et des plus simples. Le jeune homme a commis un délit, c'est évident. Mais à peine couvert du sang de sa victime, il s'élance contre les ennemis de son pays. Il sauve son roi et sa ville natale d'une formidable invasion. Dès lors, il mérite qu'on lui pardonne son duel, et le meurtre qui en a été la conséquence. Le roi est parfaitement en droit de lui faire grâce. Il est pleinement autorisé à dire à ceux qui le poursuivent :

Les Maures en fuyant ont emporté son crime.

La plupart des critiques, *Voltaire* en tête, ont paru croire que la solution de la première question entraînait la solution de la seconde. Parce que *Rodrigue* a battu les Mores, ils le jugent et le déclarent digne d'épouser *Chimène*. Il y a là, si je ne me trompe, une grossière équivoque; rien n'est plus faux. Les deux questions sont parfaitement distinctes l'une de l'autre. La solution de la première laisse subsister la seconde dans son entier.

Au reste, il est bon de remarquer que ni *Guillem de*

Castro ni *Corneille* n'ont partagé, à ce sujet, l'opinion de leurs critiques. Ils ont bien employé la victoire de *Rodrigue* sur les Mores, pour innocenter *Rodrigue*; mais ils se sont bien gardés de le marier immédiatement. Pour arriver au mariage, il a fallu faire jouer d'autres ressorts. La passion profonde et invincible de *Chimène*, le combat singulier entre *Rodrigue* et un champion provoqué par *Chimène*, l'offre que fait celle-ci de donner sa main au vainqueur de *Rodrigue*, la volonté du *Roi*, qui ordonne que les chances seront égales pour les deux combattants : tels sont les moyens employés par les deux poètes pour arriver au mariage ou à l'*idée* du mariage, comme dit Corneille.

La seconde question reste donc tout entière, après la solution de la première, et ici, je n'hésite pas à le dire, le problème est insoluble. Le mariage est décidément rompu, et rien au monde ne peut plus le renouer. Il n'y a ni motif ni raison qui puisse autoriser une fille à donner sa main au meurtrier de son père. L'instinct moral se soulève contre une pareille union. Ce mariage blesserait toutes les convenances. Il serait souverainement scandaleux. Encore une fois, il n'y a pas de solution possible. Le problème, ainsi posé, peut être mis à côté de la quadrature du cercle.

Pour que les deux amants pussent s'unir, il faudrait qu'on pût invoquer un principe qui dominât les convenances dont nous sentons tous la force et l'impérieuse exigence. Il faudrait qu'on pût invoquer, dans la question du mariage, un droit ou un devoir supérieur au respect filial, au culte de la famille. Or, ce principe n'existe pas. Si le mariage était obligatoire, si c'était un crime de ne pas se marier; si de plus il y avait un délit manifeste à retirer une promesse de mariage qu'on a faite à une personne déterminée, alors peut-être on pourrait arriver à effectuer le mariage dont il s'agit. Mais il n'en est rien. Le mariage n'est pas obligatoire. On est libre de se marier ou de ne pas se marier. On est libre d'épouser Pierre ou Paul, Charlotte ou Virginie. De plus, lorsqu'on a engagé sa foi, et qu'on a promis le mariage, l'obligation est conditionnelle. Elle suppose toujours que le mariage pourra se faire sans blesser des convenances supérieures à un manquement de promesse. Si ces convenances se trouvent blessées, la promesse tombe d'elle-même et reste sans effet. Vous aviez promis à une jeune personne de l'épouser. Vous venez à découvrir que cette jeune personne est votre sœur. Vous ne pouvez plus, vous ne devez plus l'épouser. Vous aviez promis votre main à un jeune homme. Ce jeune homme tue votre père en duel ; plus de mariage possible avec lui. Votre promesse est comme non avenue. Il n'y a plus d'engagement.

Faisons une hypothèse. Supposons que *Rodrigue* et *Chimène* fussent mariés, au moment où leurs parents se divisent et où *Don Diègue* reçoit un affront, au moment par conséquent où *Rodrigue* provoque le *Comte* en duel, se bat avec lui et le tue. Le mariage est indissoluble, et il n'y aurait pas là une cause suffisante de divorce. *Rodrigue* et *Chimène* n'en seraient pas moins mariés. Et cependant, qui est-ce qui ne comprend pas que, dans une pareille situation, il y aurait pour la femme une attitude à prendre, une réserve à s'imposer? Comment pourrait-on admettre que les mêmes rapports subsistassent encore entre le mari et la femme, après une pareille catastrophe? Eh bien! une circonstance qui suffirait et au-delà pour dissoudre le mariage ; autant que le mariage peut être dissous, doit suffire à plus forte raison pour empêcher le mariage, lorsque le mariage n'est pas encore fait.

Le principe que j'invoque ici est tellement fort et tellement puissant que je ne craindrai pas de le pousser jusqu'à ses dernières limites. J'admets, pour un moment, que

Rodrigue ait tué le *Comte*, sans le vouloir, sans mauvaise intention. Supposons que peu de temps avant le jour fixé pour le mariage, *Rodrigue* soit allé à la chasse avec son futur beau-père, et que là, par mégarde, par accident, *Rodrigue* ait donné la mort à celui qui allait l'appeler son fils. Eh bien! dans ce cas-là même, bien plus favorable, comme on le voit, que le précédent, je regarderais le mariage comme rompu. Je n'approuverais point une fille qui consentirait à mettre sa main dans la main d'un homme qui, par un simple accident, sans intention coupable et sans mauvaise volonté, serait devenu le meurtrier de son père. Je ne crois pas que ce soit exagérer le respect filial et le culte des sentiments domestiques que d'en reculer les limites jusqu'au point que je viens d'indiquer.

Voilà donc ce que je trouve à reprendre dans *le Cid* français. Voilà ce qui me choque et me blesse dans une composition d'ailleurs si remarquable et qui a ouvert en France l'ère de la véritable tragédie. Le mariage de *Rodrigue* et de *Chimène* est impossible, *moralement* parlant, et comme il est impossible, il n'a pu être amené que par des moyens forcés. Tels sont aussi évidemment les moyens que *Corneille* a employés. Et il ne servirait à rien de dire que le vice vient de l'original. Je sais bien que la faute est dans *Castro*; je l'y ai signalée moi-même, et j'en ai fait un sujet de reproche au poète espagnol; mais il est fâcheux que cette faute ait passé dans l'imitation de *Corneille*; et cela est d'autant plus fâcheux que la faute ne s'est point affaiblie; au contraire, elle n'a fait que grandir et prendre des proportions plus considérables. Le point de vue où s'est placé *Corneille* ne pouvait qu'ajouter au vice de la conception, et devait avoir pour effet de le mettre en relief. Ajoutons à cela que *Corneille* s'adressant à des spectateurs plus délicats et plus avancés, en fait de moralité, que les spectateurs de *Castro*, ce vice devait être plus visible et plus sensible tout à la fois.

Si je ne me suis pas trompé dans la critique que je viens d'adresser à l'œuvre de *Pierre Corneille*, et si mon reproche est fondé, nous trouverons dans ce fait l'explication de cette longue polémique qui se rattache à l'apparition du *Cid*, et des nombreuses controverses qui se sont établies à son sujet. Sans doute, la jalousie et l'envie eurent une grande part au débordement d'injures et de reproches qui accueillirent dans sa nouveauté le chef-d'œuvre de *Corneille*. *Scudéri* ne se montra point indulgent pour la tragédie du *Cid*, et l'*Académie* fut en quelque sorte condamnée à prononcer sa condamnation. Mais quand la malveillance peut se rattacher à quelque chose, et lorsque l'envie a le moindre prétexte de blâme, la malveillance et l'envie n'en deviennent que plus énergiques, et il est difficile de leur faire lâcher prise. Je crois donc qu'au fond des critiques de *Scudéri* et des critiques de l'*Académie*, il y avait le sentiment vague et confus de la vérité que je viens d'exprimer. Ni *Scudéri*, ni l'*Académie* ne se rendirent un compte parfaitement exact de ce qui les blessait dans la pièce de *Corneille*. Leur langage manque souvent de précision et de clarté; mais on comprend à peu près ce qu'ils veulent dire, et ce qu'ils veulent dire revient au fond à ce que j'ai dit moi-même sur *l'impossibilité morale* du mariage, en un pareil sujet.

Ainsi le premier reproche que *Scudéri* adresse à la pièce du *Cid*, c'est que *le sujet en est mauvais*. L'*Académie* convient que le sujet pèche contre la *vraisemblance*. Il est évident que *Scudéri* se trompe, et que l'*Académie* ne s'exprime pas clairement. Le sujet est fort bon; la situation est éminemment dramatique. L'émotion règne dans toute la pièce; l'enthousiasme éclate à plusieurs reprises. D'un autre côté, il y a beaucoup de choses dans *le Cid* qui sont extrêmement vraisemblables. Je n'ai pas besoin de les relever. Ce qu'il fallait dire, parce que c'est la vérité, c'est que le dénouement est vicieux, c'est-à-dire qu'il est inacceptable, au point de vue *moral*, et que le poète étant pourtant un homme très moral, il n'a pu le produire, si toutefois il l'a produit, que par des moyens forcés, par des moyens extérieurs qui ne sont pas empruntés à la nature morale de l'homme, et qui ne sortent pas des entrailles du sujet.

Un grand nombre de critiques se sont arrêtés à blâmer *Corneille* d'avoir marié ses héros vingt-quatre heures après la mort du *Comte;* ils ont pensé que *Castro* avait été plus heureux, parce que sa pièce n'étant pas soumise à l'unité de temps, le mariage n'arrive chez lui que deux ans après la mort de *Don Gomez*. Cette observation est parfaitement superficielle, et ne va point au fond de la question. Il ne s'agit ni de vingt-quatre heures ni de vingt-quatre mois. Sans doute il serait souverainement scandaleux qu'une fille se mariât vingt-quatre heures après la mort de son père, et qu'elle épousât précisément celui qui a tué son père dans un duel. Mais le mariage est impossible, radicalement impossible, quelle qu'en soit l'époque. Chimène ne peut épouser Rodrigue ni vingt-quatre heures, ni huit jours, ni six mois, ni dix ans après la mort de son père; son mariage est absolument rompu; il n'y a rien qui puisse le renouer; voilà ce qu'il fallait voir et ce qu'il fallait dire. Voilà ce qu'il fallait reprocher à *Castro* tout aussi bien qu'à *Corneille;* car ils ont commis à peu près la même faute.

Seulement il peut y avoir quelques différences à signaler entre les deux poètes. *Castro* écrivait une comédie et une pièce historique; il était plus près de la tradition; il marchait appuyé sur le *Romancero;* il s'adressait à des spectateurs espagnols; il devait éprouver une crainte plus vive de s'écarter de l'histoire; il est probable qu'il n'a pas même songé à le faire. Quoiqu'il ait idéalisé ses personnages, et notamment *Chimène Gomez* et le *Cid Campéador*, il n'a pas eu la prétention d'en faire des types abstraits de *moralité*. C'est surtout la peinture de la passion qui domine chez lui. Il ne s'est point interdit les détails comiques qui se présentaient dans un pareil sujet. Il s'élève à l'idéal, mais il ne vise point à s'y maintenir d'une manière exclusive et absolue, et aussitôt qu'il a trouvé un moyen tant soit peu plausible de se rapprocher de la tradition, il se hâte d'en profiter, et, rentrant vivement dans le thème du *Romancero*, il décide le mariage et l'enlève, pour ainsi dire, par un coup de baguette. Il y a de la grâce et de la dextérité dans son dénouement. Ajoutons à cela, si l'on veut, que le mariage ne se fait, conformément à l'histoire, ou, pour mieux dire, à la tradition populaire, que longtemps après la mort du *Comte*.

Corneille était dans une tout autre situation. Ayant éliminé de son sujet tout ce qui touchait à l'histoire et à la comédie, ayant voulu faire une pièce sérieuse, et n'ayant exploité que la conception dramatique, dans toute sa pureté, il s'est placé de prime-abord dans un idéal de *moralité absolue*; il s'est trouvé en face du problème tel que je l'ai formulé précédemment. La difficulté était beaucoup plus grande pour lui que pour son devancier; elle était d'autant plus grande qu'il voulait renfermer sa pièce dans l'espace de vingt-quatre heures, et qu'il s'adressait à des spectateurs français.

Corneille, enchanté du succès du *Cid*, soutenu par la faveur populaire, et connaissant très bien une partie des motifs qui faisaient agir ses adversaires, dédaigna de répondre aux attaques de *Scudéri*, aux observations de l'*Académie*, attaques et observations qui manquaient d'ailleurs de précision et de clarté. Il aima mieux se justifier par de nouveaux chefs-d'œuvre. Cependant *Corneille*, si bon juge de ses propres ouvrages, si scrupuleux avec lui-même, *Corneille*, dis-je, n'a pas pu se dissimuler le vice de sa conception, de la conception du moins qu'il empruntait à *Castro*. Outre ce qu'il en dit lui-même dans son *Examen du Cid*, on n'a qu'à lire sa pièce attentivement pour se convaincre que son esprit était continuellement tendu vers le dénouement, et qu'au moment où il écrivait sa tragédie, avant d'être attaqué par conséquent, il avait parfaitement senti lui-même toute la difficulté du problème. Il est très curieux d'observer les efforts prodigieux qu'il a faits pour arriver à conclure le mariage ou à le présenter comme possible. Une grande partie de l'invention qu'il a déployée dans sa composition semble avoir évidemment pour but d'affaiblir la solidité du nœud, et de multiplier les moyens qui pouvaient aider à le dénouer par le mariage. Etudiée sous ce point de vue, sa pièce offre le plus vif intérêt.

Et d'abord *Corneille* a supposé que les choses étaient beaucoup plus avancées qu'elles ne le sont dans *Castro*, avant la querelle du *Comte* et de *Don Diègue*, et avant l'outrage fait à celui-ci. *Castro* suppose, il est vrai, que les jeunes gens s'aiment déjà; c'est là sa gloire et son mérite; mais *Castro* ne suppose point du tout que les parents soient informés de la passion de leurs enfants. Le *Comte de Gormaz* et *Don Diègue* ne se doutent pas, en se querellant, que leur discorde va briser le cœur de leurs enfants et compromettre leur avenir. Cette situation a quelque chose de dramatique; *lord Holland* en a fait l'observation qui me paraît juste. Quoi qu'il en soit, l'ignorance des parents a du moins pour effet de rendre la querelle des pères plus plausible et moins déraisonnable. Dans *Corneille*, les deux pères sont instruits de la passion de leurs enfants, dès le commencement de la pièce. Il y a plus, c'est qu'ils l'approuvent. Nous savons même que *Don Diègue* se propose de demander pour son fils la main de *Chimène*, au sortir du conseil. On voit que nous sommes sur les confins du mariage. Tout semble se disposer pour l'union des deux amants. Cette conception offre un inconvénient au premier coup-d'œil ; c'est de faire de la querelle des deux pères une espèce de folie. Comment supposer que des hommes qui sont sur le point de s'allier se disputent si vivement une charge à la cour? Les rapports qui sont sur le point de s'établir entre eux devraient les arrêter. Chacun d'eux devrait être fier et heureux des succès de l'autre. Leur ambition et leur discorde sont bien moins motivées ici que dans *Castro*; mais cela même rentre dans le plan général de *Corneille*, comme on va le voir:

Et, en effet, dans *Castro*, ni le *Comte* ni *Don Diègue* ne manquent l'un et l'autre de vanité et de présomption. Le *Comte* a d'autant plus raison d'être piqué qu'il avait demandé la place en litige, et que la préférence accordée à *Don Diègue* semble être une exclusion prononcée contre lui. Il fait remarquer que la vieillesse de *Don Diègue*, vieillesse qui est un fait hors de doute, le rend peu propre à cet emploi. *Don Diègue* se récrie à cette observation. Il ne s'épargne pas les compliments ; il donne un démenti au *Comte*, et s'attire en quelque sorte le soufflet qu'il en reçoit. Dans *Corneille*, tous les torts sont du côté du *Comte*. *Don Diègue* se montre tout d'abord modeste, conciliant, disposé aux concessions. C'est *Don Gomez* qui affiche un orgueil et une hauteur insupportables; il est ironique, et le soufflet est beaucoup moins motivé que dans *Castro*. Ce n'est que poussé à bout par l'insistance de son adversaire que le digne vieillard lui adresse le démenti pour lequel il est si cruellement châtié. Le *Comte* est beaucoup plus coupable dans *Corneille* que dans *Castro*. Il se présente sous un jour presque odieux. Il se montre mauvais père ; car il ne tient aucun compte des affections de sa fille, et il les foule aux pieds pour n'écouter que les réclamations d'une susceptibilité toute personnelle.

Dans la scène de la provocation, chez *Castro*, le *Comte* est très méprisant à l'égard de *Rodrigue ;* il le menace même de lui donner des coups de pied. Dans *Corneille*, il se présente sous un autre aspect. Il aime *Rodrigue ;* il le plaint ; il l'aurait volontiers accepté pour gendre ; il ne connaît pas de meilleur parti pour sa fille ; on sent dans tout ce discours, qui est admirablement conçu, que si le *Comte de Gormaz* n'allait pas se battre avec *Rodrigue*, et si sa présomption lui permettait de croire qu'il pourrait bien être tué, il n'hésiterait pas à léguer sa fille à *Rodrigue*, et à lui confier le soin de son bonheur. Il le considère comme un parfait gentilhomme ; il lui répugne de se battre avec lui ; il ne voudrait pas le tuer ; il cède enfin à l'insistance du jeune homme ; il reconnaît que *Rodrigue* fait son devoir, et qu'il ne peut rester sous le coup de l'affront fait à son père. Enfin il sort avec *Rodrigue* en exprimant l'idée qu'il va le tuer. Ce dernier trait de présomption est calculé, comme tout le reste, pour appeler l'intérêt du spectateur sur *Rodrigue*, et pour présenter le *Comte* lui-même sous le jour le moins favorable (1). Voici quelque chose de plus hardi, et il ne faut pas moins que le génie de *Corneille* pour faire accepter de pareilles témérités.

La querelle du *Comte* et de *Don Diègue* a fait du bruit ; on sait que le vieillard a reçu un outrage sanglant. *Chimène* s'entretient avec l'*Infante* de cette cruelle mésaventure. Elle se livre aux réflexions les plus douloureuses sur les conséquences probables de ce fâcheux événement. C'est en vain que l'*Infante* la rassure. *Chimène* s'attend à un

---

(1) Je n'ignore pas que l'*Académie* a jugé ce discours inutile et hors de propos. J'en suis désolé pour l'*Académie*.

duel. Il y a plus. Elle ne saurait pas bon gré à *Rodrigue* de ne pas employer son bras à la défense de son père. Elle ferait bien peu de cas d'un gentilhomme qui, par considération pour sa maîtresse, laisserait la honte et le déshonneur s'installer au foyer paternel. Ainsi c'est *Chimène* elle-même qui semble en quelque sorte mettre l'épée à la main de *Rodrigue*, et tout le monde sait que les sentiments qu'elle manifeste dans cette scène lui ont valu de la part de *Scudéri* un torrent d'injures. Mais dans le système de *Corneille*, tout cela est admirablement combiné pour amoindrir la culpabilité de *Rodrigue*, et pour rendre le mariage moins révoltant.

Lorsque le *Comte* est mort, *Chimène* vole auprès du Roi pour lui demander justice; elle ne pouvait pas faire autrement. Ici le devoir parlait trop haut pour ne pas être écouté. Mais lorsqu'elle est rentrée chez elle, et qu'elle se croit seule avec sa confidente, elle laisse éclater toute sa douleur; elle avoue qu'elle aime *Rodrigue*, que sa passion s'oppose à son ressentiment contre lui. Elle le poursuivra, sans doute; mais elle désire vivement que sa poursuite demeure sans effet. Elle reconnaît devant *Rodrigue* que celui-ci a fait le devoir d'un homme de bien. Elle ne lui reproche pas, comme dans *Castro*, de ne s'être pas rendu à son amour. Elle lui renouvelle sa déclaration que, tout en le poursuivant, elle fera des vœux pour que sa poursuite n'ait aucun succès.

Après la victoire de *Rodrigue* sur les Maures, *Chimène* ne cache pas à sa confidente non plus qu'à l'Infante que sa passion pour *Rodrigue* n'a rien perdu de son énergie, qu'elle n'a fait au contraire que s'accroître; mais dans la crainte qu'on ne l'accuse de manquer à son devoir, elle déclare qu'elle ne renonce pas à le poursuivre. La scène entre *Chimène* et l'*Infante*, au 4me acte, est même très curieuse, et demande à être étudiée avec soin. *Dona Urra-*

que représente fort sagement à *Chimène* que maintenant *Rodrigue* est le soutien de son pays, qu'il a remplacé le *Comte de Gormaz*, et que *Chimène* devrait lui faire grâce par patriotisme. Elle lui représente encore que le Roi ne l'écoutera probablement plus. Ces considérations fort justes ne font aucune impression sur *Chimène*, qui persiste à vouloir demander la tête de son amant. Les représentations de l'*Infante*, quoique parfaitement fondées en droit et en raison, sont entachées d'un vice secret. L'*Infante*, en plaidant la cause du bon sens et de la vérité, plaide malheureusement sa propre cause. Il lui convient parfaitement, à elle, que *Chimène* fasse grâce à *Rodrigue*. Elle veut bien qu'elle lui ôte son cœur; elle l'y engage même, cela se conçoit; mais elle lui demande de ménager sa vie. On dirait que *Chimène* pénètre dans le cœur de l'*Infante*, et qu'elle devine le motif qui la fait agir, ou qui entre pour quelque chose dans son action. On dirait qu'elle craint de laisser vivre *Rodrigue* pour une autre que pour elle; elle semble préférer la mort de *Rodrigue* à son infidélité. Il n'y a rien d'explicite à cet égard, puisque dans la pièce de *Corneille*, *Chimène* est censée ignorer la passion de l'*Infante* pour *Rodrigue*; mais enfin *Chimène* n'agirait pas autrement qu'elle n'agit, si elle avait les sentiments que nous lui supposons ici.

Dans la pièce de *Castro*, *Chimène* demande justice au *Roi* trois fois. Dans la pièce de *Corneille*, elle ne demande justice que deux fois, et encore, suivant *Corneille* lui-même, est-ce une fois de trop, puisque l'action ne dure que vingt-quatre heures.

Corneille, pas plus que *Castro*, n'a négligé de faire éclater la passion de *Chimène* pour *Rodrigue*, aux yeux de toute la cour, à deux reprises différentes, chaque fois que *Rodrigue* passe pour mort. L'amour de *Chimène* survivant à la mort de son père, et redoublant même d'intensité après les exploits de *Rodrigue*, leur a paru à l'un et à l'autre un bon acheminement au mariage. Mais il y a quelque chose de plus dans *Corneille* que dans *Castro*. Le poète français s'est attaché à constater et à mettre en relief la passion profonde et invincible, l'amour mutuel et exclusif des deux amants. Il résulte de la pièce de *Corneille*, plus encore que de celle de *Castro*, que si *Rodrigue* et *Chimène* ne se marient pas ensemble, certainement ils ne se marieront jamais. (1)

Dans *Castro*, *Chimène* promet sa main à celui qui lui apportera la tête de *Rodrigue*. Le Roi n'ajoute rien à cette déclaration. Or, c'est *Rodrigue* qui, après avoir tué *Martin Gonçalès*, apporte lui-même sa propre tête, et comme il a rempli la condition imposée par *Chimène*, c'est *Rodrigue* lui-même qui demande résolument la main de *Chimène*, à moins que celle-ci, ayant entendu parler d'une tête coupée, ne préfère lui couper la tête. Le *Roi* prononce le jugement en faveur de *Rodrigue*, et tous les assistants pressent *Chimène* de se rendre aux vœux de son amant et à la décision du *Roi*. *Chimène* se résigne, et il est arrêté que le mariage sera célébré dans la soirée. *Corneille* a rejeté ce moyen un peu trop comique, on le voit bien. Il a cherché d'autres combinaisons. Chez lui, *Rodrigue* est complètement passif. Il se met à la discrétion de *Chimène*; mais il ne demande rien, il n'exige rien, il n'impose aucune obligation à sa maîtresse. C'est le *Roi* qui n'a consenti au combat singulier de *Don Sanche* avec

---

(1) Dans *la Vraie suite du Cid*, d'Urbain Chevreau, c'est encore la passion mutuelle et indestructible de *Chimène* et de *Rodrigue* qui les mène au mariage. Il n'y a pas d'autre ressort. Cela confirme mon opinion que le mariage est impossible. S'il existait un moyen rationnel et légitime de l'opérer, il se serait offert à l'esprit de quelqu'un, et, à défaut de tout autre, Corneille au moins l'aurait trouvé.

Rodrigue qu'à la condition expresse que *Chimène* épouserait le vainqueur, quel qu'il fût, et, d'après cela, la victoire de *Rodrigue* la livre à son amant, sans que celui-ci ait besoin de faire aucune demande, sans que *Chimène* ait besoin d'exprimer elle-même aucun acquiescement.

Dans *Corneille*, nous voyons *Don Sanche*, après sa défaite, donner, pour ainsi dire, sa démission d'amoureux de *Chimène*; et ici *Don Sanche* peut être considéré comme une personnification de tous les jeunes gens de la cour qui pourraient aspirer à la main de *Chimène*. En présence de la passion si violente et si notoire de *Chimène* pour *Rodrigue*, toute la jeunesse castillane renonce, par la bouche de *Don Sanche*, à porter obstacle à un mariage *qui fait le beau succès d'une amour si parfaite.*

Dans *Corneille*, l'infante *Dona Urraca*, après avoir dompté sa propre passion pour *Rodrigue*, vient le présenter elle-même à *Chimène*, et ici encore l'*Infante* est une personnification du *sexe* qui approuve, par la bouche de *Dona Urraca*, l'union des deux amants.

Enfin, dans la pièce française, le *Roi*, qui peut être considéré comme la plus haute expression de la *justice* et de l'*honneur*, le *Roi*, qui est la *loi* vivante, la *raison* incarnée, exhorte *Chimène* à ne plus rougir de sa tendresse, et à se soumettre à l'arrêt du Ciel. Il l'assure qu'elle a parfaitement et pleinement rempli son devoir filial, et qu'elle s'est acquis le droit de penser à elle et de suivre l'impulsion de son cœur.

Ainsi, on voit que *Corneille* a multiplié les ressorts, a épuisé toutes les combinaisons qui pouvaient amener le mariage. Aux moyens déjà inventés par *Castro*, il en a ajouté d'autres; et cependant, arrivé à la fin de sa pièce, il s'arrête, il hésite; le mariage ne se fait pas, et *Chimène* expose très bien, en quelques mots pleins de sens et de dignité, toute l'inconvenance d'une pareille union.

La première question qui se présente ici est une question de fait. Comment finit *le Cid* réellement? Les critiques les plus intelligents et les plus habiles répondent que le mariage ne se fait pas, mais que tout annonce qu'il se fera. *Chimène* ne donne pas son consentement, mais tout fait espérer qu'elle le donnera plus tard. La perspective du mariage, le mariage décidé, mais ajourné : voilà, suivant l'opinion qui me paraît la plus répandue, le véritable dénouement du *Cid*, et il va sans dire qu'on loue et qu'on admire généralement une conclusion aussi délicate. Il me semble que ce n'est pas là tout-à-fait l'opinion de *Corneille*. Voici les paroles de *Corneille* lui-même, dans son Examen du Cid : « Si *Chimène* ne dissimule point
» qu'elle penche du côté de *Rodrigue*, de peur d'être à
» *Don Sanche*, pour qui elle a de l'aversion, cela ne détruit point la protestation qu'elle a faite un peu auparavant que, malgré la loi de ce combat et les promesses
» que le *Roi* a faites à *Rodrigue*, elle lui fera mille autres
» ennemis, s'il en sort victorieux. Ce grand éclat même
» qu'elle laisse faire à son amour, après qu'elle le croit
» mort, est suivi d'une opposition vigoureuse à l'exécution
» de cette loi qui la donne à son amant, et elle ne se tait
» qu'après que le Roi l'a différée, et lui a laissé lieu d'espérer qu'avec le temps il y pourra subvenir quelque
» obstacle. Je sais bien que le silence passe d'ordinaire
» pour une marque de consentement; mais, quand les rois
» parlent, c'en est une de contradiction : on ne manque
» jamais à leur applaudir quand on entre dans leurs sentiments; et le seul moyen de leur contredire avec le respect qui leur est dû, c'est de se taire, quand leurs ordres
» ne sont pas si pressants qu'on ne puisse remettre à s'excuser de leur obéir lorsque le temps en sera venu, et
» conserver cependant une espérance légitime d'un empêchement qu'on ne peut encore déterminément prévoir.

» Il est vrai que, dans ce sujet, il faut se contenter de
» tirer *Rodrigue* de péril, *sans le pousser jusqu'à son*
» *mariage avec Chimène*. Il est historique, et a plu en
» son temps; *mais bien sûrement il déplairait au nôtre;*
» et j'ai peine à voir que *Chimène* y consente chez l'au-
» teur espagnol, bien qu'il donne plus de trois ans de du-
» rée à la comédie qu'il en a faite. *Pour ne pas contre-*
» *dire l'histoire*, j'ai cru ne me pouvoir dispenser d'en
» jeter *quelque idée*, mais avec *incertitude de l'effet;*
» et ce n'était que par là que je pouvais accorder la bien-
» séance du théâtre avec la vérité de l'événement. » (1)

On voit, par les paroles mêmes de *Corneille*, que le mariage est fort incertain, et qu'il ne paraît pas être entré dans l'intention du poète français que le mariage dût se faire. A en juger par ses propres explications, il semble qu'il ait voulu laisser la chose parfaitement indécise. Il n'a pas voulu blesser la vérité historique; il n'a pas dit que le mariage ne se ferait pas. Il n'a pas voulu blesser non plus la bienséance du théâtre; il n'a pas dit que le mariage dût se faire. Il s'est contenté d'en jeter *quelque idée*. Mais il y a une troisième chose à laquelle *Corneille* aurait dû penser; et cette troisième chose, c'est une règle du poème dramatique qui veut qu'une tragédie et qu'une comédie aboutissent à une fin, et ne s'arrêtent qu'après la conclusion. On ne termine pas un drame par une *idée;* on le termine par un *fait*. Il faut que l'action s'achève et qu'elle mène à un résultat. Il faut que le nœud soit dénoué; il faut une péripétie finale. Décidément, comment *le Cid* se termine-t-il? Est-ce par le mariage actuel, immédiat? Non. Est-ce par la perspective du mariage? Les critiques le disent; mais *Corneille* ne le dit point. Au contraire, il prétend qu'on ne peut pas pousser *Rodrigue*

---

(1) Examen du Cid.

jusqu'à son mariage avec *Chimène;* il avoue qu'il a touché quelques mots du mariage, parce que c'est un fait historique; mais il affirme qu'il l'a laissé dans la plus complète indécision. Il n'a voulu se brouiller ni avec la vérité historique, ni avec la bienséance du théâtre.

Quoi qu'il en soit de l'opinion des critiques, et de l'interprétation que l'on peut donner au jugement de *Corneille,* je me contenterai de poser, à propos du *Cid* et de son dénouement, le dilemme suivant : ou la pièce se termine par la perspective du mariage, ou bien cette perspective n'est pas même offerte à l'esprit du spectateur. Dans le premier cas, le dénouement est vicieux, la bienséance du théâtre est blessée. Il ne fallait pas nous conduire à une conclusion qui choque notre susceptibilité morale. Et ici, il ne suffit pas de dire que le mariage ne se fait pas immédiatement. Le mariage actuel, immédiat, et le mariage ajourné ne diffèrent pas essentiellement l'un de l'autre; ils ne diffèrent que du plus au moins, et la différence n'est pas très grande. La perspective du mariage est aussi défectueuse que le mariage même. Si vous admettez que *le Cid* aboutit au mariage de *Chimène* avec *Rodrigue,* pour aujourd'hui ou pour demain, vous arrivez à une conclusion défectueuse. Le dénouement n'est pas acceptable. Il blesse la vraisemblance morale. La bienséance du théâtre, comme dit *Corneille,* est violée.

Si le mariage reste parfaitement indécis, si rien n'indique ni qu'il doive se faire ni qu'il ne doive pas se faire, la pièce n'est pas dénouée, la tragédie n'a pas de fin. Nous avons assisté à l'exposition et au développement d'un fait très pathétique, très touchant; mais nous sortons de la représentation sans savoir comment cela se termine, comment cela doit se terminer. Le poète n'a pas rempli sa tâche. Le spectateur est mécontent. Vous avez laissé le doute et l'incertitude dans son esprit. Vous l'avez frustré d'un enseignement que vous lui deviez. Toutes les fois qu'il verra se réaliser sous ses yeux une pareille aventure, et qu'on lui demandera : Comment cela va-t-il finir? comment cela doit-il finir? le spectateur répondra : Je n'en sais rien; le poète ne l'a pas dit; le précepteur moral de la foule a gardé le silence. Il a fort habilement posé et agité la question; mais il ne l'a pas résolue; il a très-bien développé son thème; mais il a oublié de conclure.

Je ne crois pas que *le Cid* puisse échapper à ce dilemme : ou la pièce finit mal, ou elle ne finit pas du tout. L'alternative est inévitable. Dans l'un et l'autre cas, il y a quelque chose qui pèche. Si elle finit mal, c'est la *morale* qui a le droit de se récrier; si elle ne finit point, la loi de l'*art* est violée. Il manque donc à la pièce un élément essentiel de perfection. Il y a quelque chose à reprendre dans la manière dont elle se dénoue.

Faut-il conclure de là que le sujet du *Cid* est mauvais, que ce n'était pas là une aventure propre à être mise au théâtre? On sait que ce fut l'opinion de *Scudéri*, et l'on n'ignore pas non plus que cette manière de voir fut adoptée par l'*Académie*. Les motifs de ce double jugement ne furent pas les mêmes. *Scudéri* prétendit que le sujet ne valait rien, parce qu'il n'y avait ni nœud, ni intrigue, ni développement dramatique, parce que le *Comte* étant mort dès le second acte, *Chimène* et *Rodrigue* ne pouvaient plus dès-lors pousser qu'un même mouvement. L'*Académie* fit observer à l'*observateur* qu'il y avait, dans la tragédie du *Cid*, un sujet fécond en développements; qu'il y avait une action, un nœud, une péripétie finale, mais que le sujet était mauvais, parce qu'il péchait contre la *vraisemblance morale*. Il y avait encore, dans le jugement de l'*Académie*, une certaine ambiguïté que *Laharpe* a fait disparaître. *Laharpe* a fort bien prouvé que le sujet du *Cid* est excellent. La situation est éminemment dramatique. Le nœud est un des plus beaux qu'on puisse imaginer, un des plus beaux qu'on ait jamais mis sur la scène. Tout cela est vrai indépendamment du dénouement qui peut être plus ou moins bon, qui peut être plus ou moins vicieux. Je suis complétement de l'avis de *Laharpe*. Il ne faut pas dire que le sujet du *Cid* est mauvais. Le sujet du *Cid* est fort bon. Mais il faut reconnaître, parce que cela est vrai, que la pièce de *Corneille* pèche par le dénouement. De sorte que la véritable question pour nous est celle-ci : y a-t-il ou n'y a-t-il pas un autre dénouement possible que celui de *Corneille?* Si nous ne pouvons pas trouver un autre dénouement, alors nous dirons : décidément le sujet ne vaut rien, parce qu'il mène forcément à une conclusion inacceptable. Si nous trouvons un autre dénouement, nous en serons quittes pour adresser des reproches au poète dramatique qui n'a pas su le trouver et le mettre en relief.

§ 6.

Véritable dénouement du Cid : Le célibat des deux amants.—Que ce dénouement est dans Corneille.

A priori, on ne peut pas admettre que la situation que nous présente la tragédie de *Corneille* ne comporte pas un dénouement conforme à la raison, à la justice et au bon sens, et par conséquent à la morale. Dans quelque situation que nous nous trouvions placés ici-bas, il y a une manière de nous tirer d'affaire que le bon sens nous indique et que la raison nous prescrit. Un homme est malade, il faut appeler le médecin. Votre maison brûle, il faut éteindre le feu. Vous avez perdu au jeu une grosse somme, il faut prendre la résolution de ne plus jouer, et faire des économies pour réparer votre perte. Dans quelque situation qu'on se trouve, il y a un parti à prendre. Sans doute, il n'est pas donné à tout le monde de trouver ce parti, de le saisir, d'en avoir une vue claire et nette; il n'est pas donné à tout le monde de l'embrasser avec énergie. L'intelligence et la volonté peuvent nous faire défaut. Mais ce parti existe. *Boileau* a dit : *La raison pour marcher n'a souvent qu'une voie.* Je l'accorde; cela est vrai ; mais enfin elle en a une ; elle en a au moins une. C'est cette voie qu'il s'agit de découvrir, quelle que soit d'ailleurs notre position.

D'après cela, il n'est pas permis de croire que le sujet du *Cid* ne comporte aucun dénouement rationnel et légitime ; il n'est pas permis de dire que la situation que nous présente cette tragédie soit complétement inextricable, et que l'artiste doive être condamné à laisser de côté un pareil sujet. Il y a une issue. Peut-être n'y en a-t-il qu'une ; mais il y en a une certainement. C'est cette issue qu'il faut trouver.

Et qu'on ne croie pas que je m'égare, en me plaçant sur ce terrain; qu'on ne s'imagine pas que je pose une question en l'air, que je soulève des chimères. Je suis au cœur de mon sujet. La question, telle que je l'indique, s'est présentée à l'esprit de ceux qui furent chargés de rédiger les *Sentiments de l'Académie française sur le Cid*. Sans doute, ils ne l'ont pas agitée avec toute la solennité qu'elle pouvait comporter; mais ils ont eu du moins le mérite de l'entrevoir; ils en ont dit quelques mots; ils en ont même essayé la solution. Ecoutons-les eux-mêmes :
« Il y aurait eu sans comparaison moins d'inconvénient
» dans la disposition du *Cid*, de feindre contre la vérité
» ou que le *Comte* ne se fût pas trouvé à la fin père de
» *Chimène*, ou que, contre l'opinion de tout le monde,

» il ne fût pas mort de sa blessure, ou que le salut du roi
» et du royaume eût absolument dépendu de ce mariage,
» pour compenser la violence que souffrait la nature en
» cette occasion par le bien que le prince et son état en
» recevraient : tout cela, disons-nous, aurait été plus par-
» donnable que de porter sur la scène l'événement tout
» pur et tout scandaleux, comme l'histoire le fournis-
» sait. » (1)

Ainsi, l'*Académie* fait trois hypothèses, comme on le voit. Elle ouvre trois perspectives : 1º Que le *Comte de Gormaz* ne soit pas, en définitive, le père de *Chimène*; 2º que le *Comte* ne meure point de sa blessure; 3º que le salut du roi et du royaume dépende absolument de ce mariage.

La 3ème hypothèse a obtenu l'approbation de *Voltaire*. Voici sa note : « Cette idée que le salut de l'Etat eût dé-
» pendu du mariage de Chimène, me paraît très belle;
» mais il eût fallu changer toute la construction du
» poème. » Malgré l'autorité de l'*Académie*, et malgré celle de *Voltaire*, je commencerai par me débarrasser de cette troisième hypothèse. Et cela, par un motif bien simple : c'est que l'hypothèse est absurde, et, à ce titre, inadmissible. L'hypothèse est un procédé méthodique qui a sa valeur, mais qui a ses règles. Or, l'une des règles de l'hypothèse, c'est qu'elle doit être rationnelle ou plausible. Il est souverainement ridicule d'expliquer un fait par la raison que trois fois douze font quarante-cinq. Ce qui n'existe pas ne peut rien produire. Tel est précisément le vice de la 3ème hypothèse introduite par l'*Académie* et trop légèrement approuvée par *Voltaire*. Il n'est pas vrai que le salut du roi ou du royaume puisse dépendre du mariage de *Chimène* avec *Rodrigue*. Le roi est intéressé, sans au-

(1) Sentiments de l'Académie française sur le Cid.

cun doute, au mariage de ses sujets; la patrie est intéressée au mariage des citoyens; on en comprend la raison, sans que je la dise; mais il n'est pas vrai que le roi ou la patrie puissent avoir le moindre intérêt à ce que *Pierre* épouse *Marie*, ou à ce que *Paul* épouse *Louise*. Le roi et l'Etat ne sont pas plus intéressés au mariage d'une personne déterminée avec une autre personne déterminée qu'ils ne sont intéressés à ce qu'un homme ait deux femmes ou à ce qu'une femme ait trois maris. D'après cela, il ne faut pas dire avec *Voltaire* que l'admission de cette idée aurait fait changer toute la construction du poème. L'admission de cette idée ruinait d'avance toute construction. Il n'y a rien à bâtir sur un fondement qui vous échappe et qui n'existe pas.

Ajoutons à cela que si cette hypothèse était possible, les deux poètes seraient singulièrement répréhensibles de ne pas l'avoir employée. S'ils ne l'ont pas fait, c'est que l'hypothèse est absurde, et il n'y a que l'absurdité de l'hypothèse qui puisse les justifier.

Restent donc les deux premières suppositions : 1° Que le *Comte* ne soit pas en définitive le père de *Chimène*; 2° que le *Comte* ne meure point de sa blessure. Examinons d'abord la première. Ici l'approbation de *Voltaire* a manqué à l'*Académie*. Voici sa note : « Si le comte n'eût » pas été le père de Chimène, c'est cela qui eût fait un » roman contre la vraisemblance, et qui eût détruit tout » l'intérêt. » *Voltaire* a raison. Les plaintes de *Chimène* ne pouvaient avoir rien de sérieux et de profond, s'il se fût agi d'un homme qui n'était pas son père, et, si *Chimène* n'avait appris cela qu'à la fin de la pièce, le spectateur aurait pu se considérer comme dupé. Cette combinaison offrait des chances presque certaines d'insuccès.

Passons à la seconde hypothèse : « *Ou que, contre* » *l'opinion de tout le monde, il ne fût pas mort de sa*

» *blessure.* » Cette résurrection finale du *Comte de Gormaz* aurait été parfaitement ridicule. La tragédie courait grand risque de tomber sous une masse de sifflets. Si *Voltaire* n'a rien dit de cette seconde supposition, c'est, je pense, qu'il l'a complétement dédaignée.

Ainsi, les hypothèses de l'*Académie* ne peuvent pas nous satisfaire. Mais ces hypothèses ont un autre inconvénient que personne n'a signalé, à ma connaissance. Ces hypothèses changent les données historiques du sujet, et, par cela même, elles jettent une autre question sur le tapis. *Chimène Gomez* n'était pas la nièce ou la cousine du *Comte de Gormaz*; elle était bien sa fille; et, d'un autre côté, *Rodrigue* ne s'est pas borné à blesser le père de sa maîtresse; il l'a tué réellement; il l'a si bien tué, d'après le *Romancero*, qu'il lui a coupé la tête. L'*Académie* n'a donc pas pris garde à une chose; c'est que, par ses deux premières hypothèses, elle déplaçait la question, au lieu de la résoudre. Et, en effet, les deux suppositions qu'elle a imaginées ne tendent pas le moins du monde à changer le dénouement du *Cid*, ou à signaler le véritable dénouement de la situation dans laquelle se trouvent *Rodrigue* et *Chimène*. Les changements imaginés par l'*Académie* ne tendent point à corriger le vice essentiel du dénouement historique; ils n'ont d'autre effet que de rendre ce dénouement possible ou acceptable, au point de vue moral, en changeant la nature du nœud, en agissant sur sa solidité. Ces hypothèses n'ont d'autre effet que d'affaiblir le nœud ou de le desserrer, afin de le rendre plus facile à dénouer. Encore une fois, cela ne s'appelle pas résoudre une question, cela s'appelle la déplacer. Les hypothèses de l'*Académie* sont donc un travail stérile et sans valeur, qui ne peut nous servir à rien. Notre tâche reste tout entière.

Etant donnés *Chimène* et *Rodrigue*, dans la situation où l'histoire et les poètes les ont placés, quelle est l'issue naturelle de leur situation, après la mort du *Comte de Gormaz*? J'ai déjà relevé le problème tel qu'il se présente dans *Corneille*, et j'ai fait voir que le problème était insoluble dans le sens du mariage. Au point de vue d'une moralité élevée, il est impossible, de toute impossibilité, que *Chimène* et *Rodrigue* finissent jamais par se marier ensemble. Comment sortiront-ils de la situation dans laquelle ils se trouvent? Voilà la question.

Les géomètres ont de bonnes méthodes. Ce sont même les gens les mieux pourvus sous ce rapport. Il n'y a pas de mal à les consulter et à profiter de leurs exemples. Une de leurs habitudes les plus fructueuses, c'est de généraliser les questions. Il doit y avoir quelque analogie entre les problèmes mathématiques et les problèmes moraux. L'esprit humain est un, au milieu des applications diverses qu'il fait de ses facultés; l'univers lui-même est éminemment simple, au fond de la prodigieuse variété qui le caractérise. En appliquant la méthode des géomètres à la question qui s'agite dans *le Cid*, peut-être parviendrons-nous, que dis-je! nous parviendrons très certainement à une réponse satisfaisante.

Etant donnés un jeune homme et une jeune fille qui sont sur le point de se marier, on suppose qu'une altercation violente s'élève entre leurs parents. Le père de la jeune fille donne un soufflet au père du jeune homme. Pour venger l'affront fait à son père, le jeune homme se bat avec le père de sa fiancée, et il le tue.

Cela posé, on demande ce qui arrivera.

Telle est, dans toute sa généralité, la question que présente le sujet du *Cid*. Voilà comment la question doit être posée, et voilà comment et dans quel sens elle doit être résolue, pour arriver à une réponse satisfaisante, et pour sortir enfin des équivoques, des contradictions et des erreurs qui se sont accumulées sur ce sujet, dans le cours d'une polémique qui dure déjà depuis deux siècles.

La question étant ainsi posée, il n'y a pas le moindre doute sur la réponse. Le mariage projeté est impossible. Il ne faut plus y penser. Et cela, par la raison suprême et invincible que nous connaissons déjà, c'est-à-dire parce qu'il n'y a ni motif ni principe, ni droit ni devoir d'aucune sorte qui puissent contraindre une fille à donner sa main au meurtrier de son père, ou qui puissent l'autoriser à le faire.

Le mariage entre les deux fiancés étant ainsi écarté, il peut arriver deux choses :

1° Si le mariage projeté était un mariage de convenance; si les deux jeunes gens ne s'épousaient que parce que leurs familles avaient conclu cette union, et par la seule raison que leur position dans le monde, leur rang, leur fortune, étaient à peu près les mêmes; si ces jeunes gens se connaissaient à peine; s'il n'y avait entr'eux aucune vive sympathie, ils ne tarderont pas à s'oublier. Le jeune homme prendra une autre femme; la jeune femme trouvera un autre mari, et tout sera dit. Ils ne se marieront pas ensemble; mais ils se marieront ailleurs, chacun de son côté. Voilà comment les choses se passeront; voilà comment les choses pourront ou devront se passer, dans cette première hypothèse. Il n'y aura, dans ce cas, ni déchirement profond, ni larmes abondantes; il n'y aura pas de tragédie.

2° Si le mariage projeté est un mariage d'inclination, si les jeunes gens se connaissent depuis un temps plus ou moins long, s'ils s'aiment mutuellement, s'il y a entr'eux une sympathie profonde et exclusive, si chacun d'eux a attaché à la possession de l'autre tout l'espoir de son avenir, tout le bonheur de sa vie terrestre, oh! alors, la situation prend un autre aspect. Les choses ne se passeront pas tout-à-fait de même. Les deux jeunes gens ne se marieront pas ensemble; toutes les convenances morales s'y opposent;

mais ils ne se marieront jamais. Le fiancé n'aura jamais d'autre femme ; la fiancée n'aura jamais d'autre époux. Le *célibat* éternel, voilà la perspective qui se présente à ces malheureux jeunes gens, voilà ce que produit pour eux la combinaison des deux principes qui les dominent, c'est-à-dire de la passion qui les unit et de l'horrible catastrophe qui les sépare.

Cette dernière hypothèse est précisément celle qui se présente dans *le Cid*. *Chimène* et *Rodrigue* s'aiment passionnément. Ils se sont mutuellement donné leur cœur, ils se sont choisis l'un l'autre ; leurs âmes se sont enchaînées étroitement, avant que la consécration religieuse ne les autorisât à s'unir d'une manière plus intime. Dès que *Rodrigue* a tué le *Comte*, ils ne peuvent plus se marier; mais on ne conçoit pas non plus qu'ils puissent se donner à d'autres. Le *célibat* de *Rodrigue* et de *Chimène*, voilà la fin légitime du *Cid*. Telle est la conclusion que l'*Académie* a vainement cherchée, et qu'elle aurait pu trouver cependant dans la raison qui la contient et qui la donne.

Pour légitimer ma solution, et pour en démontrer la justesse, je n'ai que deux choses à faire. J'ai à établir que cette solution satisfait au *devoir*, et qu'elle satisfait à la *passion*. Or, ce sont là toutes les données du problème.

Elle satisfait au *devoir*, évidemment. Puisque les jeunes gens ne se marient pas, la morale n'a rien à dire. *Chimène* refuse sa main au meurtrier de son père. Quel reproche pouvez-vous lui faire ? Aucun. Vous devez la plaindre et l'admirer. D'un autre côté, *Rodrigue* n'épouse pas sa maîtresse. Voilà la véritable punition du délit qu'il a commis en se battant en duel. Voilà ce que lui coûte réellement le sacrifice qu'il a fait aux préjugés de son temps. Tel est le prix énorme dont il a payé l'honneur de sa maison, entendu comme le monde l'entend, comme on l'entendait surtout au moyen âge.

La solution que je propose satisfait à la *passion*, et c'est là un autre avantage incontestable. Les deux amants ne se marieront point ensemble ; mais ils ne se marieront jamais. Chacun d'eux aura la douceur de penser que l'objet de son amour n'appartient point à un autre. Ils ne seront pas complétement unis ; mais ils ne seront pas non plus complétement séparés. Ils s'appartiendront encore par le cœur et par l'âme. Chacun d'eux vivra dans l'affection et dans le souvenir de l'autre. Chacun d'eux portera dans son cœur l'image ineffaçable qui s'y était gravée.

Quel est le meilleur moyen de se séparer d'une femme et de s'éloigner d'elle ? C'est d'en épouser une autre, sans contredit. Et quel est le meilleur moyen de se séparer d'un homme, et de l'oublier ? C'est d'en épouser un autre, certainement. Lorsque deux personnes ont été sur le point de se marier, on peut dire que leur union n'est décidément et complétement rompue que du jour où chacune d'elles en a formé une autre. Alors il y a réellement scission profonde, oubli total. Mais tant que deux personnes qui ont été sur le point de se marier, n'ont pas encore fait un nouveau choix et contracté une nouvelle alliance, on peut dire que le mariage n'est pas entièrement rompu, et que les deux fiancés tiennent encore l'un à l'autre par une sorte de lien.

Il est donc impossible d'en douter ; la solution que je propose est complétement rationnelle. Elle satisfait à toutes les conditions du problème. Elle ménage également et le *devoir* et la *passion*. *Chimène* et *Rodrigue* nous étant représentés comme animés l'un pour l'autre d'une passion profonde et exclusive, et le *Comte de Gormaz* ayant été tué par *Rodrigue*, il n'y a pas d'autre issue possible que celle que je viens d'indiquer, à moins que *Rodrigue* ne perde la vie par l'effet de la poursuite exercée contre lui par *Chimène;* et dans ce cas encore, j'imposerais le célibat à *Chimène*. Mais nous avons supposé que *Rodrigue* ne tardait pas à mériter sa grâce, et nous n'avons discuté ici que la question du mariage. Après la mort du *Comte de Gormaz*, les deux amants ne peuvent plus se marier. Il y a maintenant un ruisseau de sang qui les sépare; les bienséances ne permettent pas de le franchir. Ils ne peuvent pas s'unir par le mariage; mais rien n'empêche qu'ils ne restent unis moralement. Ils peuvent, ils doivent même continuer à s'aimer, pour que nous puissions nous intéresser à leur malheur; mais pour que leur amour se maintienne, pour que leur sympathie mutuelle soit bien établie, il ne faut pas qu'ils aillent, chacun de son côté, contracter un nouveau mariage; car, dans ce cas, leur passion deviendrait douteuse, ou, pour mieux dire, elle donnerait la preuve de sa fausseté. Leurs belles protestations ne seraient plus qu'un jeu de théâtre; leur situation cesserait d'exciter en nous le moindre intérêt; ils ne parviendraient pas à nous attendrir.

Voilà, je le répète, la solution morale du problème tel que je l'ai posé, et tel qu'il se présente dans *le Cid*. Quelle objection pourrait-on faire à cette solution? Je n'en prévois qu'une seule. On dira peut-être que ce dénouement n'est pas beau. On m'accordera que ma solution est exacte et vraie; qu'au point de vue de la philosophie et de la morale, elle est parfaitement inattaquable; mais on ajoutera qu'au point de vue de l'art, cette solution n'offre rien de poétique. La solution est bonne, me dira-t-on, moralement parlant; poétiquement parlant, elle n'est pas belle.

Entendons-nous, et ne laissons pas d'asile à l'équivoque. Que cette solution ne soit pas belle dans ma bouche ou sous ma plume, je l'accorde sans difficulté; mais ici, il est juste de tenir compte de la différence qui existe entre le philosophe et le poète.

Le philosophe a une mission spéciale, c'est de chercher et de trouver la vérité. Quand il l'a découverte et proclamée, il a rempli sa tâche. Tant que la vérité n'est pas connue, il n'est pas possible de l'embellir; et lorsqu'on a épuisé ses efforts à découvrir la vérité et à la démontrer, il ne reste plus la force nécessaire pour la rendre belle. Il est donc difficile, pour ne pas dire impossible, de cumuler les fonctions du philosophe et celles du poète.

Celui-ci a aussi sa mission spéciale, c'est d'embellir la vérité. Il ne la cherche pas, il ne la découvre pas; il la reçoit des mains du philosophe. Sa mission, à lui, c'est de la rendre agréable, de la rendre aussi attrayante qu'elle est exacte. Le poète fait passer les idées de la tête dans le cœur. Grâce à lui, un article de foi devient une passion; l'enthousiasme s'ajoute à la conviction. Grâce à lui, la vérité devient un mobile qui agit sur l'activité et qui la met en branle.

La *critique littéraire* est une application de la *philosophie* à la *littérature*. La critique littéraire signale le *vrai*. C'est à la poésie qu'il appartient de produire le *beau*. Je n'ignore pas que toutes les vérités ne se prêtent pas aux embellissements de la poésie. Peut-être y a-t-il des vérités qui ne sauraient devenir belles. Mais certainement il y a des vérités qui sont susceptibles d'être embellies. Et comment pourrait-il en être autrement? *Rien n'est beau que le vrai, le vrai seul est aimable.* Pour qu'une chose soit belle, il faut d'abord qu'elle soit vraie. Ce qui ne veut pas dire, comme on le voit, que les choses soient belles par cela seul qu'elles sont vraies; mais cela signifie du moins que la vérité est la condition *sine quâ non* de la beauté. Il faut donc qu'il y ait des choses vraies qui soient susceptibles de recevoir les embellissements de la poésie.

La véritable question qui se présente ici est donc de savoir si la conclusion que je signale, si le dénouement que j'impose à l'action du *Cid* est susceptible de recevoir les embellissements poétiques, si cette vérité qui se fait admettre par l'intelligence est capable d'exciter dans nos cœurs de puissantes émotions, s'il y a là une matière suffisamment digne d'occuper les pinceaux de l'artiste. Or, à ce sujet, je n'éprouve pas, pour mon compte, l'ombre d'un doute. Ce dénouement peut devenir très beau. Je n'y trouve rien qui puisse le faire rejeter avec raison par un artiste de talent.

Un jeune homme et une jeune fille s'aimaient passionnément. Ils étaient sur le point de se marier. Au moment où ils croyaient que tous leurs vœux allaient être remplis, au moment où la vie s'ouvrait devant eux riante et fortunée, où tout était pour eux enchantement, ravissement, extase, une division violente s'élève entre leurs parents. Le père du jeune homme reçoit un outrage sanglant de la part du père de la jeune personne. Celui-ci est tué en duel par le jeune homme. Une catastrophe sanglante vient ruiner leur avenir. Leur mariage devient impossible. Pour satisfaire à la loi du devoir, aux bienséances domestiques, ils renoncent à se marier. Mais fidèles, autant que les circonstances le permettent, à l'engagement qu'ils avaient contracté, ils prennent la résolution de ne point chercher ailleurs une nouvelle alliance. Les voilà comme frappés d'un coup de foudre, paralysés dans la moitié de leur être, et condamnés l'un et l'autre à un isolement éternel. La vie se présente à eux maintenant sous l'aspect d'une solitude affreuse et glacée. Plus de bonheur, plus d'avenir, plus de famille ni pour l'un ni pour l'autre : une existence triste et désolée. Quoi! vous êtes poète, et vous n'avez point de fleurs pour couronner ces nobles victimes! Vous êtes poète, et vous ne pouvez pas nous arracher des larmes sur une destinée aussi déplorable! Il n'y a pas, dans le cœur de l'homme, la moindre émotion, en présence d'une pareille

15.

infortune ! Ah ! pour l'honneur de la poésie, ne prononcez pas de pareils blasphèmes !

Il est donc faux que le dénouement dont je parle, et que j'indique comme le véritable dénouement du *Cid*, manque des conditions que réclame la poésie ; il peut devenir tout aussi beau qu'un autre ; il se prête admirablement aux plus nobles efforts de la poésie dramatique.

Pour mettre mon opinion hors de toute atteinte, et pour en démontrer la justesse, par une autre voie, je vais faire deux choses qui la rendront souverainement évidente. Je vais montrer d'abord que ce dénouement est dans *Corneille;* je vais montrer que ce dénouement est en quelque sorte le véritable dénouement du *Cid*. En second lieu, je ferai voir que c'est ce dénouement, et que ce sont les incidents qui y poussent qui donnent à la tragédie de *Corneille* sa véritable beauté, et qui lui assurent un rang éminent parmi nos chefs-d'œuvre dramatiques.

Je dis premièrement que ce dénouement est dans *Corneille*. Non que je prétende que ce dénouement est positivement annoncé, clairement mis en relief, volontairement accusé dans la tragédie de *Corneille;* mais on peut soutenir, ce me semble, qu'il était présent à la pensée de l'artiste, qu'il a pénétré dans son œuvre, à son insu, et qu'il s'y est glissé presque malgré lui. S'il y a quelque chose qui saute aux yeux, dans *le Cid*, c'est que *Chimène* et *Rodrigue* sont unis l'un à l'autre par une passion profonde, exclusive, qui ne permet pas de concevoir la moindre infidélité, soit d'un côté, soit de l'autre. S'il y a quelque chose qui saute aux yeux, dans *le Cid*, c'est que *Rodrigue* n'aime que *Chimène*, ne voit que *Chimène*, ne pense qu'à *Chimène*, qu'il ne survivra point à sa haine, et que, dans tous les cas, il n'épousera jamais une autre femme ; c'est que *Chimène* n'aime que *Rodrigue*, ne vit et ne respire que pour *Rodrigue*, qu'elle ne survivra point à sa perte, et

que, dans tous les cas, elle n'aura jamais un autre époux.
Reprenons d'abord le rôle de *Rodrigue* :

RODRIGUE à *Elvire*.

Ne me regarde plus d'un visage étonné ;
Je cherche le trépas après l'avoir donné.
Mon juge est mon amour, mon juge est ma Chimène.
Je mérite la mort de mériter sa haine,
Et j'en viens recevoir, comme un bien souverain,
Et l'arrêt de sa bouche, et le coup de sa main.

. . . .

Non, non, ce cher objet à qui j'ai pu déplaire
Ne peut pour mon supplice avoir trop de colère ;
Et j'évite cent morts qui me vont accabler,
Si pour mourir plus tôt je la puis redoubler.

RODRIGUE à *Chimène*.

Eh bien ! sans vous donner la peine de poursuivre,
Assurez-vous l'honneur de m'empêcher de vivre.

. . . .

N'épargnez point mon sang ; goûtez, sans résistance,
La douceur de ma perte et de votre vengeance.

. . . .

Mais, quitte envers l'honneur, et quitte envers mon père,
C'est maintenant à toi que je viens satisfaire :
C'est pour t'offrir mon sang qu'en ce lieu tu me vois.
J'ai fait ce que j'ai dû, je fais ce que je dois.
Je sais qu'un père mort t'arme contre mon crime ;
Je ne t'ai pas voulu dérober ta victime :
Immole avec courage au sang qu'il a perdu
Celui qui met sa gloire à l'avoir répandu.

. . . .

Ne diffère donc plus ce que l'honneur t'ordonne ;
Il demande ma tête, et je te l'abandonne ;
Fais-en un sacrifice à ce noble intérêt ;
Le coup m'en sera doux, aussi bien que l'arrêt.
Attendre après mon crime une lente justice,

C'est reculer ta gloire autant que mon supplice:
Je mourrai trop heureux mourant d'un coup si beau.

. . . .

Au nom d'un père mort, ou de notre amitié,
Punis-moi par vengeance, ou du moins par pitié.
Ton malheureux amant aura bien moins de peine
A mourir par ta main qu'à vivre avec ta haine.

. . . .

Adieu ; je vais traîner une mourante vie,
Tant que par ta poursuite elle me soit ravie.

RODRIGUE à Don Diègue.

Mon bras, pour vous venger, armé contre ma flamme,
Par ce coup glorieux *m'a privé de mon âme ;*
Ne me dites plus rien ; pour vous j'ai tout perdu ;
Ce que je vous devais, je vous l'ai bien rendu.

. . . .

Mon honneur offensé sur moi-même se venge ;
Et vous m'osez pousser à la honte du change !
L'infamie est pareille, et suit également
Le guerrier sans courage et le perfide amant.
A ma fidélité ne faites point d'injure ;
Souffrez-moi généreux sans me rendre parjure ;
Mes liens sont trop forts pour être ainsi rompus ;
Ma foi m'engage encor si je n'espère plus ;
Et, ne pouvant quitter ni posséder Chimène,
Le trépas que je cherche est ma plus douce peine.

RODRIGUE à Chimène.

On dira seulement : « Il adorait Chimène ;
» Il n'a pas voulu vivre et mériter sa haine ;
» Il a cédé lui-même à la rigueur du sort
» Qui forçait sa maîtresse à poursuivre sa mort.
» Elle voulait sa tête ; et son cœur magnanime,
» S'il l'en eût refusée, eût pensé faire un crime.
» Pour venger son honneur il perdit son amour,
» Pour venger sa maîtresse il a quitté le jour,

» Préférant (quelqu'espoir qu'eût son âme asservie)
» Son honneur à Chimène, et Chimène à sa vie. »

. . . .

N'armez plus contre moi le pouvoir des humains;
Ma tête est à vos pieds, vengez-vous par vos mains;
Vos mains seules ont droit de vaincre un invincible;
Prenez une vengeance à tout autre impossible;
Mais du moins que ma mort suffise à me punir.
Ne me bannissez point de votre souvenir;
Et, puisque mon trépas conserve votre gloire,
Pour vous en revancher, *conservez ma mémoire,*
Et dites quelquefois en déplorant mon sort :
« S'il ne m'avait aimée, il ne serait pas mort. »

Voilà les sentiments de *Rodrigue*. Ils sont assez clairement et assez fréquemment exprimés pour ne laisser aucune ombre de doute. Il ne peut ni *quitter* ni *posséder Chimène*. Voilà bien la solution que j'ai indiquée; et je laisse à penser s'il est possible de la formuler avec plus de précision et plus de netteté. Ecoutons maintenant le langage de *Chimène* :

Mon père est mort, Elvire; et la première épée
Dont s'est armé Rodrigue a sa trame coupée.
Pleurez, pleurez, mes yeux, et fondez-vous en eau;
La moitié de ma vie a mis l'autre au tombeau,
Et m'oblige à venger, après ce coup funeste,
Celle que je n'ai plus sur celle qui me reste.

. . . .

Je demande sa tête, et crains de l'obtenir :
Ma mort suivra la sienne, et je le veux punir!

. . . .

Pour conserver ma gloire et finir mon ennui,
Le poursuivre, le perdre, et *mourir après lui.*

. . . .

Hélas! ton intérêt ici me désespère.

> Si quelque autre malheur m'avait ravi mon père,
> Mon âme aurait trouvé dans le bien de te voir
> *L'unique allégement* qu'elle eût pu recevoir ;
> Et contre ma douleur j'aurais senti des charmes,
> Quand une main si chère eût essuyé mes larmes.
> Mais il me faut te perdre après l'avoir perdu ;
> Cet effort sur ma flamme à mon honneur est dû ;
> Et cet affreux devoir, dont l'ordre m'assassine,
> Me force à travailler moi-même à ta ruine.
>
> . . . .
>
> Si j'en obtiens l'effet, *je t'engage ma foi*
> *De ne respirer pas un moment après toi.*

Il est vrai qu'elle dit, au 4ème acte, lorsqu'elle vient de nouveau implorer la justice du Roi :

> Sire, permettez-moi de recourir aux armes ;
> C'est par là seulement qu'il a su m'outrager,
> Et c'est aussi par là que je me dois venger.
> A tous vos cavaliers je demande sa tête ;
> Oui, qu'un d'eux me l'apporte, et *je suis sa conquête* ;
> Qu'ils le combattent, sire ; et, le combat fini,
> *J'épouse le vainqueur* si Rodrigue est puni.

Mais tout le monde sent quelle est la grandeur du sacrifice qu'elle s'impose ici ; c'est précisément par la répugnance invincible qu'elle éprouve et qu'elle doit éprouver à contracter un autre mariage que son engagement devient si solennel et si remarquable. C'est le triomphe le plus complet du devoir sur la passion ; où, pour mieux dire, c'est le devoir poussé jusqu'au dévouement. Mais ce triomphe n'est pas de longue durée. Au 5ème acte, elle dit à *Rodrigue* :

> Puisque pour t'empêcher de courir au trépas,
> Ta vie et ton honneur sont de faibles appas,
> Si jamais je t'aimai, cher Rodrigue, en revanche,
> Défends-toi maintenant *pour m'ôter à Don Sanche* ;

Combats pour m'affranchir d'une condition
Qui me donne à l'objet de mon aversion.

Un peu plus loin, lorsque sa confidente lui a dit :

Et nous verrons du Ciel l'équitable courroux
Vous laisser, par sa mort, Don Sanche pour époux.

Elle lui répond :

Elvire, c'est assez des peines que j'endure,
Ne les redouble point par ce funeste augure.
Je veux, si je le puis, les éviter tous deux,
Sinon, en ce combat Rodrigue a tous mes vœux :
Non qu'une folle ardeur de son côté me penche ;
Mais, s'il était vaincu, je serais à Don Sanche :
Cette appréhension fait naître mon souhait.

Voici comment elle parle à Don Sanche, lorsqu'elle le croit vainqueur :

Perfide, oses-tu bien te montrer à mes yeux
Après m'avoir ôté *ce que j'aimais le mieux ?*
Éclate, mon amour, tu n'as plus rien à craindre ;
Mon père est satisfait, cesse de te contraindre ;
Un même coup a mis ma gloire en sûreté,
Mon âme au désespoir, ma flamme en liberté.
. . . .
                Tu me parles encore,
Exécrable assassin d'un héros que j'adore !
Va, tu l'as pris en traître ; un guerrier si vaillant
N'eût jamais succombé sous un tel assaillant.
N'espère rien de moi, tu ne m'as point servie ;
En croyant me venger, tu m'as ôté la vie.

Elle dit au Roi :

Enfin Rodrigue est mort, et sa mort m'a changée
D'implacable ennemie en amante affligée.
J'ai dû cette vengeance à qui m'a mise au jour,

Et je dois maintenant ces pleurs à mon amour.
Don Sanche m'a perdue en prenant ma défense ;
Et du bras qui me perd je suis la récompense !
Sire, si la pitié peut émouvoir un roi,
De grâce, révoquez une si dure loi ;
Pour prix d'une victoire où je perds ce que j'aime,
Je lui laisse mon bien ; *qu'il me laisse à moi-même ;*
Qu'en un cloître sacré je pleure incessamment,
Jusqu'au dernier soupir, mon père et mon amant.

On voit, par tous ces passages, qu'il n'y a rien de plus explicite et de plus clairement articulé que l'amour exclusif de *Rodrigue* pour *Chimène* et de *Chimène* pour *Rodrigue*. L'idée d'épouser une autre femme ne se présente jamais d'elle-même à l'esprit de *Rodrigue*, et lorsque son père lui en parle, il la repousse avec autant d'énergie que d'indignation. L'idée d'épouser un autre homme que *Rodrigue* s'offre, il est vrai, à l'esprit de *Chimène* ; elle s'y engage même formellement ; mais c'est dans un moment où elle ne s'appartient plus, où sa passion ayant rompu toutes les digues, et venant d'éclater dans toute sa violence, elle tente de faire un dernier et suprême effort pour donner gain de cause au devoir ; c'est dans un moment où le désir de venger son père et de remplir son devoir filial, la jette hors des limites de ses obligations naturelles et la pousse jusqu'au dévouement. Mais cet engagement est à peine contracté qu'elle en a horreur. Elle conjure *Rodrigue* de l'arracher à ce danger. Elle fait des vœux pour que *Don Sanche* soit vaincu, et ne puisse pas la sommer de tenir sa parole. Enfin, quand elle le croit vainqueur, elle retire formellement sa promesse, et, dès que le roi se présente à ses regards, elle le supplie de la soustraire à une obligation qu'elle n'a ni la force ni la volonté de remplir. Elle offre toute sa fortune à *Don Sanche*, et demande la permission de se retirer dans un cloître, pour y pleurer, jusqu'au dernier soupir, son père et son amant.

Et maintenant, qu'on veuille bien se ressouvenir que la pièce de *Corneille* ne se termine point par le mariage réel et effectif des deux amants, et que les critiques y ont mis de la bonne volonté, en disant que l'on comprenait bien que *Chimène* obéirait au *Roi*, et qu'elle donnerait son consentement un peu plus tard. *Corneille*, à en juger d'après ses propres paroles, ne l'a pas tout-à-fait entendu ainsi. Il a bien parlé du mariage, parce que c'est un fait historique; mais il en a laissé l'effet complétement incertain. Par une délicatesse fort ingénieuse et qu'on ne saurait trop louer, *Chimène* ne parle de son mariage avec *Rodrigue* que pour en repousser l'idée. *Rodrigue* lui-même n'ouvre la bouche à ce sujet que pour dire que, pour posséder *Chimène*, il est prêt à tout entreprendre et à tout faire. Ainsi, les parties les plus intéressées sont très peu explicites sur la question du mariage. Ce sont les personnages étrangers, le *Roi*, l'*Infante* et *Don Sanche* qui en parlent le plus librement. Rien ne donne à entendre, chez *Corneille*, que les deux amants se marieront ensemble; mais tout donne à entendre que, dans tous les cas, ils ne contracteront jamais une autre alliance. C'est là tout ce que j'ai voulu constater; et cela me suffit, ce me semble, pour affirmer que le véritable dénouement de la pièce est dans *le Cid*. Je ne veux pas dire par là que *Corneille* ait positivement annoncé que les deux amants resteraient célibataires. Cette conclusion ne s'est point présentée clairement à sa pensée, ou, pour mieux dire, à sa volonté. Il ne l'a pas mise en relief; mais cependant, comme c'est là la véritable conclusion de son sujet, il était impossible qu'elle ne s'offrît pas d'elle-même à son esprit, et qu'elle ne pénétrât pas dans son œuvre. Dominé par l'exemple de son devancier espagnol, entraîné par un respect exagéré pour l'histoire, *Corneille* n'a point voulu donner un démenti positif à la tradition et changer manifestement le dénouement du *Cid* ; mais arrêté aussi par la bienséance morale, il s'est borné à présenter l'idée du mariage; il ne l'a point effectué. Il ne l'a même point offert en perspective; il ne lui a pas donné la valeur d'une chance positive, d'une éventualité plus ou moins probable. Nous ne trouvons pas du moins, dans son œuvre, une preuve manifeste de son intention à cet égard, et nous trouvons, dans l'examen qu'il en a fait lui-même, l'expression d'une intention toute contraire. Et cependant, subjugué par la nature du sujet et par la force de la situation, emporté aussi par la rectitude naturelle de son génie et de son instinct poétique, il a laissé pénétrer dans son œuvre les indices les plus frappants du véritable dénouement. La conclusion rationnelle que j'ai poursuivie et signalée se prépare et s'annonce d'acte en acte et de scène en scène ; les incidents qui devaient la produire et la développer s'établissent successivement ; de sorte que le véritable dénouement existe dans la pièce à l'état latent, si je puis m'exprimer ainsi. La conclusion que j'ai imposée à la tragédie du *Cid*, cette tragédie la porte dans ses entrailles; elle s'y trahit par les aperçus les plus saisissables, par les indications les moins douteuses. Sans doute, encore une fois, *Corneille* n'a pas conclu comme il devait conclure ; mais la conclusion à laquelle il devait arriver ne lui a pas complétement échappé, et s'il ne l'a pas sanctionnée du poids de son autorité, il lui a du moins imprimé le sceau de son génie.

Ai-je besoin d'insister longtemps pour démontrer que c'est à cette circonstance même que la tragédie du *Cid* doit ses plus grandes beautés? Le *célibat* éternel des deux amants n'est-il pas, comme je l'ai fait voir, la satisfaction donnée à la passion? Et n'est-ce pas la passion exprimée avec tant de force et d'énergie qui rend la pièce si intéressante? Cette passion exclusive et jalouse n'est-elle pas précisément le principe qui conduira les deux amants au *céli-*

bat, dès que leur mariage aura été reconnu impossible? Qu'on relise les passages que je viens de transcrire, et qu'on dise s'ils ne sont pas au nombre des plus beaux qui sont contenus dans *le Cid*. Or, ces passages, qu'expriment-ils? La passion la plus exaltée, la passion dans toute sa vérité et sa profondeur. Si c'est une passion de ce genre qui conduit au célibat, après la rupture d'un mariage que rien ne peut plus renouer, n'ai-je pas raison de dire que le véritable dénouement du *Cid* est annoncé, préparé dans tout le cours de la tragédie, et que c'est à cette conclusion que la tragédie porte dans ses flancs, et qui s'y développe, à l'insu de l'artiste, pour ainsi dire, que nous devons les plus grandes beautés qui se font admirer dans le chef-d'œuvre de *Corneille*?

§ 7.

Critique du Cid.—Ambiguïté de l'intrigue.—
Caractère équivoque des personnages principaux.

Le vice ou l'incertitude du dénouement n'est pas le seul reproche qu'on puisse adresser à la tragédie du *Cid*. On peut encore signaler, dans la pièce de *Corneille*, un caractère d'équivoque et d'ambiguïté qui en obscurcit quelques détails et qui en paralyse l'effet. Ce défaut, je me hâte de le dire, est une conséquence du précédent. C'est parce que la pièce ne marche pas hardiment et résolument vers sa conclusion légitime, qu'il règne, dans plusieurs de ses parties, une certaine gêne et une sorte d'embarras qui n'ont pas échappé à la critique.

Pour comprendre le reproche que j'adresse ici à la pièce de *Corneille*, il faut se placer au cœur de la situation, il faut pénétrer dans le sujet. La discussion que je vais soulever jettera un nouveau jour sur toute la structure du *Cid* et de *la Jeunesse du Cid*.

Reportons-nous vers la fin du second acte, au commencement de la 7me scène, au moment où *Don Alonse* vient dire au *Roi :*

> Sire, le comte est mort.
> Don Diègue, par son fils, a vengé son offense.

Le *Roi* répond :

> Dès que j'ai su l'affront, j'ai prévu la vengeance,
> Et j'ai voulu dès lors prévenir ce malheur.

Maintenant, fermons la pièce. Laissons aller le poète où son génie le mène. Nous tâcherons de le rejoindre un peu plus tard. Engageons-nous nous-mêmes dans la voie de la raison et de la vérité, et demandons-nous quelle doit être la conduite de *Chimène*, à partir du moment où son père a été tué par *Rodrigue*.

Dès ce moment, je n'hésite pas à le dire, *Chimène* a quatre choses à faire :

1°. Elle ne peut plus épouser *Rodrigue*. Son mariage est irrévocablement rompu. Voilà ce que *Chimène* doit comprendre, et ce qu'elle doit donner à entendre le plus tôt possible. Elle a d'ailleurs parfaitement le droit de s'apitoyer sur ce résultat. Elle est bien libre d'exhaler ses plaintes et ses regrets sur la perte d'un amant tel que *Rodrigue*, et sur l'impossibilité où elle se trouve de l'avoir jamais pour époux.

2°. *Chimène* ne peut plus se marier. Elle aime trop *Rodrigue* pour donner son cœur à un autre, et comment donner sa main à un homme à qui on ne peut plus donner son cœur? Elle n'épousera pas son amant, la chose est impossible; mais elle ne se mariera pas ailleurs. Le célibat voilà la perspective qui s'offre à *Chimène*. Dès qu'on viendra lui demander sa main, elle devra repousser toute demande, et rien ne l'oblige à dissimuler les motifs de son refus.

3°. *Rodrigue* ayant tué le *Comte* en duel, et d'une manière illégale, il est passible d'un châtiment. C'est à la famille du mort, et à sa fille surtout, qu'il appartient de poursuivre *Rodrigue*. *Chimène* peut donc porter plainte contre son amant; elle peut réclamer contre lui l'application des peines portées par la loi, la mort, par conséquent, si c'est la mort. J'accorde même qu'elle le doit. On comprend cependant que *Chimène* puisse éprouver quelque douleur en accomplissant ce devoir. Elle est autorisée à manifester une sorte de désespoir, en se voyant réduite à demander la mort de son amant, et à pousser vers l'échafaud celui dont elle avait espéré faire son époux. D'après cela, il ne lui est pas défendu de faire des vœux pour que *Rodrigue* échappe à sa poursuite. Elle peut souhaiter que la bonne fortune de *Rodrigue* lui ouvre quelque chance de satisfaire à la justice sans perdre la vie, ou de forcer la loi à se taire. Ce vœu ne nuit en rien à la moralité de *Chimène*. Elle n'aimerait pas *Rodrigue* comme elle l'aime, elle ne serait pas avec lui dans les termes où elle en est, qu'elle serait encore autorisée à le faire.

4°. Puisque *Chimène* reste fidèle à *Rodrigue*, et qu'elle ne donne pas sa main à un autre, elle a le droit d'exiger que *Rodrigue* en fasse autant de son côté, et qu'il se montre aussi généreux qu'elle-même. Toute tentative de *Rodrigue* pour épouser une autre femme doit irriter la susceptibilité de *Chimène*, doit blesser sa passion, doit exciter sa jalousie. Toute tentative faite par d'autres personnes, et qui aurait pour but d'amener le mariage de *Rodrigue*, doit provoquer les mêmes résultats. L'amour qu'elle a voué à *Rodrigue* ne lui permet pas de le voir passer dans d'autres liens. Si *Rodrigue* l'abandonne, ou s'il paraît vouloir l'abandonner, elle a le droit de réclamer. Si *Rodrigue*, au contraire, lui reste fidèle, elle doit se montrer sensible à cette preuve d'affection. A cette condition, elle peut, elle doit même lui pardonner la mort de son père, renoncer à le poursuivre plus longtemps, et se féliciter de ce que *Rodrigue* a échappé à ses premières poursuites.

Les devoirs de *Rodrigue* sont analogues à ceux de *Chimène*.

1°. Il doit reconnaître que son mariage avec *Chimène* est devenu impossible. Il a le droit de se plaindre d'un pareil résultat; il peut se désoler sur la grandeur du sacrifice que lui a imposé le soin de son honneur.

2°. Il doit renoncer au mariage. Il ne peut plus épouser *Chimène;* mais il ne doit pas songer à épouser une autre femme. Toute tentative qui aurait pour but de le marier ailleurs, il doit la repousser.

3°. Il ne doit pas oublier que, pour venger son père, il a violé les lois. Il doit reconnaître que la poursuite de *Chimène* est légitime et fondée. Cependant rien ne l'oblige à tendre lui-même la tête au bourreau. Il est parfaitement autorisé à fuir devant les premières poursuites. Il est surtout autorisé à rendre à son pays et à son roi des services tels que le roi soit disposé à lui faire grâce.

4°. Il doit souhaiter que *Chimène* soit aussi généreuse que lui, et qu'elle ne se marie pas. Toute tentative qui aurait pour but de marier *Chimène* à un autre doit blesser son amour. Il doit être sensible, au contraire, à l'idée que *Chimène* veut lui rester fidèle, et il doit suivre l'exemple qu'elle lui donne à ce sujet.

Voilà quels sont les devoirs de *Chimène* et de *Rodrigue*, dans la situation cruelle où les a placés la mort du *Comte de Gormaz* tué par *Rodrigue*. Telle est la série des idées et des sentiments par lesquels ils doivent passer. Après avoir accompli, chacun de son côté, les quatre choses que je leur impose, leur rôle est fini ; ils peuvent quitter la scène ; la situation est épuisée ; elle a fait jaillir tous les sentiments, elle a provoqué toutes les émotions qu'elle pouvait faire naître. Le poète a dignement rempli sa tâche ; le spectateur se retire satisfait ; il n'a plus rien à demander ; il n'a plus rien à apprendre ; il connaît maintenant toutes les conséquences du fait sur lequel on a appelé son attention, et à propos duquel on a cherché à éveiller ses sympathies.

Si tels sont les devoirs des deux personnages principaux, si c'est là la marche qu'ils doivent suivre, il est évident que tous les autres personnages doivent concourir au même but, marcher dans le même sens. Leurs paroles et leur conduite doivent être calculées de manière que *Chimène* et *Rodrigue* soient constamment appelés à manifester les sentiments qu'ils doivent avoir, de manière que les deux amants soient mis en demeure de prendre les résolutions que je viens d'indiquer.

Tel est donc le programme d'une tragédie morale qui, partant de la situation respective de *Rodrigue* et de *Chimène*, après la mort du *Comte*, voudrait poursuivre et développer cette situation dans le sens indiqué par la raison et par la vérité. Telle est la voie où devrait s'élancer l'imagination de l'artiste pour nous offrir le type idéal d'une action que la réalité peut produire chaque jour sous nos yeux, et pour nous faire connaître la nature des sentiments et des émotions qui peuvent et qui doivent se développer à propos du fait qui a pesé sur la jeunesse de *Rodrigue de Bivar* et de *Chimène Gomez*, qui a pu peser également sur beaucoup d'autres fiancés, et qui peut peser encore de nos jours sur un grand nombre d'amants.

Voilà ce que le poète pouvait faire, voilà même ce qu'il

devait faire, si je ne me trompe, pour atteindre à l'idéal de son sujet, et pour développer son thème d'une manière rationnelle et poétique tout à la fois. Examinons maintenant ce qu'il a fait :

Parmi les quatre choses que j'ai imposées à *Chimène*, il y en a deux qui sont obligatoires, et deux qui sont facultatives; il y a deux devoirs et deux droits. Les deux devoirs sont : 1° de ne pas épouser *Rodrigue;* 2° de poursuivre *Rodrigue*, dans la mesure de ses moyens, et de tâcher, autant qu'il dépend d'elle, de venger la mort de son père. Les deux droits sont : 1° de ne pas se marier ailleurs; 2° d'exiger que *Rodrigue* en fasse autant.

Chacun est libre de transiger sur ses droits. On peut se montrer plus ou moins exigeant à cet égard. Il y a des cas où l'on peut, par générosité, renoncer à son droit.

Il n'en est pas de même du devoir. Celui-ci demande à être rempli; le sens moral réclame, lorsqu'il ne l'est point. *Chimène* a donc deux devoirs : 1° de ne pas épouser *Rodrigue;* 2° de venger la mort de son père. Ces deux devoirs sont réels et positifs tous les deux; mais il y a pourtant une différence entre l'un et l'autre.

Le devoir de ne pas épouser *Rodrigue* est un devoir parfaitement obligatoire. C'est un devoir strict et rigoureux qui n'admet aucun tempérament, un devoir absolu que rien ne peut infirmer. Chimène ne peut pas épouser Rodrigue. Voilà le premier résultat, le résultat immédiat de la mort du *Comte*, tué par *Rodrigue*. Voilà le point de départ de tous les mouvements auxquels pourront se livrer les deux amants. Telle est la limite ferme et précise qu'il ne faut pas franchir, sous peine de passer du domaine de la vérité dans le domaine de l'erreur. Il faut se maintenir à ce point de vue, si l'on veut rester dans l'idéal de la moralité. La situation ainsi comprise ne peut pas aboutir au mariage. Seulement, en ayant égard à la passion profonde des deux amants, on peut arriver, on doit arriver, pour bien faire, au *célibat* éternel des deux héros. Voilà le dénouement rationnel et logique, le dénouement dramatique tout à la fois de l'action que présente *le Cid*, et le drame doit fortement marquer la route qui conduit à ce dénouement.

Le devoir de poursuivre *Rodrigue* est un devoir réel, si l'on veut, mais cependant c'est un devoir secondaire. Je veux bien croire qu'au moyen âge, lorsqu'il n'y avait pas de partie publique, pour poursuivre les délinquants, les parents et les amis d'un homme tué en combat singulier, étaient plus rigoureusement tenus qu'aujourd'hui de poursuivre le meurtrier de leur parent ou de leur ami. Aujourd'hui que la société tout entière a les yeux ouverts sur les délits et les crimes, et qu'il y a des magistrats positivement investis de la mission de poursuivre les délinquants, il y a une nécessité moins urgente à ce que les parents prennent fait et cause pour un homme tué en duel ou autrement. On peut admettre que, dans un cas déterminé, des parents pourraient hésiter à joindre leurs efforts à ceux des magistrats pour poursuivre celui qui a tué leur père, leur frère ou leur fils. La situation de *Chimène* est une de ces positions exceptionnelles qui, dans une société comme la nôtre, font excuser quelquefois le silence ou l'absence de la partie civile. On conçoit qu'une jeune fille puisse hésiter à demander la tête d'un homme qu'elle a été sur le point d'épouser, alors même que cet homme a tué son père, surtout s'il a été conduit à un acte aussi violent par un vif sentiment de l'honneur, et pour la réparation d'un outrage sanglant fait à son père.

Il est donc bien entendu que le devoir de la poursuite est un devoir relatif, variable, conditionnel, un devoir qui grandit ou qui diminue, selon les temps et selon les lieux, un devoir qui peut être plus ou moins fort, plus ou moins obéi.

Le premier devoir que nous avons imposé à *Chimène*, et qui est un devoir impérieux et absolu, exclut précisément l'idée du mariage. C'est la négation même de sa possibilité. Dès qu'on l'a conçu et embrassé, dès qu'on s'y est attaché étroitement, il devient impossible de penser au mariage, et cela, par la raison que nous en avons donnée. Il n'y a pas de principe qui puisse neutraliser ce devoir.

Le devoir de la poursuite présente, au premier coup-d'œil, une chance terrible ; c'est le succès même de la poursuite, et par conséquent la mort du coupable. Si *Rodrigue* est puni, et s'il est puni de mort, *Chimène* ne pourra plus l'épouser. Le mariage sera devenu *matériellement* impossible.

Mais il peut se faire que la poursuite n'aboutisse point, qu'elle demeure sans succès. *Rodrigue* peut mériter et obtenir sa grâce. J'ai démontré que la chose était très facile. Dès ce moment, le mariage devient possible *matériellement*.

Mais il est évident que cette possibilité *matérielle* d'opérer le mariage entre deux personnes vivantes, ne diminue en rien l'impossibilité *morale* de marier un jeune meurtrier avec la fille de sa victime.

Maintenant il est facile de comprendre *le Cid* et *la Jeunesse du Cid*. Maintenant il est facile de suivre et de juger la marche que les poètes ont adoptée dans cette tragédie. Grâce aux considérations précédentes, nous pouvons faire pénétrer jusqu'au cœur de leur œuvre un rayon de lumière qui va en éclairer l'ensemble et les détails, et qui va nous en révéler le véritable caractère.

Le poète espagnol et le poète français ont abandonné, l'un et l'autre, le grand devoir de *Chimène*, le vrai devoir que lui imposait sa situation, le refus positif et péremptoire de la main de *Rodrigue*. Ils ont fermé les yeux sur ce principe idéal et absolu qui ressort de la situation créée par la mort du *Comte*. Ils sont sortis de cette ligne droite, de cette voie large et étendue qui commence par l'impossibilité du mariage, et qui aboutit, après un certain nombre de vicissitudes très naturelles et très dramatiques, au célibat éternel des deux amants. Ils ont abandonné la haute sphère du devoir vrai, de l'obligation absolue. Dans cette direction, en effet, il était impossible d'arriver au mariage, puisqu'on devait débuter par reconnaître et par proclamer qu'il ne pouvait pas avoir lieu. Ils n'ont pas vu, ou ils n'ont pas voulu voir le dénouement véritable de la situation créée par la mort du *Comte de Gormaz*. Ils nous ont dérobé cette perspective qui aboutissait à un dénouement tout-à-fait opposé au dénouement historique.

Mais après avoir négligé ce grand devoir, ce devoir idéal et absolu, ils ont embrassé un autre devoir, devoir réel et positif, je n'en disconviens pas, mais secondaire, relatif et accidentel. Après avoir abandonné la grande route de la raison et de la vérité, ils se sont jetés résolument dans une route latérale qui présente, il faut le dire, de riches aspects et de belles perspectives, mais qui ne l'emporte pas évidemment sur celle que nous avons signalée et dont ils se sont écartés. Le devoir de la poursuite pouvait conduire à une catastrophe; il pouvait amener la mort de *Rodrigue*, et rendre le mariage impossible matériellement ; mais cette dernière voie offrait aussi une chance favorable. Il y avait la chance de sauver *Rodrigue*, de l'arracher à la poursuite de *Chimène*, et de laisser subsister par là la possibilité matérielle du mariage. Les poètes ont donc adopté le devoir de la poursuite, comme si c'était là le seul et unique devoir de *Chimène*. Ils ont sauvé *Rodrigue* une première fois par la défaite des Mores, une seconde fois par la défaite du champion de *Chimène*, et le mariage étant resté possible matériellement, ils ont multiplié leurs efforts pour l'opérer, ils ont épuisé toutes les ressources de leur génie pour transformer un fait *matériel* en un fait *moral*, pour donner à un fait *historique* la valeur d'un fait *absolu* et *éternel*.

Voilà comment leur pièce est devenue morale et immorale tout à la fois. Voilà comment ils ont sauvé le devoir, et sacrifié le devoir. Ils n'ont épousé qu'un devoir étroit et mesquin, et ils ont fermé les yeux sur le véritable devoir. Ils se sont attachés à venger le *Comte*, et ils ont négligé de lui faire obtenir la satisfaction la plus naturelle et la plus nécessaire, celle de ne pas voir sa fille dans les bras de son meurtrier. *Chimène* parle du devoir; elle fait sonner bien haut son devoir; et cependant elle trahit son devoir, en épousant *Rodrigue*, ou en consentant à l'épouser. C'est que le devoir qu'elle embrasse n'est qu'une partie de son devoir; c'est un devoir relatif, inférieur et secondaire. Quant au devoir le plus impérieux que la raison et la vérité lui imposent, c'est précisément celui-là qu'elle foule aux pieds, qu'elle néglige, et sur lequel elle ferme les yeux.

On conçoit maintenant que, le plan de la pièce étant ainsi vicié, il est impossible que tout le drame ne soit pas fortement empreint de ce défaut, et que tous les rôles ne s'en ressentent pas plus ou moins. Si le drame tout entier roule sur une équivoque, il est impossible que tous les personnages ne prennent pas une part plus ou moins grande à l'ambiguïté générale dans laquelle ils sont tous plongés.

De tous les personnages qui figurent dans *le Cid* français, *Rodrigue* est certainement celui qui comprend le mieux sa position, celui qui a le sens moral le plus développé, et qui annonce le plus de délicatesse dans les sentiments. Et cependant telle est la position que le poète lui a faite, qu'il est impossible qu'il ne se contredise pas. Lorsque son père lui a fait part de son affront, au premier acte, et qu'il lui a demandé vengeance, *Rodrigue* comprend très-bien quel est le sacrifice qu'il va s'imposer.

Il faut venger un père, et perdre une maîtresse,

telle est la première réflexion qui se présente à lui. Un peu plus loin, il dit :

> Allons, mon bras, sauvons du moins l'honneur,
> Puisqu'après tout il faut perdre Chimène.

Lorsqu'il a tué le *Comte*, sa première idée est d'aller se mettre à la disposition de *Chimène*, et de lui demander la mort.

> Ton malheureux amant aura bien moins de peine
> A mourir par ta main qu'à vivre avec ta haine.

Lorsque son père semble l'engager à ne plus penser à *Chimène*, et à porter ailleurs ses affections, en lui disant :

> Nous n'avons qu'un honneur, il est tant de maîtresses !

Rodrigue lui répond :

> Mes liens sont trop forts pour être ainsi rompus ;
> Ma *foi* m'engage encor si je *n'espère* plus ;
> Et, ne pouvant *quitter* ni *posséder* Chimène,
> Le trépas que je cherche est ma plus douce peine.

On le voit, les premiers discours de *Rodrigue* semblent impliquer qu'il comprend parfaitement sa position, et qu'il regarde son mariage comme rompu. Et cependant, lorsque *Chimène* lui dit, au cinquième acte :

> Sors vainqueur d'un combat dont Chimène est le prix,

il se laisse aller à l'espérance, il sent renaître son enthousiasme, il paraît croire que son mariage n'est pas aussi impossible qu'il l'a cru d'abord. Plus tard, il dit encore au Roi :

> Pour posséder Chimène et pour votre service,
> Que peut-on m'ordonner que mon bras n'accomplisse ?

oubliant qu'il n'y a rien au monde qui puisse détruire pour lui le fait d'avoir tué le *Comte de Gormaz*, et de s'être mis par là dans l'impossibilité absolue d'épouser sa fille.

Ce caractère d'ambiguïté se manifeste principalement dans le rôle de *Chimène*. Pour ne pas prolonger inutilement la discussion, je me bornerai ici à relever deux passages très remarquables de ce rôle important.

Dans la 3me scène du 3me acte, *Chimène* dit à sa confidente, en parlant de son amant :

Je demande sa tête, et crains de l'obtenir.

Il y a deux raisons qui peuvent faire craindre à *Chimène* le succès de sa poursuite contre *Rodrigue*. Et d'abord elle peut craindre d'obtenir la mort d'un homme qu'elle a aimé, qu'elle aime encore, qu'elle a été sur le point d'épouser, et pour lequel elle a dû conserver quelque estime, quoiqu'il soit devenu le meurtrier de son père. En second lieu, elle peut craindre la mort de *Rodrigue*, parce que *Rodrigue* étant mort, elle ne pourra plus l'épouser. En d'autres termes, sa crainte peut être relative au passé ou à l'avenir; elle peut être fondée sur le souvenir ou sur la prévoyance. Or, quel est de ces deux motifs celui auquel *Chimène* obéit? Nous n'en savons rien. Son rôle est calculé de manière à ce qu'il nous soit impossible de deviner la véritable nature du sentiment qui lui inspire cette terreur. Il y a là de l'équivoque; il y a là de l'ambiguïté.

A la fin de cette même scène, la confidente dit à *Chimène* :

Après tout, que pensez-vous donc faire?

Chimène lui répond :

Pour conserver ma gloire, et finir mon ennui,
Le poursuivre, le perdre, et mourir après lui.

Ce dernier vers est très beau; on l'a vanté avec raison, et nous ne prétendons pas le blâmer d'une manière absolue. Mais cette réponse, toute belle qu'elle est, est incomplète et laisse désirer une explication. Sans doute, la réponse serait péremptoire et complètement satisfaisante, si *Rodri-*

gue devait mourir, si la poursuite de *Chimène* devait obtenir un plein succès. Mais il est possible que la poursuite de *Chimène* n'aboutisse pas. Il est possible que *Rodrigue* ne soit pas mis à mort. Il y a donc là une chance à laquelle *Chimène* devrait se préparer, et en vue de laquelle elle devrait prendre une détermination. Or, c'est ce qu'elle ne fait pas.

On dira peut-être qu'au moment où elle s'entretient avec *Elvire*, *Chimène* ne peut pas prévoir que sa poursuite reste sans succès. Elle doit considérer la punition de *Rodrigue* comme certaine et infaillible. Elle ne peut pas deviner que *Rodrigue* ira battre les Mores, et mériter par là sa grâce. Elle n'a donc pas besoin de se préparer à une éventualité qui doit lui paraître peu probable. Je répondrai que probable ou improbable, l'éventualité est réelle, et qu'il n'est pas défendu à *Chimène* de prévoir cette possibilité et de la faire entrer dans ses calculs. Dans la scène suivante, *Chimène* dit à *Rodrigue* :

> Je ferai mon possible à bien venger mon père;
> Mais, malgré la rigueur d'un si cruel devoir,
> Mon unique souhait est de ne rien pouvoir.

Chimène comprend donc très bien que sa poursuite peut rester sans succès. Elle comprend qu'il y a des chances pour qu'elle soit empêchée d'obtenir la punition de *Rodrigue*. Elle le comprend si bien qu'elle le désire. Il ne faut donc pas dire que l'impunité de *Rodrigue* ne saurait entrer dans ses prévisions.

A la fin de cette même scène, lorsque *Rodrigue* lui a dit :

> Adieu; je vais traîner une mourante vie,
> Tant que par ta poursuite elle me soit ravie,

elle lui répond :

> Si j'en obtiens l'effet, je t'engage ma foi
> De ne respirer pas un moment après toi.

Ici l'expression est plus convenable parce qu'elle est conditionnelle. Si *Rodrigue* est puni, la mort de *Chimène* suivra la sienne. C'est bien ; voilà une ligne de conduite claire et nette, pour un cas déterminé, pour le cas où *Rodrigue* serait puni de mort. Mais si *Rodrigue* est gracié, que fera *Chimène ?* Voilà ce qu'elle ne dit point, et cela suffit pour jeter le trouble et l'indécision dans l'esprit du spectateur. Si *Rodrigue* est puni, *Chimène* ne lui survivra point, c'est entendu ; mais si *Rodrigue* n'est pas puni, *Chimène* l'épousera-t-elle ? Voilà la question. On conçoit très bien que le poète ne se presse pas de faire dire à *Chimène* qu'elle épousera *Rodrigue*, après l'avoir vainement poursuivi. Mais ce qu'on conçoit également bien, c'est qu'il ne se presse pas de lui faire dire qu'elle ne l'épousera pas. Ce serait de sa part une maladresse et une contradiction que de s'interdire d'avance une conclusion vers laquelle il veut pousser son drame. Ce qu'on peut reprocher ici à *Chimène*, c'est de ne pas comprendre d'ores et déjà, et de ne pas donner suffisamment à entendre que poursuivi ou non poursuivi, sauvé ou perdu, mort ou vivant, *Rodrigue* ne peut plus être son époux.

Si elle ne dit pas en ce moment qu'elle épousera *Rodrigue*, elle le donne à entendre plus tard, lorsqu'elle dit à *Rodrigue* lui-même :

Sors vainqueur d'un combat dont Chimène est le prix.

C'est pour le rappeler à l'amour de la vie qu'elle fait luire à ses yeux l'espérance de l'épouser. C'est un moment d'oubli ; la passion l'emporte ; c'est une *glissade,* comme dit *Corneille.* Elle revient bientôt après à des sentiments plus convenables. Et en effet, elle dit à *Elvire :*

Quand il sera vainqueur, crois-tu que je me rende ?
Mon devoir est trop fort, et ma perte trop grande ;
Et ce n'est pas assez pour leur faire la loi,
Que celle du combat et le vouloir du roi.

Enfin elle dit au roi *Ferdinand* :

Pourrez-vous à vos yeux souffrir cet hyménée ?
Et quand de mon devoir vous voulez cet effort,
Toute votre justice en est-elle d'accord ?

On le voit, il y a dans le rôle de *Chimène* comme dans celui de *Rodrigue*, et plus encore dans le premier que dans le second, un caractère incontestable d'ambiguïté, et cela tient encore une fois au vice de l'intrigue, c'est-à-dire au besoin de marcher avec adresse et avec circonspection vers un dénouement qui n'est pas le dénouement véritable.

Quant aux autres personnages qui figurent dans la tragédie, ils sont bien inférieurs, en délicatesse et en moralité, à *Rodrigue* et à *Chimène*. Pour eux, il n'y a réellement qu'une question. C'est la question de savoir si *Chimène* aime *Rodrigue*. Dès qu'il est constaté à leurs yeux que la passion de *Chimène* n'a rien perdu de sa vivacité, le mariage leur paraît possible, convenable, nécessaire, en quelque sorte. Ces personnages oublient totalement que si l'inclination mutuelle de deux amants est une bonne condition pour leur mariage, il s'en faut de beaucoup cependant qu'on puisse marier ensemble deux personnes qui s'aiment, par la seule et unique raison qu'elles s'aiment.

J'en ai dit assez pour faire voir que la conclusion du *Cid* ne porte pas atteinte seulement à la beauté du dénouement ou à la perfection de la fin, mais qu'elle réagit sur tout le tissu du drame, et qu'elle l'altère dans une grande partie de ses développements. Je pourrais ajouter un certain nombre de considérations qui viendraient corroborer cette thèse; mais je cède au besoin de renfermer mon travail dans des limites raisonnables. Je me bornerai donc à dire ici que tous les reproches essentiels qu'on peut adresser au *Cid*, tels que l'*inutilité* de l'*Infante*, la *monotonie* du rôle de *Rodrigue*, la faiblesse du rôle de *Don Sanche*, tiennent au même principe, à l'impropriété du dénouement.

A Dieu ne plaise que je m'abandonne légèrement à la prétention de corriger un chef-d'œuvre de *Corneille!* Je voudrais m'épargner une chance presque certaine de me livrer au ridicule. Mais ici la correction est si peu de chose, et elle se présente si naturellement, que je ne puis résister à l'envie de l'indiquer. D'ailleurs, s'il y a pour moi quelque ridicule à recueillir, dans une pareille tentative, l'inconvénient me paraît fort tolérable. Il faut savoir compromettre son amour-propre à la recherche de la vérité.

§ 8.

Le véritable plan du Cid. — Avantages de cette combinaison. — Réponse à quelques objections.

Voici donc, ce me semble, comment on pourrait concevoir une modification dans le plan du *Cid,* en prenant pour base le travail de *Corneille,* et en mettant à profit les éléments qu'il a lui-même introduits dans son œuvre, mais dont il n'a pas tiré tout le parti possible, ou dont il aurait pu tirer un autre parti que celui qu'il en a tiré.

Rodrigue et *Chimène* s'aiment l'un l'autre. Ils se sont juré un amour éternel. Leur parents ignorent leur passion ; mais rien n'annonce qu'ils puissent s'en offenser. Les jeunes gens peuvent espérer que leur inclination mutuelle sera approuvée, qu'il n'y aura point d'obstacle à leur union. Tout à coup une discussion s'élève entre *Don Diègue* et le *Comte de Gormaz*, à propos de la place de gouverneur de l'*Infant.* Le *Comte* donne un soufflet à *Don Diègue.* Le malheureux vieillard, incapable de se venger lui-même, confie le soin de sa vengeance à son fils. Celui-ci hésite d'abord entre son amour et son devoir ; mais enfin le sentiment de l'honneur l'emporte. Il va trouver le

Comte; il le provoque en duel, se bat avec lui et le tue. Dès ce moment, le mariage est rompu, et cette conséquence doit être mise en relief; elle doit être présentée à l'esprit du spectateur. *Chimène*, accablée de douleur en apprenant la mort de son père, peut regretter tout à la fois de se voir orpheline et de se voir condamnée à perdre son amant. *Rodrigue* vient se mettre à sa disposition. Elle ne veut pas le tuer; mais elle doit le poursuivre; elle doit demander vengeance au Roi. Le Roi promet de faire justice, et il ordonne qu'on cherche *Rodrigue*. Celui-ci, au lieu de se laisser prendre, se dirige vers les frontières de *Castille*, et il va battre les Mores. Le Roi, enchanté de cette victoire, fait grâce à *Rodrigue* de la peine qu'il a encourue pour son duel avec le *Comte*. De plus, le Roi, instruit de la passion de l'*Infante* pour *Rodrigue*, propose à celui-ci la main de sa fille. *Don Diègue* presse son fils d'accepter cette brillante alliance. *Don Sanche*, de son côté, comprenant, comme tout le monde, que le mariage de *Rodrigue* avec *Chimène* est absolument rompu, vient faire sa cour à *Chimène*; il la presse de répondre à sa flamme, et, pour la déterminer à lui donner sa main, il ne manque pas de lui apprendre, si par hasard elle l'ignorait, que *Rodrigue* va épouser l'*Infante*, qu'on parle de son mariage avec la fille du Roi. Désespoir de *Chimène*. Elle rejette la demande de *Don Sanche*; mais elle s'indigne contre *Rodrigue*; elle laisse éclater sa jalousie; elle menace de le poursuivre encore malgré la protection du Roi. Cependant on apprend bientôt que *Rodrigue* a refusé la main de l'*Infante*. Il ne veut pas être infidèle à *Chimène*. Il sait qu'il ne peut plus l'épouser; mais du moins il n'en épousera jamais une autre, fût-ce la fille d'un roi. *Chimène*, touchée du sacrifice que lui fait *Rodrigue*, lui pardonne la mort de son père. Elle peut le faire sans manquer à son devoir. Mais comprenant bien que son union avec lui est devenue impossible, elle annonce l'intention de se retirer dans un cloître. *Rodrigue*, de son côté, accepte le sacrifice qu'il a dû faire à l'honneur de son père et au sien ; il se voue, lui aussi, au célibat ; il annonce qu'il va consacrer sa vie à la défense de son pays, et qu'il va combattre contre les Mores.

Telles sont les modifications qui se présentent d'elles-mêmes dans le plan de la tragédie du *Cid*, et l'on voit qu'il ne faut pas un grand effort d'imagination pour les trouver. C'est Corneille lui-même qui en a découvert et préparé les éléments. Je n'ai ajouté aucun personnage nouveau. Je n'ai fait qu'utiliser, pour ainsi dire, l'infante *Dona Urraca*, qui, dans *le Cid*, ne sert à rien, et le jeune *Don Sanche* qui n'y sert pas à grand'chose. D'un autre côté, je laisse les trois premiers actes du *Cid* à peu près tels qu'ils sont, ainsi que la première moitié du 4me acte. Ce n'est qu'à partir de la fin de ce 4me acte que mon plan diffère sensiblement de celui de *Corneille*. Quant aux avantages du plan que je viens d'esquisser, les voici tels qu'ils m'apparaissent.

1°. On supprime le combat singulier de *Rodrigue* avec *Don Sanche*. Ce combat dépare la composition de *Corneille*. Il introduit un élément du moyen âge dans un sujet purement idéal. Il ne donne, pour arriver au mariage, qu'un moyen forcé et violent.

2°. On donne à *Don Sanche* un rôle convenable et naturel. Il est naturel, en effet, que *Don Sanche*, qui aime *Chimène*, profite, dans l'intérêt de son amour, de la catastrophe qui a séparé *Chimène* et *Rodrigue*. Il peut très bien se présenter, après la mort du *Comte*, et demander la main de *Chimène*. Elle le repousse, c'est bien ; mais il était fondé à faire sa tentative.

3°. On donne une nouvelle valeur au rôle de *Dona Urraca*, qui rentre alors dans la tragédie comme un personnage important, comme un ressort utile et nécessaire. On fait disparaître la *duplicité* qui existe dans *le Cid*, duplicité qui provient évidemment du rôle assigné par *Corneille* à *Dona Urraca* et de l'improductivité de sa passion pour *Rodrigue*.

4º. On donne au *Cid* sa véritable conclusion, conclusion déplorable et tragique, et par là on fait du *Cid* une véritable tragédie. On sort de ce genre bâtard de la tragi-comédie qui commence par un meurtre et qui finit par une noce. On obtient une pièce attendrissante d'un bout à l'autre, et qui est destinée à faire constamment verser des larmes. C'est pour cela aussi que, dans ce système, je suppose que les pères ignorent la passion mutuelle de leurs enfants, au moment où ils se querellent. Ils ne savent pas que le conflit de leur ambition et de leur orgueil va briser le cœur de leurs enfants et détruire tout leur bonheur. La situation ainsi comprise est beaucoup plus dramatique. Il y a là une leçon pour tous les pères de famille qui doivent calculer leurs démarches de manière à ne pas compromettre l'avenir de leurs enfants, qui doivent craindre et éviter tout ce qui, de près ou de loin, directement ou indirectement, pourrait porter atteinte à leur sécurité.

5º. On évite un des grands inconvéniens du *Cid*. On fait disparaître la cause d'une observation souvent reproduite. Je veux parler de la *monotonie* qu'on a reprochée au rôle de *Rodrigue*. Ce reproche est fondé. Il est évident que, dans la pièce de *Corneille*, *Rodrigue*, après avoir tué *le Comte*, devient complétement passif. Il va battre les Mores, c'est vrai; mais, dans ses relations avec *Chimène*, il n'a plus rien à faire qu'à lui offrir sa tête. Toute son activité se consume à renouveler sa proposition, et à varier les expressions de son dévouement. Cela est très beau, sans doute, mais c'est toujours la même chose. Dans le système que j'ai exposé, *Rodrigue* aurait autre chose à dire et à faire. Il serait mis en demeure de se prononcer sur la proposition du *Roi* et sur le pardon de *Chimène*.

6°. Enfin, et c'est là le grand avantage, l'avantage par excellence de la disposition dont j'ai tracé l'esquisse, nous faisons disparaître le véritable défaut du *Cid*, le grand défaut de cette tragédie, je veux parler de l'*équivoque* et de l'*ambiguïté* qui règnent constamment dans le rôle de *Chimène*. Nous coupons court à toutes les critiques qu'on a faites de ce rôle, et nous faisons toucher au doigt la véritable source de la polémique qui s'est établie à ce sujet, et qui s'est renouvelée à plusieurs reprises.

En toute chose, il faut considérer la fin. La fin couronne l'œuvre et lui assigne son véritable caractère. C'est de la valeur de la fin que dépend la valeur du commencement. C'est la conséquence qui fait apprécier le principe. Si *Chimène* ne devait pas épouser *Rodrigue*, si la fin finale de ses émotions devait être le célibat pour elle et pour son amant, je n'aurais que des éloges à lui donner. Je m'inclinerais devant sa douleur; je respecterais sa passion; car cette douleur est juste; car cette passion est légitime. Je pleurerais avec elle, et je lui accorderais toute ma sympathie. Mais si *Chimène* épouse enfin *Rodrigue*, oh ! alors, je ne puis plus le dissimuler, j'éprouve le plus vif et le plus pénible désappointement. Cette fâcheuse conclusion réagit nécessairement sur tout ce qui précède. Alors j'interprète toutes les pensées de *Chimène*, j'analyse tous ses sentiments, au point de vue de ce but final. Je suis bien obligé de rapporter toute sa conduite à la fin que le poète lui fait poursuivre, et, comme cette fin est mauvaise, je condamne forcément toutes les voies qui y aboutissent ou qui me paraissent y aboutir. Alors les protestations d'amour pour son père, les menaces contre *Rodrigue*, la résolution de le poursuivre, l'offre de sa main à celui qui lui apportera sa tête, toutes ses invocations au devoir ne sont qu'un leurre. Ce sont des protestations mensongères, des moyens de couvrir et de dissimuler le but véritable qu'elle poursuit, et qui consiste à satisfaire sa passion par un moyen que la morale lui interdit. Et, d'un autre côté, son amour pour *Rodrigue*, les vœux qu'elle forme pour son salut, le refus qu'elle fait de le céder à *Dona Urraque*, l'invitation qu'elle lui adresse de défendre sa vie, le mauvais accueil qu'elle fait à *Don Sanche*, lorsqu'elle le croit vainqueur, sont des moyens très directs d'arriver au mariage, et d'accorder à la passion plus qu'elle n'a le droit d'attendre et d'exiger.

Tel est, je n'en fais pas l'ombre d'un doute, le piége que *Corneille* a innocemment tendu à ses critiques et à ses commentateurs. Telle est la source de l'ambiguïté qui se présente dans le rôle de *Chimène*. Voilà la pierre d'achoppement contre laquelle est venu broncher *Scudéri*. Voilà la pente où s'est laissé entraîner l'*Académie*. Et moi aussi, j'en dois faire l'aveu, dans un travail antérieur sur *le Cid*, je me suis heurté à cet obstacle. J'ai calomnié *Chimène*, parce que, comme *Scudéri*, comme l'*Académie*, comme tous les critiques, j'étais placé au point de vue du mariage des deux amants. Cette conclusion fâcheuse a perverti mon jugement; et, je n'hésite pas à le dire, ce jugement pourra paraître fondé, tant qu'on n'en fera pas disparaître la cause. Admettez que la conclusion du *Cid* soit le mariage de *Chimène* avec *Rodrigue*, et vous aurez du mal à vous persuader que *Chimène* soit sincère dans sa douleur, qu'elle soit bien décidée à punir *Rodrigue* et à le faire périr, qu'elle soit meilleure fille que bonne amante. La fin à laquelle elle arrive vous paraîtra toujours, devra toujours vous paraître la fin qu'elle poursuit, et une fille qui poursuit son mariage avec le meurtrier de son père, vous paraîtra toujours une fille dénaturée, quel que soit le chemin qu'elle prenne pour arriver à son but, et quelque habileté qu'elle déploie pour déguiser sa marche et pour dissimuler ses intentions.

Je me demande très sincèrement, et je cherche de bonne foi quelles sont les objections qu'on pourrait faire aux modifications que j'ai indiquées dans le plan de la tragédie et dans la marche de l'action, et j'avoue que je n'en prévois pas de bien sérieuses. On dira peut-être que mon programme n'est pas dramatique, qu'on ne peut pas fonder une tragédie sur de pareilles données. L'objection me paraît erronée. Il y a, ce me semble, dans les situations que j'ai indiquées, dans les sentiments que j'ai imposés aux deux amants, et dans les résolutions que je leur ai suggérées, des conditions parfaitement dramatiques. Le désespoir de *Chimène* et de *Rodrigue*, après la mort du *Comte* et après la rupture de leur mariage, le refus de leur part de toute autre alliance, quelque brillante et quelque avantageuse qu'elle puisse être; la poursuite dirigée par *Chimène* contre *Rodrigue*, et la crainte que cette poursuite ne réussisse, crainte dégagée maintenant de toute arrière-pensée relative au mariage; les efforts de *Rodrigue* pour conserver sa vie à son pays et à son roi; le bonheur de *Chimène*, en voyant son amant obtenir, et, qui plus est, mériter sa grâce; sa jalousie fondée sur la croyance momentanée que *Rodrigue* l'abandonne à son mauvais destin, et qu'il se prépare à épouser l'*Infante*; la joie qu'elle éprouve en apprenant qu'elle s'est trompée, que *Rodrigue* l'a toujours aimée, qu'il l'aime encore, et qu'il veut lui rester fidèle; la générosité avec laquelle elle lui pardonne enfin la mort de son père; les adieux de ces deux amants qui se quittent pour ne plus se revoir et pour penser éternellement l'un à l'autre; cette séparation matérielle qui implique et ne détruit point l'union morale la plus étroite et la plus indissoluble; tout cela présente, ce me semble, des détails parfaitement capables d'être embellis, et ce serait faire à notre grand tragique le plus sanglant outrage que de proclamer son impuissance à tirer de là des situations, des sentiments et des émotions tout-à-fait dignes de la tragédie.

Pour faire sentir la faiblesse de cette objection, il me suffira de faire remarquer que mon programme contient et renferme *le Cid* tout entier. En admettant le droit de poursuite contre *Rodrigue*, et en admettant la violence que se fait *Chimène* pour exercer ce droit, j'admets dans la tragédie idéale tout ce qui fait la force et la beauté du *Cid*, et, à côté de ces éléments précieux, j'en introduis d'autres qui me paraissent ne manquer ni d'éclat ni de valeur.

Voici, je crois, l'objection la plus sérieuse qu'on puisse adresser à ma combinaison dramatique. On dira qu'une tragédie ne peut pas finir par un divorce, par le célibat des deux amants, ou par leur séparation. Cela ne conclut pas suffisamment. D'après cela, on soutiendra que *le Cid* ne peut finir que par la mort de *Rodrigue*, ou par le mariage des deux amants. Toute autre conclusion ne terminera pas bien la tragédie.

Je commence par accorder que la mort de *Rodrigue* est une conclusion qui a sa valeur, qu'elle est dramatique. On peut admettre que la poursuite de *Chimène* soit couronnée de succès. *Rodrigue* peut payer de sa tête le délit qu'il a commis en tuant le *Comte* en duel. Ajoutons à cela, si l'on veut, que *Chimène*, après avoir vengé son père sur son amant, se tue ou meure de désespoir. Dans ce cas-là, la tragédie sera finie et la conclusion sera tragique. Il y aura là une série de catastrophes, et comme une pyramide de cadavres; cela pourra plaire à quelques esprits. Mais je ferai remarquer qu'en dirigeant le drame dans ce sens, on s'engage dans une voie étroite où les plus belles perspectives du *Cid* s'effacent et disparaissent. On rétrécit la question; on se jette dans un cas particulier; on dépouille le sujet de la grande et belle généralité qu'il est susceptible de recevoir. En admettant, au contraire, que *Rodrigue* échappe à la poursuite de *Chimène*, et qu'il mérite sa grâce par quelque exploit brillant, on laisse à la question toute sa généralité, on maintient en présence les deux amants; et on ne s'interdit aucun des développements que comporte leur situation.

Je le déclare donc très hardiment. Je ne suis point du tout pour la mort de *Rodrigue*, en un pareil sujet. Je tiens essentiellement à ce que l'amant puisse échapper à la poursuite de sa maîtresse; je tiens à ce que la question puisse être posée dans les termes les plus généraux. Restent donc la solution par le *mariage*, et la solution par le *célibat*. C'est entre ces deux hypothèses qu'il faut choisir.

La solution par le mariage est une solution dramatique. Je l'accorde; elle met fin à la tragédie; elle conclut bien, dramatiquement parlant; mais, dans le sujet du *Cid*, le mariage est impossible, moralement parlant; cette solution est mauvaise, au point de vue de la morale. C'est là son vice irrémissible. La solution par le célibat est morale, au contraire, en même temps que passionnée; c'est la conclusion rationnelle et logique du sujet du *Cid*. Pourquoi donc cette solution serait-elle sans valeur au point de vue dramatique?

Qu'est-ce qu'une *fin?* Une fin, c'est, comme le mot l'indique, une chose qui finit, qui met un terme, qui arrête un développement. Une fin, c'est un point d'arrêt pour tout le passé; c'est un point de départ pour l'avenir. Le mariage est une fin pour des personnages dramatiques, parce que le mariage résume leur passé, et leur ouvre, dans l'avenir, une nouvelle perspective. Lorsque deux amants sont mariés, nous nous retirons satisfaits, parce que l'histoire de leurs amours est close et arrêtée. Nous n'avons plus rien à apprendre là-dessus. Maintenant si leur mariage est troublé par quelque orage, si le drame les ressaisit, ce sera là l'objet d'une nouvelle tragédie. En tant qu'ils étaient amants, et que leur amour était traversé par quelque obstacle, leur mariage a mis fin à tous ces incidents. Si c'est là le caractère du mariage, au point de vue dramatique, pourquoi le divorce, pourquoi le célibat, pourquoi la séparation de deux amants qui ne doivent plus se rejoindre, n'auraient-ils pas la même valeur? Ne sont-ce pas là aussi des événements qui mettent un terme à une série de faits, qui arrêtent un certain développement, qui posent un jalon dans une carrière d'homme ou de femme? Combien voyons-nous, sur nos théâtres, de mariages prévenus, parce qu'on découvre, en fin de compte, que les deux amants sont frère et sœur? Cette découverte n'est-elle pas une *fin*, une véritable fin? Et les amours des jeunes gens ne sont-ils pas clos et arrêtés, dans ce cas-là, aussi sûrement que si, étant étrangers l'un à l'autre, on les eût mariés ensemble? Il ne faut donc pas dire que le célibat de *Rodrigue* et de *Chimène* n'est pas une fin convenable, une fin légitime, au point de vue dramatique. Les amours de *Chimène* et de *Rodrigue* sont parfaitement terminés par cette solution. Leur situation respective est parfaitement accusée. Ils ne se marieront jamais ensemble, ils ne se marieront jamais ailleurs; voilà le principe qui va dominer toute leur carrière, qui va planer sur tout leur avenir. Maintenant qu'ils fassent tout ce qu'ils voudront, et qu'ils deviennent tout ce qu'ils pourront; l'histoire de leur jeunesse nous est entièrement connue. Relativement au fait pour lequel on les a fait paraître devant nous, nous n'avons plus rien à apprendre.

Mais, dira-t-on, *Chimène* et *Rodrigue* ne seront peut-être pas fidèles à leurs engagements. Peut-être oublieront-ils la situation qu'on leur a imposée. Peut-être se marieront-ils, chacun de son côté. Peut-être même se marieront-ils ensemble, au bout de quelque temps. Eh ! que nous importe ? Le poète indique ce qui doit être, il ne se charge pas de peindre ce qui est et tout ce qui peut être. *Chimène* et *Rodrigue* sont pour nous des *types* destinés à nous offrir l'*idéal* d'une situation, à exprimer devant nous un principe général, une vérité universelle. Qu'ils oublient, un peu plus tard, dans les réalités de la vie, la mission que le poète leur a donnée, encore une fois que nous importe ? Si ceux-là sont infidèles, d'autres seront ou pourront être plus fidèles. Et ces jeunes gens que vous mariez et dont vous croyez avoir fixé l'avenir et assuré le bonheur, qui vous promet qu'ils ne se lasseront pas bientôt du joug que vous leur avez imposé, qui vous garantit que leur mariage ne sera pas dissous, et que, dans tous les cas, il ne sera pas troublé par des orages et par des sentiments contraires à ceux sous l'empire desquels il a été contracté ?

L'objection que j'examine va plus loin qu'on ne croit. Le *célibat* de *Rodrigue* et de *Chimène* est la conclusion rationnelle et légitime du *Cid*. J'ai essayé de le démontrer. Si cette conclusion n'est pas dramatique, il s'ensuit que les besoins de la vérité et de la morale ne s'accordent pas avec les besoins de la tragédie. Or, c'est là une doctrine grave. Je n'ignore pas, il est vrai, que toute vérité n'est pas susceptible d'embellissement. Il y a des vérités qui se refusent aux ornements de la poésie. Mais il n'en reste pas moins démontré que : *Rien n'est beau que le vrai, le vrai seul est aimable*. S'il était constaté que *le Cid* ne peut pas finir, dramatiquement, par le *célibat* des deux amants, comme il a été démontré qu'il ne peut pas finir non plus, moralement, par le *mariage*, il s'ensuivrait que *le Cid* ne peut pas bien finir, et alors il faudrait en revenir, sans hésiter, à l'opinion de *Scudéri* et de l'*Académie;* il faudrait condamner le choix d'un pareil sujet. Mais je ne consentirai jamais à partager l'opinion de *Scudéri*. Le sujet du *Cid* est admirable. C'est une des plus belles questions qui aient été soulevées et agitées par la muse dramatique. La situation respective de *Chimène* et de *Rodrigue*, après la mort du *Comte*, est éminemment dramatique; elle est féconde en émotions, en sentiments, en résolutions pathétiques. Le célibat auquel ils se condamneraient l'un et l'autre est une conclusion grande, généreuse, passionnée, touchante et solennelle, qui nous découvre toute la portée du fait qui les a frappés dans la situation où ils se trouvaient, et qui ne laisse rien à désirer à la curiosité du spectateur. C'est un dénouement qui conclut radicalement, aussi radicalement que le mariage. D'après cela, il me paraît impossible de soutenir que le sujet du *Cid*, tel que je l'ai conçu et exposé, ne puisse pas fournir à un artiste de talent le thème d'une puissante composition.

Voilà ce que j'avais à dire sur le plan général de la tragédie de *Corneille*, sur la nature du dénouement adopté par l'auteur, et sur le caractère de l'intrigue qu'elle nous présente. Je ne sais si je me flatte; mais il me semble que je suis parvenu à comprendre et à faire comprendre cette tragédie, à en saisir le fort et le faible. Je crois avoir touché au cœur de la question, et avoir porté le flambeau de la critique sur les points qu'il s'agissait d'éclairer. J'avoue que ce n'a pas été sans quelque peine de ma part. J'ai longtemps étudié cette tragédie si célèbre, si remarquable et si intéressante, et ce n'est qu'à la suite des plus longues méditations que j'en suis venu à regretter que *Corneille* n'ait pas montré plus de résolution qu'il ne l'a fait, à s'affranchir des entraves de la tradition et d'une fidélité scrupuleuse à son original. Admettons pour un moment que les deux derniers actes du *Cid* soient remaniés dans le sens que je viens d'indiquer, et qu'ils soient remaniés par *Corneille*, bien entendu, et j'aime à croire que nous aurons une tragédie qui approchera de bien près de la perfection : nous posséderons un chef-d'œuvre encore plus inimitable que celui que nous devons au génie de notre grand poète dramatique.

TABLE DES MATIÈRES.

	Pages.
Avant-propos.	v
Introduction. — Plan de l'ouvrage.	1

I.

LES ROMANCES DU CID.

§ 1er. Le *Romancero* du Cid : première partie. . . . 13
§ 2. Observations sur la première partie du *Romancero*. . . . 36

II.

LA JEUNESSE DU CID.

§ 1er. Notice sur *Guillem de Castro* 61
§ 2. *La Jeunesse du Cid* : première partie. . . . 65
§ 3. Examen de *la Jeunesse du Cid*. — *La Jeunesse du Cid* considérée au point de vue des *trois unités*. . . . 111
§ 4. Rapports entre *la Jeunesse du Cid* et le *Romancero* du Cid. — Originalité de *Guillem de Castro*. . . . 117
§ 5. Critique de *la Jeunesse du Cid*. — Le nœud de la pièce est un nœud insoluble. — Objection tirée de l'histoire. — Réponse à l'objection. 126
§ 6. Droits et devoirs du poëte touchant l'*histoire* et la *tradition*. — Deux ordres de vérité : *vérité historique*, *vérité morale*. — Distinction entre ces deux ordres de vérité. . . 133

§ 7. Retour sur *la Jeunesse du Cid.* — Véritable faute de *Castro* : confusion de la *vérité morale* et de la *vérité historique.* — Moyen de conclure la pièce par le mariage. — Valeur poétique de *la Jeunesse du Cid.* 142

III.

LE CID.

§ 1er. *Pierre Corneille* et M. *de Chalon.* 151
§ 2. Examen du *Cid.* — *Le Cid* considéré au point de vue des *trois unités.* 153
§ 3. Origine du *Cid.* — Rapports entre *le Cid* et *la Jeunesse du Cid.* 161
§ 4. Originalité de *Corneille.* — Caractère du *Cid* français. — Généralité, universalité de la conception. — Substitution de la *vérité morale* à la *vérité historique.* 168
§ 5. Critique du *Cid.* — Vice du *dénouement.* — Impossibilité absolue, au point de vue *moral*, de marier les deux héros. — Efforts de *Corneille* pour arriver au mariage. — Incertitude de sa conclusion. 193
§ 6. Le véritable dénouement du *Cid* : le *célibat* des deux amants. — Que ce dénouement est dans *Corneille.* 214
§ 7. Critique du *Cid.* — Ambiguïté de l'intrigue : caractère équivoque des personnages principaux. 235
§ 8. Le véritable plan du *Cid.* — Avantages de cette combinaison. — Réponse à quelques objections. 250

FIN DE LA TABLE.

Douai. — ADAM D'AUBERS, imprimeur.

www.ingramcontent.com/pod-product-compliance
Lightning Source LLC
Chambersburg PA
CBHW050323170426
43200CB00009BA/1432